REPARAÇÃO DOS DANOS PATRIMONIAIS

nas relações de trabalho

Alexandre Agra Belmonte

REPARAÇÃO DOS DANOS PATRIMONIAIS

nas relações de trabalho

2ª edição | revista atualizada ampliada

2021

EDITORA JusPODIVM
www.editorajuspodivm.com.br

EDITORA *Jus*PODIVM
www.editorajuspodivm.com.br

Rua Território Rio Branco, 87 – Pituba – CEP: 41830-530 – Salvador – Bahia
Tel: (71) 3045.9051
• Contato: https://www.editorajuspodivm.com.br/sac

Capa: Ana Caquetti

B451r Belmonte, Alexandre Agra.
Reparação dos danos patrimoniais nas relações de trabalho / Alexandre Agra Belmonte – 2ª ed. rev., atual. e ampl. Salvador: Editora JusPodivm, 2021.
288 p.

Inclui bibliografia
ISBN 978-85-442-3468-6

1. Responsabilidade. 2. Direito do Trabalho. 3. Relações de trabalho. I. Belmonte, Alexandre Agra. II. Título.

CDD 342.612

PREFÁCIO

A nova ordem econômica mundial e as inovações disruptivas promoveram sensíveis transformações na sociedade, notadamente nas relações de trabalho e de emprego.

Nas palavras de Ulrich Beck, a sociedade de classes foi, paulatinamente, substituída pela sociedade de risco, sobrelevando novos conflitos distributivos, derivados, sobretudo, da escassez, a uma seara em que a distribuição e a produção social tornaram-se mais complexas, com ênfase na distribuição e na produção social de riscos.

Com efeito, em um mundo globalizado, emergem a fluidez e a efemeridade das relações. A modernidade líquida, expressão cunhada pelo sociólogo polonês Zygmunt Bauman para designar o tempo presente, é veloz, dinâmica, caracterizando-se por um mundo repleto de sinais confusos, propenso a mudar com rapidez e de forma imprevisível.

Assim, as formas de produção de riquezas foram alteradas e os meios diversificados em que se "vende" ou "compra" o trabalho humano passaram a extrapolar os limites da singela subordinação jurídica outrora existente entre patrão e empregado.

Nesse cenário, exsurge, com mais frequência, a informalidade na prestação de serviços, a terceirização e o cooperativismo, a atrair profissionais excluídos do mercado formal de trabalho, em grande parte substituídos pelos avanços tecnológicos. Além do mais, as profissões, tal como as conhecemos, estão em constante mutação e novas formas de trabalho são criadas a cada dia.

Isso porque a sociedade contemporânea se apresenta com o traço característico da informação e da inovação, sem fronteiras rígidas entre países, em que o papel informativo ressai como fonte preponderante de ciência e de comunicação sociais.

É fácil perceber, nessa esteira, a proliferação de conflitos de interesses cada vez mais numerosos e complexos, a exigir a atuação efetiva do direito, particularmente da Justiça do Trabalho, como ordenador desses interesses, no sentido de promover a pacificação social.

Nesse contexto, há cerca de 15 anos, o critério subjetivo adotado, desde a Constituição de 1946, para definir a competência da Justiça Obreira, foi alterado pela Emenda Constitucional n. 45/2004, que substituiu a expressão "relação de emprego" – contida no art. 114 da atual Carta – por "relação de trabalho". A partir da nova ordem constitucional, a competência da justiça trabalhista foi ampliada para dirimir litígios que antes eram apreciados pela justiça comum, compreendendo, segundo a definição de Amauri Mascaro Nascimento, o "universo de relações jurídicas ou contratos de atividade nos quais o objeto preponderante do vínculo jurídico é a atividade mesma da pessoa que presta serviços para outra, para uma empresa ou para uma pessoa física, portanto, gênero".

A Excelsa Corte, mesmo antes da E.C. n. 45/2004, já manifestara a percepção no sentido de que a fixação da competência da justiça do trabalho não dependeria da norma jurídica a ser aplicada ao caso concreto – civil ou trabalhista –, mas sim da origem da situação litigiosa. Deveras, no Conflito de Jurisdição n. 6.959/DF, o Supremo Tribunal Federal assentou que "à determinação da competência da Justiça do Trabalho não importa que dependa solução da lide de questões de direito civil, mas sim, no caso, que a promessa de contratar, cujo alegado conteúdo é fundamento do pedido, tenha sido feita em razão da relação de emprego, inserindo-se no contrato de trabalho".

Em idêntica senda, posicionou-se a Segunda Seção do Superior Tribunal de Justiça, no julgamento do Recurso Especial n. 1.087.153/MG, em junho de 2012, ao firmar o entendimento de que "a ação de indenização ajuizada pelo trabalhador em face do ex-empregador, com vistas ao ressarcimento dos honorários advocatícios contratuais despendidos em reclamatória trabalhista outrora manejada, deve ser apreciada pela Justiça do Trabalho".

Nessa conjuntura de reconhecida competência ampliada da justiça do trabalho, o professor e ministro do Tribunal Superior do Trabalho, Alexandre Agra Belmonte, apresenta-nos um denso estudo sobre a reparação dos danos patrimoniais nas relações de trabalho.

Após uma análise geral onde expõe com clareza os fundamentos da reparação civil, conceitos e requisitos, nexo causal e excludentes, assim também o estudo aborda as diversas espécies de responsabilidade, mas, principalmente, a todo momento a obra está calcada na doutrina especializada de cada tema que aborda e na jurisprudência dos tribunais trabalhistas – sobretudo da Corte que o autor integra – promovendo, quando necessário, o cotejo com precedentes do Superior Tribunal de Justiça, para elucidar determinadas questões jurídicas de competência da justiça do trabalho.

O autor enfrenta, com profundidade, temas como: noções gerais de responsabilidade civil e sua ligação com as relações de trabalho; espécies de responsabilidade; responsabilidade trabalhista patrimonial de terceiros à luz da doutrina estrangeira e dos noveis diplomas legislativos (Lei n. 13.429, de março de 2017, e Lei n. 13.467, de julho de 2017); diversos tipos de indenização patrimonial nas relações de trabalho; efeitos da prescrição e da decadência no direito trabalhista; entre outros.

Alexandre Agra Belmonte, além de Ministro do Tribunal Superior do Trabalho, é Professor Titular de Mestrado do Instituto de Educação Superior de Brasília (IESB); Doutor, Mestre e Especialista em Direito; Membro da Academia Brasileira de Direito do Trabalho; e Membro da Academia Nacional de Direito Desportivo, tendo publicado diversos livros e artigos jurídicos. É também palestrante no Brasil e no exterior.

Sem dúvida, a presente obra será de consulta obrigatória sobre o tema, representa relevante contribuição para as letras jurídicas e, em especial, notável fonte de consulta para os estudantes e profissionais que atuam no direito do trabalho.

Boa leitura!

Luis Felipe Salomão

Ministro do Superior Tribunal de Justiça.

APRESENTAÇÃO

A Consolidação das Leis do Trabalho, de 1943, editada durante a Segunda Guerra Mundial, remonta a uma época em que as relações de trabalho, não obstante a absorção das normas da legislação internacional, consubstanciadas na limitação da jornada, no descanso semanal e anual, na igualdade de tratamento salarial, nas normas de proteção à mulher, ao menor e à saúde e segurança, num contrato previsto para durar até o esgotamento da vida profissional do trabalhador, a reação ao descumprimento era meramente tarifária.

O mundo evoluiu e as relações sociais adquiriram outra dimensão. O trabalhador foi colocado pela Constituição de 1988 no centro das relações jurídicas. As normas de saúde e segurança passaram a figurar no conceito mais abrangente de meio ambiente de trabalho, integrado inclusive por regras de respeitabilidade das liberdades e de acomodação razoável, proporcional aos interesses mútuos. Os direitos da personalidade emergiram, ensejando a composição de danos morais pelas ofensas. Não apenas o fato do infortúnio, mas também o risco à segurança no exercício das atividades passou a ser considerado.

Num país laico, as ofensas à liberdade de crença no trabalho passaram a ser questionadas nas lides trabalhistas, assim como o exercício das demais liberdades passaram a repercutir no ambiente de trabalho, coibindo as imposições de voto em candidato do interesse da empresa ou as vedações patronais às liberdades de reunião e expressão.

Novas formas de escravidão foram detectadas, ofendendo a liberdade do trabalhador e ensejando responsabilidade.

Impedimentos existenciais também foram detectados no tocante às ofensas à vida pessoal, familiar e de relações sociais por atos do empregador, e passou a ser postulada a responsabilidade pelos danos daí advindos.

Numa sociedade tecnológica como a moderna, a intimidade, a privacidade e o tempo de lazer podem ser corriqueiramente impactados, este último ofensivo ao direito à desconexão do trabalho.

Novas doenças vieram à lume: síndrome de *Burnout*, provocada pelo estresse; síndrome do pânico; doenças relacionadas a movimentos repetitivos, ensejando responsabilidade do empregador, uma vez caracterizado o nexo de causalidade com o trabalho desenvolvido.

Paralelamente à humanização das relações de trabalho, a partir da crise do petróleo dos anos 1970, novas tecnologias, novas formas de organização do trabalho e descentralização das atividades empresariais impactaram o mundo do trabalho. A economia passou a prevalecer sobre os direitos dos trabalhadores impondo flexibilizações nas leis trabalhistas e revisões nos contratos de trabalho. Contratos de curta duração e novas formas de trabalho, como o teletrabalho, o trabalho multitarefa, o trabalho por plataformas digitais e o trabalho intermitente foram agregadas ao cotidiano das relações de trabalho, gerando uma série de questionamentos jurídicos nos planos patrimonial e extrapatrimonial. A estabilidade no emprego deixou de ser o foco, voltando o trabalhador a figurar como peça produtiva na organização empresarial.

A substituição do homem pela máquina em relação aos postos tradicionais de trabalho, sem a absorção proporcional em novas oportunidades, gerando desemprego e exclusão preocupa, mormente diante da passividade do Estado em regular a requalificação obrigatória e a proteção incentivada à automação.

Tudo considerado, tem-se que as relações de trabalho, pelas suas características de subordinação ou semidependência, necessidade de afirmação dos direitos da personalidade, atual rotatividade da mão de obra e transformações do mundo do trabalho frente a novas tecnologias e novas formas de organização do trabalho são suscetíveis de propiciar uma infinidade de ofensas patrimoniais.

Não bastasse, ofensas a bens extrapatrimoniais, como saúde, segurança, honra e imagem, independentemente da composição do dano moral ou existencial, podem ter efeitos reflexos no patrimônio.

Com a aquisição, pela Justiça do Trabalho, da competência para julgar os acidentes do trabalho, a Teoria da Responsabilidade Civil tornou-se ainda mais importante para a especializada, que passou a conviver mais de perto com o fato de terceiro, o fortuito humano e o fortuito natural.

Com a terceirização e o trabalho temporário, a responsabilidade subsidiária de quem não integra a relação de emprego tornou-se corriqueira.

Novas formas societárias e de aglomeração de sociedades levaram à revisão da caracterização do grupo econômico, da solidariedade ativa e passiva e respectiva responsabilidade.

Alterações contratuais em sociedades, com retirada de sócios e admissão de novos; nova regulamentação da recuperação de empresas e falência; efeitos da transferência do negócio empresarial, tudo isso importa em definição de responsabilidade. A desconcentração das atividades do Estado por meio de autarquias, sociedades de economia mista, empresas públicas, fundações, concessões, permissões, além de entidades de colaboração como os serviços sociais autônomos, importaram no reestudo da responsabilidade.

O advento da regulação dos direitos coletivos e difusos na sociedade contemporânea, sem falar dos interesses homogêneos e heterogêneos, levaram à responsabilização por danos patrimoniais e extrapatrimoniais em relação a coletividades.

Ofensas ao nome, à marca, a segredos empresariais e comunicações sigilosas, que podem impactar o negócio do empresário, levaram à responsabilização do trabalhador ofensor.

Expectativas de contratação frustradas e a ciência, posteriores ao término do contrato de trabalho, de ofensas à imagem e honra do trabalhador, mormente obstativas ou impeditivas de recolocação no mercado, deram ensejo a danos pré e pós-contratuais.

Finalmente, os impactos da pandemia da COVID-19 levaram ao reestudo, nas relações de trabalho, das teorias dos fortuitos natural e humano e da imprevisão, com os seus efeitos jurídicos. Sem falar no fato de que exigências técnicas e dificuldades financeiras, não obstante a proteção à alteração do contrato de trabalho prevista no art.468, da CLT, podem igualmente impactar o *pacta sunt servanda* e o princípio da alteração prejudicial, fazendo atuar a cláusula *rebus sic stantibus*. Dou como exemplos a redução salarial final decorrente da redução involuntária do número de turmas do professor e, com base na Lei nº 11.101/2005, a revisão temporária salarial do contrato de trabalho, para efeito de recuperação de empresa.

Tudo considerado, esta obra tem por fim sistematizar a aplicação da responsabilidade civil nas relações de trabalho, iniciando pela Teoria Geral da Responsabilidade Civil, passando então à caracterização e classificação da responsabilidade trabalhista. Em seguida, ao estudo da responsabilidade patrimonial, envolvendo a respectiva liquidação. Daí passamos para as indenizações em espécie, inclusive as decorrentes da terminação contratual sem justa causa e arbitrárias (resilições unilateral e bilateral), por justa causa e rescisão indireta (resoluções culpáveis), por motivo de força maior, caso fortuito e fato do príncipe (resoluções sem culpa) e por motivo de nulidade (rescisões *stricto sensu*). Concluiremos com o exame do regime prescricional aplicável.

O Autor

SUMÁRIO

I

RESPONSABILIDADE CIVIL: NOÇÕES GERAIS

1.1. Conceito e elementos constitutivos

Compete à Justiça do Trabalho processar e julgar as ações de indenização por dano moral ou patrimonial, decorrentes da relação de trabalho (art. 114, VI, da CF).

Como a CLT, ressalvadas as normas de identificação e composição dos danos extrapatrimoniais (arts. 223-A a 223-G) e normas específicas de indenização por descumprimento de obrigações contratuais, é omissa quanto à regulação geral da responsabilidade, a aplicação subsidiária do Código Civil e da doutrina da responsabilidade civil se faz necessária por força do art. 8º, § 1º, da CLT, reforçando assim a relevância da Teoria do Diálogo das Fontes, posto que o ordenamento jurídico é um todo unitário. O Código Civil regula a responsabilidade civil nos arts. 927 a 954 e em dispositivos esparsos, atinentes a hipóteses específicas.

Do exame desses dispositivos legais, verifica-se que responsabilidade civil é a relação jurídica consistente na atribuição do dever garantido por lei ou contrato de reparar o dano causado ao ofendido ou ao seu patrimônio, pelo ofensor ou por pessoa, animal, atividade ou coisa sob a sua guarda ou domínio, ou mesmo de compensar o risco de dano, quando o ofensor submete pessoa ou bem do seu patrimônio a situação potencialmente lesiva, sem a prevenção exigida por lei ou pelo contrato.

FÁBIO ULHOA COELHO dá os seguintes exemplos: motorista que desobedece às regras de trânsito e dá ensejo a acidente, tornando-se devedor dos prejuízos causados pelo ato ilícito; o empresário que fornece ao mercado produto ou serviço defeituoso deve indenizar os prejuízos derivados de acidente de consumo, derivado do fato jurídico da exploração de atividade econômica de fornecimento de produtos ou serviços; perdas e danos, como prejuízo decorrente do descumprimento de um contrato.[1]

São exemplos na área trabalhista: indenização pela quebra do contrato por prazo determinado; indenização compensatória de 40% pela despedida imotivada ou de 20% por motivo de força maior ou culpa recíproca, incidentes sobre o FGTS; indenização patrimonial pela redução da capacidade laborativa do trabalhador em decorrência de acidente do trabalho; indenização por dano estético; indenização por dano moral à honra ou imagem do trabalhador; indenização por impedimentos existenciais. A legislação trabalhista dispõe sobre o dever de indenizar, por exemplo, nos arts. 4º, § 1º, 223-F e 223-G, 439, 449, § 2º, 475, § 1º, 478-A, 479, 480, 483, 484, 484-A, 485, 486, 490, 496, 497, 498, 499, §§ 2º e 3º, 502, 504, 611-B, III, 729, § 2º, 793-C, § 3º e 846, § 2º da CLT; arts. 28, I e II, 29, § 5º e 31, da Lei nº 9.615/1998; arts. 5º, V e X e 7º, I e XXVIII, da CF; e art. 10, I, do ADCT.

1.1.1. Natureza jurídica

A responsabilidade civil não se esgota na obrigação descumprida, não obstante a sua regulação no Livro das Obrigações do Código Civil, pelo que a sua natureza jurídica não é obrigacional sucessiva e sim autônoma.

Assim ocorre, porque o dever de indenizar tanto pode advir de momento sucessivo da relação obrigacional descumprida, como admite a forma autônoma, de responsabilidade extracontratual ou aquiliana.

Tecnicamente, obrigação é espécie de relação jurídica estabelecida em torno de uma prestação de natureza econômica de dar, restituir, fazer

1. Curso de Direito Civil. v. l.02. 2. ed. São Paulo: Saraiva, 2004, p. 252.

ou não fazer. E a responsabilidade pode resultar de relações jurídicas originárias ou derivadas de conteúdo extrapatrimonial, a exemplo do poder familiar, da fidelidade no casamento e das ofensas morais ou existenciais.

Apenas se adotada a ideia de que em sentido lato obrigação é sinônima de dever jurídico, de forma atécnica poder-se-á entender responsabilidade como obrigação descumprida.

1.1.2. Fato gerador do dever de indenizar

Todo e qualquer dano, patrimonial ou extrapatrimonial é suscetível de reparação ou composição, desde que decorrente da prática de ato ilícito, de previsão legal ou do exercício de atividade de risco.

O dever de indenizar o dano pode e costuma decorrer da prática de ato ilícito, cuja definição consta dos arts. 186 e 187, do CC, assim com fundamento, como regra, na culpa ou dolo do ofensor – responsabilidade subjetiva – *caput* do art. 927, do CC.

No entanto, ele também pode derivar de hipóteses em que, independentemente de culposo ou doloso, basta a verificação do dano. Assim ocorre nos casos especificados em lei ou naqueles em que o exercício da atividade implique em risco acentuado a direito alheio – (responsabilidade objetiva, previst no parágrafo único do art. 927, do CC.)[2]

1.2. Funções da responsabilidade civil

Para FÁBIO ULHOA, a responsabilidade civil cumpre funções compensatória e preventiva.

Observa o jurista que a função compensatória visa recompor o prejuízo experimentado pelo lesado. Quando o prejuízo é patrimonial, a compensação equivale ao dano, ao passo que no extrapatrimonial é lenitiva.

2. BANDEIRA DE MELLO, Oswaldo Aranha. *Conceito de Responsabilidade e Responsabilidade Civil.* v. 3. item 23. São Paulo: RDPubl, 1968; LOPES, Serpa. *Curso de Direito Civil.* 2. ed. Rio de Janeiro: Freitas Bastos, 1962. pp. 186-187.

Finalmente, que a função preventiva é de natureza sancionatória dos atos ilícitos na responsabilidade subjetiva, e de socialização de custos na objetiva.[3]

De nossa parte, entendemos que a responsabilidade civil cumpre funções preventiva, reparatória e compensatória.

A função preventiva é pedagógica ou dissuasória. Atua impondo medidas para evitar o dano ou prevenir contra o risco ou efeitos do acontecimento danoso.

A função reparatória visa a recomposição integral dos prejuízos patrimoniais experimentados pela vítima envolvendo o dano emergente e os lucros cessantes.

Em se tratando de responsabilidade objetiva fundada no risco, ainda que a atividade seja necessária à comunidade, o fato de se tornar potencialmente causadora de dano, faz com que seja justo que a vítima, que sofre individualmente com os malefícios do benefício social trazido à sociedade, seja indenizada.

A função compensatória, incidente no dano extrapatrimonial, é lenitiva da dor moral ou dos óbices existenciais, como forma de compensar os sofrimentos espirituais e os impedimentos causados à vida pessoal e de relações familiares e sociais pelas ofensas aos direitos da personalidade.

1.3. Requisitos da responsabilidade

São requisitos da responsabilidade civil o fato lesivo, o nexo causal e o dano.

1.3.1. Fato lesivo. Culpa, suas espécies e fato da atividade

O fato lesivo pode ser subjetivamente caracterizado por comportamento consistente numa ação ou omissão culposa ou dolosa, suscetível de violar direito e causar dano à esfera jurídica de outrem (arts. 186 e 187, CC).

---

3. ULHOA, Fábio. ob. cit. pp. 270-271.

Todavia, também pode ser objetivamente considerado, desta feita caracterizado pela mera tipificação legal (art. 927, parágrafo único, 1ª parte) ou pelo risco causado pela atividade desenvolvida por alguém (art. 927, parágrafo único, 2ª parte), se vier a ocorrer dano ao ofendido, ou se o dano for a própria submissão ao risco.

Quanto ao fato jurídico subjetivamente considerado, a conduta antijurídica lesiva, ou seja, causadora de dano à esfera jurídica alheia, é denominada ato ilícito.

Ato ilícito é a ação ou omissão voluntária, fundada em negligência, imprudência ou imperícia, que viola direito e causa dano a outrem, ainda que exclusivamente moral (art. 186, do Código Civil).

Também comete ato ilícito o titular de um direito que, ao exercê-lo, excede manifestamente os limites impostos pelo seu fim econômico ou social, pela boa-fé ou pelos bons costumes, caracterizando o abuso de direito (art. 187, CC).

Como exemplos, quem cobra crédito já satisfeito (art. 940, CC); quem se excede na legítima defesa de um direito (art. 188, par. único, do CC); o empregador que suspende o empregado por período superior a 30 dias (art. 474, CLT). Devem reparar o dano causado, na forma prevista em lei. No caso trabalhista, a hipótese prevista no art. 474, da CLT, pode ensejar a rescisão indireta, sem prejuízo das reparações patrimoniais e morais.

Na apreciação da culpabilidade como um dos elementos caracterizadores do ato ilícito (o outro é o dano), ou ela decorre de dolo (ação direcionada à intenção de causar o dano) ou de culpa (conduta negligente, imprudente ou praticada por pessoa sem a devida perícia para a prática do ato lesivo, que resulta em dano).

Negligência é falta de cuidado. Imprudência é falta de cautela. Imperícia é falta da necessária habilidade.

A culpa pode estar presente na conduta comissiva ou na conduta omissiva. O empregador que assedia o trabalhador por meio de maus-tratos age com culpa *in comittendo* ou *in faciendo*. Já o empregador que deixa de fornecer equipamento de proteção ao trabalhador, ou não dá as instruções para o necessário ou adequado uso, se omite em relação às suas obrigações como empregador. E se o dano vem a se verificar pela culpa *in omittendo*, lhe cabe repará-lo.

Além da culpa *in committendo* ou *in faciendo* e *in omittendo*, também pode se verificar *in elegendo*, *in vigilando* e *in custodiendo.*

Culpa *in eligendo* decorre da má escolha da pessoa eleita por alguém para praticar certo ato. Assim ocorre, por exemplo, quando o empregador contrata a prestação de serviços por terceiro sem idoneidade financeira para cumprir o objeto do contrato. Responderá subsidiariamente em caso de inadimplemento das obrigações dos trabalhadores da contratada.

Também pode ser citado como exemplo de culpa *in eligendo* a do empregador que admite empregado sem aptidões de fato requeridas para o exercício da atividade de motorista e ele vem a causar dano a terceiro. Além de responder pelo dano causado, o empregador deve se ressarcir junto ao trabalhador que não tinha a aptidão necessária ao exercício da função.

A hipótese é interessante, por se tratar de ato decorrente de imperícia, mas que afasta a responsabilidade do trabalhador, concentrando-a no empregador, por ter eleito para a função pessoa que, mesmo formalmente capacitada, na prática não tinha a necessária habilidade para o manejo de veículo.

Culpa *in vigilando* decorre da falta de fiscalização quanto ao procedimento de outrem. Assim ocorre, por exemplo, quando a administração pública, direta ou indireta, contrata prestação de serviços por terceiro via licitação (Lei nº 8.666/1993) e não fiscaliza o cumprimento das obrigações trabalhistas pela empresa contratada. Responderá, subsidiariamente, pelo inadimplemento das obrigações dos trabalhadores da contratada.

Culpa *in custodiendo* decorre da falta de cautela ou atenção quanto a pessoa, coisa ou animal sob a responsabilidade ou guarda de alguém. Assim ocorre, por exemplo, na verificação de dano à integridade física do filho menor, por descaso do pai. Ou quando o depositário não toma os cuidados necessários à conservação do animal de terceiro sob a sua guarda e ele vem a sofrer dano.

A culpa também pode ser exclusiva ou concorrente. É exclusiva quando decorre de comportamento atribuível unicamente ou de forma eficiente ao causador do dano. E é concorrente quando lesante e lesado agem, por atos paralelos, com parcelas de culpa, na produção eficiente do resultado, respondendo cada um, proporcionalmente, por sua contribuição na caracterização do dano.

Como são duas as responsabilidades (a do ofensor e a da vítima), a expressão "concorrência de causas" é até mais técnica, inclusive pelo fato de que nada impede que se verifique a concorrência da causa da vítima em dano decorrente de uma atividade de risco, ou seja, na responsabilidade objetiva ou sem culpa.

Na concorrência, as causas devem produzir conjuntamente o resultado, de forma que uma sem a outra não o produziria. Consequentemente, a indenização deve ser fracionada proporcionalmente ao grau de responsabilidade de cada partícipe para a verificação do evento.

É exemplo de concorrência de causas o acidente que vitima o empregado que se encontrava em excesso de velocidade em veículo da ré sem adequada manutenção.

A hipótese não se confunde com a concausa. Enquanto a concausa é uma circunstância que reforça a causa principal, contribuindo para o resultado ou agravamento do dano, a concorrência de causas corresponde ao somatório de causas do ofensor e da vítima para a verificação do evento danoso.

Finalmente, pode ocorrer culpa comum ou comunhão de culpas, quando lesante e lesado causam, de forma culposa e conjunta, o mesmo dano, que assim sofrerá compensação, neutralizando a reparação.

No caso do abuso de direito, o ato ilícito decorre do excesso manifesto no exercício de um direito, dos limites impostos pelo seu fim econômico ou social, pela boa-fé ou pelos bons costumes.

Na esfera civil, é caso de abuso de direito demandar por dívida já paga, no todo ou em parte, sem ressalvar as quantias recebidas ou pedir mais do que for devido (art. 940, CC); na trabalhista, é exemplo de abuso de direito o previsto no art. 474, da CLT: suspensão disciplinar do empregado por mais de 30 (trinta) dias consecutivos. Tal abuso no exercício do direito de suspender o trabalhador pode importar na resolução culposa do contrato de trabalho.

Na apreciação da culpa, há ainda de se analisar a decorrente da frustração ou da realização de condição por malícia da parte a quem ela aproveita.

Condição é evento futuro e incerto, caracterizado como elemento acidental do ato jurídico ou negócio jurídico.

Dispõe o art. 129 do novo Código Civil que: a) se a condição não se verificar por malícia da parte a quem desfavorecer, será considerada como verificada, e b) se a condição se verificar por malícia da parte a quem aproveita o respectivo implemento, será considerada por não verificada.

Como exemplo da primeira hipótese, tem-se a despedida obstativa da aquisição de estabilidade por empregado em vias de provavelmente adquiri-la em razão de eleições sindicais, ou ainda a do empresário que coloca em nome do gerente não comissionado uma venda realizada por um vendedor.

Como exemplo da segunda hipótese, tem-se a rescisão prevista em contrato, quando a condição resolutiva decorre de culpa, por exemplo, não obtenção de financiamento, pelo interessado adquirente, para pagamento do preço ajustado, quando não é fornecida a documentação necessária para o desiderato.

Em tais casos, tem-se o dever de indenizar o prejuízo experimentado, com fundamento na fraude à lei (art. 9º, da CLT).

O fato lesivo também pode, objetivamente, se caracterizar pela mera tipificação legal (art. 927, parágrafo único, 1ª parte) ou pelo risco causado pela atividade desenvolvida por alguém (art. 927, parágrafo único, 2ª parte), se vier a ocorrer dano ao ofendido, desde que por ele não causado. Nestes casos, a apreciação de culpabilidade é irrelevante.

Respondem, solidariamente, os autores da ofensa a direito alheio.

1.3.1.1. Excludentes de ilicitude

Não constituem atos ilícitos e assim isentam de culpa o agente, quando praticado em legítima defesa ou no exercício regular de um direito reconhecido, bem como a ação necessária, que não exceda os limites do indispensável nas circunstâncias, destinada a remover perigo iminente, mas que importe em deterioração ou destruição da coisa alheia, ou a lesão a pessoa, caracterizadora do estado de necessidade (art. 188, *caput*, I, II e parágrafo único, CC).

Estado de necessidade é o ato de salvar bem jurídico próprio ou de outrem, para a remoção de perigo iminente, por meio da deterioração ou destruição da coisa alheia, ou lesão a pessoa, quando não é possível exigir do agente, nas circunstâncias, conduta distinta (art. 188, II, do Código Civil).

O ato praticado em estado de necessidade não é, por força de lei, ilícito, mas pode ensejar responsabilidade civil, devendo o ofensor reparar os danos causados à pessoa ou ao dano da coisa, se a pessoa lesada não for a culpada do perigo (art. 929, do Código Civil). Neste caso, o ofensor poderá se ressarcir do prejuízo perante terceiro que, eventualmente, possa ter dado, direta ou indiretamente, causa ao evento (art. 930, *caput*, do Código Civil).

A respeito, ensina CAIO MÁRIO que a obrigação de ressarcir o dano está fundamentada em que o fato do legislador permitir o sacrifício do direito menos valioso, quando em jogo está mais de um, em conflito, não exime o dever de reparar o dano causado, nos casos previstos em lei.[4]Note-se, todavia, que se a pessoa lesada for a culpada do perigo (culpa exclusiva da vítima) ou se a situação de perigo iminente for causado por fato da natureza ou por motivo de força maior, não gera responsabilidade civil para o ofensor (inteligência dos arts. 929 e 930, do Cód. Civil).

O estado de necessidade não se confunde com o estado de perigo regulado no art. 156 do CC. Neste, contrata-se prestação excessivamente onerosa, ao passo que no estado de necessidade sacrifica-se um bem jurídico em detrimento de outro.

A respeito, decidiu o STJ, no REsp. 124.527, cujo acórdão da 4ª Turma publicado no DJ em 05/06/00, em que foi relator o Ministro Aldir Passarinho Junior, que *"A empresa cujo preposto, buscando evitar atropelamento, procede a manobra evasiva que culmina no abalroamento de outro veículo, causando danos, responde civilmente pela sua reparação, ainda que não se configure, na espécie, a ilicitude do ato, praticado em estado de*

4. *Instituições de Direito Civil.* v. III. 7. ed. Rio de Janeiro: Forense, 1986. p. 399.

necessidade". O referido julgado ressalvou o direito de regresso para efeito de ressarcimento da indenização que imposta à empresa.

Como exemplos de atos praticados em estado de necessidade, em sede estritamente trabalhista, estão a destruição, pelo empregado, de um aparelho elétrico em curto-circuito, como forma de salvar o estabelecimento do risco de um incêndio iminente e o dano causado pelo arrombamento da porta de um elevador, como forma de salvar pessoa que está presa e que, sabidamente, sofre de claustrofobia e é cardíaca.

Em que pese o ato praticado em estado de necessidade ser considerado lícito, o art. 929, do CC, estabelece que se a pessoa lesada, ou o dono da coisa, não forem culpados do perigo, assistir-lhes-á direito à indenização do prejuízo que sofreram. Ou seja, quem age por altruísmo responde pelos danos, cabendo-lhe ação regressiva para haver a importância que tiver ressarcido ao lesado, no caso de culpa de terceiro (art. 930).

Legítima defesa é o ato de resistência moderada a uma agressão ou ameaça de agressão injusta a direito próprio ou de outrem (art. 188, I c/c par. único do art. 930, do Código Civil).

Na legítima defesa, por constituir o ato de resistência uma reação a uma agressão ilícita, não provoca a responsabilidade civil, ainda que venha a causar danos ao agressor. Mas para que essa excludente se verifique, é preciso que a reação ocorra de forma razoável e proporcional, respondendo o reagente pelo excesso.

Como exemplos, a resistência do patrão a atos de destruição do estabelecimento, praticado por empregados grevistas e a reação do empregado destinada a repelir injusta agressão, moral ou física, própria ou de outrem, praticada pelo empregador (respectivamente, arts. 482, "j", *in fine*, e 483, "f", *in fine* c/c art. 8º, parágrafo único, da CLT e art. 188, I, do Código Civil).

Na ocorrência de legítima defesa putativa, a responsabilidade civil subsistirá, ainda que a ilicitude reste excluída.

Assim como não há previsão de indenização pela ofensa praticada em legítima defesa (ressalvadas apenas as hipóteses de abuso de direito – excesso e legítima defesa putativa), o ato praticado no exercício regular de direito também não costuma ensejar reparação.

Exercício regular de um direito reconhecido é a prática de ato autorizado por lei.

São inúmeros os atos que podem ser praticados no exercício regular de um direito: o de mover ação judicial, o de denunciar a prática de crime, o de suspender ou dispensar, por justa causa, o empregado que pratica falta grave e até mesmo o de apossar-se de bem de outrem por expressa autorização legal, seja para fazer cessar o sacrifício imposto ao próprio, seja para fins de garantia, seja para outro fim autorizado em lei. Como exemplos, o direito de retenção, pelo empregado, de um mostruário de vendas pertencente ao empregador, legitimamente detido pelo primeiro como garantia pelo não pagamento dos salários em atraso; a exceção de inadimplemento; a passagem forçada de prédio encravado e sem acesso à via pública; a penhora de bens do devedor.

Observa FELIPE PEIXOTO BRAGA NETTO que "a imputação de fato criminoso é exercício regular de direito, salvo quando as circunstâncias demonstrarem que a imputação é abusiva".[5]

Ainda em relação à conduta abusiva, decidiu o STJ no REsp. 124.527, cujo acórdão da 4ª Turma foi publicado no DJ em 19/09/00, em que foi relator o Ministro Sálvio de Figueiredo Teixeira, que "é inconcebível que empresas comerciais, na proteção aos seus interesses comerciais, violentem a ordem jurídica, inclusive encarcerando pessoas em suas dependências sob a suspeita de furto de suas mercadorias".[6]

Espécie de exercício regular de um direito é o estrito cumprimento de dever legal, que não exclui a reparação do dano causado pelo ofensor. Por exemplo, se durante troca de tiros, um empregado, que, em horário de trabalho passava pelo local, vem a ser ferido por policiais, o Estado responderá pelos danos patrimonial, moral e estético causados.

---

5. *Responsabilidade Civil.* São Paulo: Saraiva, 2008. p. 124.
6. BRAGA NETTO, Felipe P. Ob. cit. p. 124.

1.3.1.2. Excludentes de imputabilidade

No concernente à ação lesiva, são causas de inimputabilidade do agente as que excluem a imputação ou a atribuição da responsabilidade ao próprio ofensor pelos atos praticados, *embora possam não excluir,* ex vi *do art. 930, do CC, a responsabilidade civil* dos responsáveis pelos inimputáveis (por exemplo, do pai em relação ao dano causado a outrem pelo filho menor).

A menoridade absoluta, a falta de discernimento e a anuência da vítima são as excludentes de imputabilidade.

Em casos como luta de boxe, corrida de automóvel e ingestão de medicamento experimental, salvo por culpa ou dolo do contendor ou do organizador, a anuência da vítima exclui a imputabilidade e até mesmo a responsabilidade civil.

1.3.1.3. Cláusula de não indenizar

A cláusula de não indenizar é de natureza contratual, ajustada entre as partes e que exclui a responsabilidade na ocorrência dos fatos ou atos nela previstos, muito comuns nos contratos de seguro e planos de saúde.

A cláusula de não indenizar não pode ser abusiva ou ilegal. Tem por limites a função social interna do contrato, não podendo, por exemplo, ofender a dignidade da pessoa humana, como a que limita o número de internações, e a função social externa ou sua projeção em relação a terceiros, por exemplo, de boa-fé ou atingir direitos difusos e coletivos.

De nenhuma valia terá a cláusula de não indenizar o rompimento do contrato de trabalho ou de não ressarcir ao trabalhador as diárias para viagens a serviço do empregador.

A lei trabalhista prevê, no entanto, a possibilidade de o trabalhador não indenizar os danos causados por culpa, se essa possibilidade for acordada entre as partes, passando assim a obrigação de não fazer parte inerente do contrato de trabalho (art. 462, § 1º, CLT).

Outrossim, nos termos do art. 75-D, da CLT, *"As disposições relativas à responsabilidade pela aquisição, manutenção ou fornecimento dos equipamentos tecnológicos e da infraestrutura necessária e adequada à prestação do trabalho remoto, bem como ao reembolso de despesas arcadas pelo empregado, serão previstas em contrato escrito".*

O dispositivo legal supratranscrito merece revisão. Ficaria melhor redigido e mais adequado à situação fática prevista, se dele constasse que *"Salvo ajuste em contrário, é do empregador a responsabilidade pela aquisição, manutenção ou fornecimento dos equipamentos tecnológicos e da infraestrutura necessária e adequada à prestação do trabalho remoto, bem como ao reembolso das despesas arcadas pelo empregado."*

1.3.2. Nexo causal e concausa

Nexo causal é a relação de causa e efeito entre a conduta ofensiva e o dano por ela causado, imputável ao ofensor, devendo o segundo ser decorrência do primeiro. É ele que permite identificar a titularidade da conduta lesiva. Em outras palavras, a atividade de busca do liame causal caracteriza um juízo de imputação jurídica.

Entre as várias teorias que se dedicaram ao estudo do nexo causal, destacam-se a da equivalência dos antecedentes e a da causalidade adequada.

Para a primeira teoria, as condições que concorrem para a produção do resultado têm igual valor e relevância e assim se equivalem em eficácia (von BURI); para a outra, somente a causa adequada à produção do resultado deve ser considerada (von KRIES).

SÉRGIO CAVALLIERI FILHO observa que a teoria da equivalência predomina na esfera penal e a da causalidade é adequada na órbita civil e, invocando exemplo fornecido por ANTUNES VARELLA, diz que se alguém retém ilicitamente uma pessoa que iria tomar certo avião e acaba tomando outro, que vem a cair e provocar a morte de todos os passageiros, tem-se que a retenção não foi, em abstrato, a causa adequada ao dano.[7]

O nexo causal poderá ser verificado mesmo que o dano venha a ocorrer como resultado mediato de uma ação lesiva, ou seja, as circunstâncias concorrentes, se resultantes do fato antecedente, não excluem o nexo causal ou reduzem a responsabilidade, quando o fato preexistente é

7. *Programa de Responsabilidade Civil.* 6. ed. São Paulo: Malheiros. p. 73.

idôneo para a produção do resultado. Como exemplos, MARIA HELENA DINIZ fornece a responsabilidade do desordeiro pelo custo do vidro e sua colocação e ainda do valor dos objetos furtados em consequência de ter quebrado o vidro da vitrine de uma loja; da mesma forma, se alguém, ferido levemente, vem a falecer em virtude de sua constituição anômala.[8]

Podem ser agentes as pessoas físicas, jurídicas e ainda os entes destituídos de personalidade, cabendo a prova ao ofendido.

No Direito Civil, na responsabilidade subjetiva afastam o nexo causal as excludentes subjetivas (fato exclusivo da vítima e fato exclusivo de terceiro) e as excludentes objetivas (caso fortuito e força maior).

Com efeito, não existindo relação entre a conduta (responsabilidade subjetiva) ou a atividade do empresário (responsabilidade objetiva) e o dano verificado, não se estabelece o liame causal ensejador da responsabilidade.

Já no tocante à responsabilidade objetiva, o viés de análise é outro: se há pertinência entre o dano ocorrido e o risco da atividade desenvolvida pelo empresário. Ou seja, se há elementos estranhos ao risco, eliminadores da imputação ao empresário.

Essa questão diz respeito não apenas aos casos fortuito e de força maior, mas também ao fato de terceiro, o que será verificado adiante, nos tópicos correspondentes.

Tais situações não se confundem com a concausa.

Concausa é a causa ligada a fato superveniente que, somado a uma condição ou fato preexistente contribui diretamente para a caracterização ou agravamento do dano.

Observa SÉRGIO CAVALLIERI, o agente suporta os riscos em virtude de ter colocado a vítima na situação danosa. Por exemplo, quando causa lesão leve, mas as consequências são graves, em virtude da constituição anômala da vítima.[9] As concausas podem ser preexistentes e supervenientes (ou concomitantes).

8. DINIZ, Maria Helena. ob. cit. p. 93.

9. *Programa de Responsabilidade Civil.* 6. ed. São Paulo: Malheiros. p. 84.

São preexistentes as constituídas por circunstâncias já existentes quando da conduta do agente, caso da diabetes da vítima, enquanto as supervenientes são constituídas por novas circunstâncias, como ocorre quando o socorro da vítima atropelada demora a chegar. Nenhuma delas influi no resultado final; apenas o reforça.

Se o trabalhador tem doença preexistente suscetível de gerar perda ou redução da capacidade para o trabalho e ela vem a se manifestar ou se manifestar mais cedo em razão das condições de trabalho, estará caracterizada a concausa. Mas se a ambulância que transporta o trabalhador para o hospital sofre acidente de trânsito e ele morre, como o último fato não está ligado ao trabalho e contribuiu diretamente para a morte do trabalhador, não se configurará a concausa e a empresa responderá apenas pelo acidente do trabalho e não pelos efeitos do acidente de trânsito.

1.3.2.1. Excludentes do nexo causal

São excludentes do nexo causal os fatores primitivos causadores do dano, que costumam eliminar a relação de causalidade entre o dano verificado e uma eventual ação de outrem.

As excludentes subjetivas ou voluntárias (fato exclusivo da vítima ou exclusivo de terceiro) e as excludentes objetivas (força maior e caso fortuito) são os fatores que geralmente rompem o nexo causal.

1.3.2.1.1. Fato exclusivo da vítima

Há fato exclusivo da vítima quando a ocorrência de dano se deve exclusivamente à sua conduta.

No caso, não há formação de nexo causal, porque inexiste identificação de ofensor que pratique ato ilícito à vítima e nem ele é decorrência da atividade empresarial.

Assim, se um piloto empregado resolve arremessar a aeronave contra um morro, o empregador não possui qualquer responsabilidade em relação à família do falecido, não importando se a atividade é ou não de risco.

1.3.2.1.2. Fato exclusivo de terceiro. Elementos externos e internos

Fato exclusivo de terceiro ocorre quando se identifica que o dano causado à vítima decorre da conduta de terceiro.

O fato exclusivo de terceiro rompe o nexo de causalidade entre a conduta do ofensor e o dano provocado na vítima, posto que o dano ocorre em virtude da conduta de terceiro, identificado como o causador.

Nas relações de trabalho, fato de terceiro é o dano causado por pessoa estranha à relação jurídica estabelecida entre empregado e empregador. A hipótese não se confunde com a responsabilidade indireta, substitutiva e objetiva do empregador pelos atos do empregado, do pai em relação aos atos do filho menor, do tutor em relação aos atos do tutelado, previstos no art. 932 do Código Civil.

O fato de terceiro exclui a responsabilidade do empregador, quando de natureza subjetiva, como ocorre quando um assaltante ingressa numa padaria e dá um tiro no empregado. É um fato de terceiro considerado externo à relação entre empregado e empregador.

De igual sorte, na hipótese prevista no art. 486, da CLT: no caso de paralisação temporária ou definitiva do trabalho, motivada por ato de autoridade municipal, estadual ou federal, ou pela promulgação de lei ou resolução que impossibilite a continuação da atividade, prevalecerá o pagamento da indenização, que ficará a cargo do governo responsável.

O fato exclusivo de terceiro não elide a responsabilidade do ofensor direto de atividade de risco, *ex vi* do art. 735, do CC: *"A responsabilidade contratual do transportador por acidente com o passageiro não é elidida por culpa de terceiro, contra o qual tem ação regressiva"*.

Em certas hipóteses faz-se a distinção entre atos de terceiros externos e internos para efeito de caracterização de responsabilidade. Assim é que nos contratos de transporte o acidente ocorrido no percurso em decorrência de fato de terceiro enseja a responsabilidade da transportadora (Súmula 187, do STF).

No Direito do Trabalho, o fato de terceiro não exclui a responsabilidade, quando de natureza objetiva. Se o trabalhador está prestando serviços de reparo ou conservação na rodovia para uma concessionária de estradas e é atingido por um automóvel, a empresa é responsável, porque a atividade é de risco acentuado, podendo, no entanto, regressivamente acionar o real ofensor. Cuida-se de um risco pertinente e corriqueiro ao negócio, que por isso mesmo ingressa com pertinência interna na relação entre empregado e empregador.

De igual sorte, se o vigilante, no labor de vigília de pessoa ou patrimonial para uma empresa recebe um tiro num assalto, ela responde, embora se trate de ação de terceiro, porque a atividade é de risco. Quem a desenvolve expõe o trabalhador a esse risco e por ele deve responder. Da mesma forma se em decorrência de assalto a banco, atividade igualmente de risco, o caixa adquire síndrome do pânico.

1.3.2.1.3. Caso fortuito. Elementos externos e internos

Caso fortuito é o evento ou fenômeno extraordinário da natureza, inevitável e geralmente imprevisível, que interfere numa relação jurídica, causando dano, não importando se a responsabilidade é subjetiva ou objetiva: raios, terremoto, tsunami, inundação e outros motivos acidentais da natureza. É um fato jurídico *stricto sensu*, de caráter extraordinário, também denominado fortuito natural.

Como o dever de reparar o dano costuma alcançar apenas o responsável pela produção do fato lesivo e no caso fortuito inexiste possibilidade de responsabilizar alguém, porque o evento da natureza é o causador do dano, em princípio o nexo causal tem a sua formação rompida.

No entanto, o caso fortuito ou fortuito natural tanto pode ser externo, como interno à dinâmica da relação jurídica sobre a qual incide.

Leciona SERGIO CAVALIERI FILHO, "Entende-se por fortuito interno o fato imprevisível e, por isso, inevitável, que se liga à organização da empresa, que se relaciona com os riscos da atividade". Prosseguindo, fornece como exemplos o estouro de um pneu do ônibus, o incêndio do veículo, o mal súbito do motorista, o defeito de concepção de produto destinado ao consumo, fatos ligados à organização do negócio.

Já o fortuito externo, ensina, "é também fato imprevisível e inevitável, mas estranho à organização do negócio", fornecendo como exemplos tempestades e enchentes.

Conclui que a presunção de responsabilidade do transportador e do fabricante ou fornecedor é tão forte, que somente o fortuito externo, correspondente a fato estranho à empresa e sem qualquer ligação com a organização do negócio, é capaz de exonerar do dever de indenizar.[10]

Se um motorista da empresa está dirigindo em condições normais de segurança, um raio atinge o automóvel no meio da rodovia e ele bate em outro carro, falecendo, o empregador não é responsável pelo acidente. É hipótese de caso fortuito externo, que interrompe o nexo causal, por não se vislumbrar uma conduta causadora do dano ou um responsável que a titularize. Em outras palavras, o raio é, nas circunstâncias da atividade, estranho ao risco e assim elimina a imputação do fato ao empresário.

Enfim, embora se trate de atividade de risco, com responsabilidade objetiva, o fato jurídico é absolutamente extraordinário, não integrando assim a relação jurídica entre empregado e empregador.

Contudo, em se tratando de fortuito interno, a solução será outra. Se o trabalhador a céu aberto é atingido por um raio em região de ocorrência de raios sem que a empresa conte com coberturas de proteção nas épocas de incidência do fortuito, o empregador responde pelo dano. Ou seja, em se tratando de fatos previsíveis, corriqueiros à atividade, podem ser controlados, contornados e gerenciados. E por isso mesmo ingressa internamente na relação entre empregado e empregador, por não ser a ela estranho que nas circunstâncias um raio possa atingir o trabalhador.

A responsabilidade também não cede em caso de assalto a banco em relação ao qual espera-se que a instituição dê aos clientes e empregados toda a segurança necessária à atividade de risco (fortuito interno), mas a instituição bancária não responde pela morte de cliente que vem a falecer em virtude de atropelamento, quando utilizava um caixa 24 horas (fortuito externo).

1.3.2.1.4. Força maior. Elementos externos e internos

Força maior é o fato humano extraordinário, imprevisto, inevitável, alheio ou externo e transcendente à vontade das partes, que interfe numa

10. *Programa de Responsabilidade Civil.* 8. ed. São Paulo: Atlas. pp. 176 e 302.

relação jurídica, alterando-a ou extinguindo-a, a exemplo da invasão de território, da guerra ou revolução e do pânico coletivo.

Cuida-se, portanto, de um fortuito humano.

Tal como ocorre no fortuito natural, em princípio inexiste possibilidade de imputação de responsável, o que faz romper o nexo causal.

Contudo, também a força maior pode ser externa e interna.

Se em razão de pânico coletivo ocorrido no estabelecimento do empregador e por ele não causado, um trabalhador é pisoteado e falece, a empresa não é responsável, por se tratar de força maior. No caso, trata-se de força maior de origem externa à relação jurídica desenvolvida entre empregado e empregador e sobre a qual as partes não têm ingerência.

Todavia, os casos de força maior que decorram da imprevidência do empregador não excluem da empresa a imputação pelo dano (art. 501, § 1º, CLT). Se agindo com cautela e prevenção a empresa poderia contornar a ocorrência do fato, não se trata de força maior externa e sim interna, que passa a compor a relação jurídica entre empregado e empregador, porque os seus efeitos poderiam ser evitados ou controlados.

Utilizando o mesmo exemplo acima, se em razão de pânico coletivo ocorrido no estabelecimento do empregador, um trabalhador é pisoteado e falece, a empresa será responsável se o dano for decorrente do fato do estabelecimento não ter áreas de escape em caso de incêndio ou tumulto. Trata-se de força interna, cuja imprevidência do empregador ingressa na relação jurídica então mantida com o falecido.

1.3.2.1.5. Fortuitos natural e humano: pressupostos de caracterização e efeitos

Os pressupostos de caracterização do caso fortuito e da força maior são a involuntariedade, a extraordinariedade, a imprevisibilidade, e a impossibilidade objetiva de evitar o acontecimento.

Evento involuntário é o casual, assim entendido aquele para o qual as partes não concorrem para a sua verificação.

Evento extraordinário é que se distancia do acontecimento comum ou habitual.

Evento imprevisível é o acontecimento inesperado, que não pode ser antevisto.

Evento inevitável é aquele que não pode ser evitado ou controlado.

Os efeitos jurídicos desses acontecimentos, que influem na integridade de bens e pessoas, frustram compromissos assumidos e geram prejuízos financeiros, são solucionados por meio da teoria do fortuito, geralmente mediante a resolução *ex tunc* da obrigação ou do contrato, sem perdas e danos, ou simplesmente por meio do afastamento da responsabilidade civil.

O parágrafo único do art. 393, do Código Civil define caso fortuito ou de força maior como o fato necessário, cujos efeitos não é possível evitar ou impedir.

Nas relações civis, exceto nos casos previstos em lei ou quando o devedor expressamente por eles se responsabilizou, não responde pelos prejuízos decorrentes de caso fortuito ou de força maior (art. 393, *caput*).

Nas relações de trabalho, exceto em casos pontuais, o legislador abrange no conceito de força maior os eventos da natureza e prevê se possível for manter o contrato, a possibilidade de recuperação do tempo perdido com paralisação da atividade empresarial, mediante horas extras compensatórias (art. 61, §3º) ou a revisão temporária da jornada e do salário (art. 503, da CLT). E diante da assunção do risco da contratação (art. 2º, *caput*, da CLT), o dever de indenizar em caso de despedida do trabalhador, embora por metade (art. 502, da CLT).

1.3.2.1.6. *Factum principis* externo e interno

O *nomen iuris* fato do príncipe remonta ao período monárquico e absolutista da história, em que o príncipe, que concentrava em si os poderes de Estado decretava medidas que precisavam ser observadas pelo súdito. O príncipe de hoje é o governo ou o Estado.

Fato do príncipe é espécie qualificada de força maior. É fortuito humano caracterizado pela origem como ato de governo ou ato de Estado. Cuida-se de ato administrativo federal, estadual ou municipal, ou mesmo de lei, capaz de inviabilizar, para atendimento a interesse público, a utilização ou funcionamento temporário ou definitivo de uma atividade, estabelecimento ou propriedade. Com isso, altera ou extingue relações jurídicas privadas já constituídas, alcançando interesses subjetivos.

Como ato de Estado, podemos citar o caso dos bingos, que se tornaram atividade ilícita, fazendo com que os investidores desse negócio precisassem, entre outras providências, como romper contratos de locação de estabelecimento e contratos de fornecimento, despedir e indenizar os trabalhadores.

Como ato de governo, podemos citar a desapropriação de um estabelecimento, ou uma obra pública temporária que paralisa as atividades comerciais num certo local.

O fato do príncipe pode ser externo e interno.

O fato do príncipe externo, sobre o qual os sujeitos de uma relação jurídica não têm ingerência, transfere à autoridade pública a responsabilidade da indenização, a exemplo da desapropriação.

Já o fato do príncipe interno conserva a responsabilidade nas mãos do sujeito passivo da relação jurídica por ele afetada, por ter sido ele o causador mediato do ato de intervenção. Como exemplos, a interdição ou fechamento de estabelecimento ou prédio que ponham em risco os seus usuários.

Nas relações de trabalho, o art. 486, da CLT define o *factum principis* e a responsabilidade: "No caso de paralisação temporária ou definitiva do trabalho, motivada por ato de autoridade municipal, estadual ou federal, ou pela promulgação de lei ou resolução que impossibilite a continuação da atividade, prevalecerá o pagamento da indenização, que ficará a cargo do governo responsável".

Embora o dispositivo legal aborde apenas a cessação da atividade, a paralisação temporária também é causadora de prejuízo e deve ser reparada, a exemplo do fechamento de uma rua para obras do metrô e que importe em suspensão do comércio no local por seis meses.

1.3.3. Dano

Dano é o prejuízo causado pelo ofensor ou por pessoa, animal, atividade ou coisa sob sua responsabilidade ou guarda, aos bens patrimoniais e extrapatrimoniais de titularidade do ofendido.

Diversamente da sanção penal, destinada a reparar lesões aos interesses da sociedade atingidos por comportamentos antijurídicos tipificados como crimes e contravenções, a reparação civil do dano cumpre o papel de reparação ou compensação das lesões patrimoniais e extrapatrimoniais injustas, causadas por conduta de terceiro a interesses individuais, homogêneos ou não, coletivos e difusos.

Segundo MARIA HELENA DINIZ, além da diminuição ou destruição de um bem jurídico moral ou patrimonial são requisitos da indenização do dano: a efetividade ou certeza do dano (que não poderá ser hipotético ou conjetural), a causalidade (relação entre a falta e o prejuízo causado), a subsistência do dano no momento da reclamação do lesado (se já reparado o prejuízo é insubsistente), a legitimidade e a ausência de causas excludentes de responsabilidade.[11]

Nas situações em que se exige prevenção, a submissão ao risco, sem a prevenção exigida por lei, pelo contrato ou pelas circunstâncias, á caracteriza o dano. Como exemplo, o disposto no art. 7º, XXII, da CF, em que a ausência do preparo do meio ambiente de trabalho pode importar na interdição ou no fechamento do estabelecimento.

1.3.3.1. Ausência de dano como excludente de responsabilidade

Não haverá responsabilidade civil, ou seja, o que indenizar ou compensar, em não ocorrendo dano, ou seja, lesão indenizável a qualquer tipo de interesse, ainda que não qualificado como direito subjetivo, propriamente dito.

11. *Curso de Direito Civil Brasileiro*. v. 7: Responsabilidade Civil. São Paulo: Saraiva, 1999. pp. 60-61.

Se um motorista abalroa o automóvel de outrem, mas não causa nenhum prejuízo, não haverá dano a indenizar.

Se o empregador despede o empregado sem justa causa, o prejuízo patrimonial a ser composto é tarifado em lei, mas se o faz sem ofender qualquer direito personalíssimo do empregado, não restará caracterizado qualquer prejuízo moral, o que não ocorrerá, se o fizer por justa causa, sob a injusta fecha dele ter subtraído valores da empresa.

Todavia, se um banco submete um bancário a transportar numerário, o risco à segurança caracteriza o dano, pela ofensa à responsabilidade preventiva.

1.3.3.2. Espécies de dano

O dano pode ser patrimonial, quando se refere a bem jurídico de avaliação econômica imediata, e pode ser extrapatrimonial, quando se refere a bem jurídico imaterial, de natureza moral ou existencial.

O dano estético é uma categoria à parte, por se tratar de um dano material causado à funcionalidade ou aparência no corpo humano, mas que tem natureza extrapatrimonial, geradora de indenizabilidade autônoma, sem prejuízo do dano patrimonial que importe nos gastos médicos, de remédios e de diminuição ou supressão da capacidade laborativa e dos danos morais e existenciais decorrentes das limitações, complexos e impedimentos.

Quando o dano não se atém ao ofendido, alcançando ou refletindo na esfera jurídica de outrem, é denominado dano reflexo ou em ricochete (*dommage par ricochet*), caso do dever de prestar alimentos a quem dependia da pessoa que faleceu por culpa, dolo ou atividade de risco do ofensor (art. 948, II, CC), que dá aos sucessores direito de ação em interesse próprio.

O dano também pode ser individual e coletivo. Individual é o causado a pessoas determinadas, concreta e particularmente consideradas e ainda que reunidas a fortiori pela homogeneidade de seus interesses.

Dano coletivo é aquele que atinge uma coletividade de fato de pessoas dispersas, integrantes de uma comunidade, atingindo direitos difusos ou de direito de pessoas pré-associadas em torno de um determinado fim, atingindo direitos coletivos.

Dano contratual é o que decorre do inadimplemento de uma obrigação ou cláusula contratual descumprida, gerando a responsabilidade de indenizar. Pressupõe, portanto, uma relação jurídica preexistente entre as partes.

Dano extracontratual é o que provém da infringência de um dever legal ou culpa aquiliana, prevista nos arts. 186 do CC.

1.4. Dano patrimonial

Dano patrimonial é o dano decorrente de prejuízo financeiro causado a bem jurídico que compõe o patrimônio de uma pessoa.

Patrimônio é o conjunto de relações jurídicas de natureza econômica, de titularidade de uma pessoa, pelo que a expressão "patrimônio moral" é licença poética.

O dano patrimonial pode ser direto e indireto. É direto o que causa prejuízo em bem patrimonial da vítima (pichar um muro, arranhar um carro com prego) e indireto o que, embora ofenda de forma imediata bem extrapatrimonial, a exemplo da honra, de forma mediata ou reflexa termina atingindo o patrimônio do ofendido, importando, no exemplo dado, em perda de clientela. Outro exemplo, o dano à saúde ou à integridade física do trabalhador, que resulta em despesas de tratamento.

Apurada e definida a responsabilidade civil, torna-se necessária a fixação da indenização devida ao ofendido (*aestimatio damni*), o que é feito por meio da liquidação do dano, procedimento necessário para estabelecer o valor da indenização destinada a recompor o patrimônio do ofendido.

Nos termos do art. 944, *caput*, CC, que consagra o princípio da *restitutio in integrum*, a indenização mede-se pela extensão do dano. A reparação deve dar-se de forma integral, consistindo em indenização pecuniária que envolve o dano emergente, de natureza positiva (o que efetivamente se perde) e o lucro cessante, de natureza negativa (o que direta e imediatamente se deixa de ganhar) em razão do evento danoso (artigos. 402 e 403, CC).

São aplicáveis quanto aos aspectos patrimoniais dos danos acidentários o disposto nos arts. 948 a 950 do Código Civil quanto aos prejuízos materiais decorrentes de acidentes típicos, doenças profissionais e concausas.

Em capítulos próprios, estudaremos os critérios gerais de reparação dos danos patrimoniais e as especificidades de caracterização e reparação das diversas espécies de danos patrimoniais nas relações de trabalho.

1.5. Dano extrapatrimonial

Bem é toda coisa corpórea ou incorpórea suscetível de apropriação jurídica.

É corpóreo quando tem existência material e incorpóreo quando perceptível pela imaginação, caso do dinheiro e dos títulos de crédito, ou pelo sentimento, caso da honra.

Bens extrapatrimoniais trabalhistas são geralmente os bens incorpóreos identificáveis nas relações de trabalho, derivados dos direitos da personalidade. Entre eles estão os bens morais e os existenciais que compõem os direitos da personalidade.

Os danos estéticos têm natureza híbrida, porque são corpóreos (defeitos físicos na aparência e locomoção), mas são extrapatrimoniais.

A ofensa aos bens morais e estéticos causam dor sentimental e aos existenciais causam impedimentos de vida plena pessoal e de relações familiares e sociais, que geram o dever de indenizar o dano.

Além de outros, são bens jurídicos extrapatrimoniais da pessoa física: vida, saúde, integridade física, subsistência, segurança, intimidade, vida privada, honra, imagem, sexualidade, nacionalidade, etnia, trabalho, existência, tratamento humano e respeito, liberdades de locomoção e circulação, de crença, de expressão, política e filosófica.

Nas relações de trabalho o artigo 223-C, da CLT não se refere a todos eles, entendendo-se, portanto, que o rol lá inserido não é exaustivo. O legislador limita-se ao aponte da honra, imagem, intimidade, liberdade de ação, autoestima, sexualidade, saúde, lazer e integridade física como bens juridicamente tutelados, inerentes à pessoa física.

Além de outros, são bens jurídicos extrapatrimoniais da pessoa jurídica a imagem, a marca, o nome, o segredo empresarial e o sigilo da correspondência.

Nas relações de trabalho estão previstos no art. 223-D, CLT.

Ofende esses bens extrapatrimoniais as condutas ilícitas, causadoras de dano.

De igual sorte, ofende os bens jurídicos extrapatrimoniais as violações a atributos metaindividuais difusos ou coletivos. Como exemplos, danos a uma comunidade em decorrência da poluição do ar ou da água por uma indústria e os danos decorrentes de trabalho forçado ou escravo, de utilização de trabalho infantil, de descumprimento generalizado das obrigações trabalhistas, de falta de preparação do ambiente de trabalho para riscos à saúde e segurança dos trabalhadores.

Dano moral é a ofensa caracterizada por atos provocadores de abalos sentimentais insuportáveis ao homem médio, a exemplo das humilhações, desmerecimentos, desonra, constrangimentos, privações, complexos, frustrações, limitações e outras lesões espirituais decorrentes de condutas ofensivas.

Dano existencial é o causado pela perda da possibilidade de realização do projeto de vida e da vida de relações do trabalhador. Decorre da conduta do ofensor, de privar o ofendido de suas aspirações de realização pessoal e profissional.

Exemplificativamente, essa privação pode dar-se em razão da imposição de volume excessivo de trabalho ou de carga horária extrema, impeditivas da vida de relações (regular convívio social e familiar); de acidente do trabalho, capaz de frustrar, pelas lesões, o projeto de vida futura do trabalhador.

Enquanto o dano moral é caracterizado por um sentimento, o dano existencial é caracterizado por um impedimento.

Dano estético é o causado pela alteração deformadora do aspecto físico ou funcional aparente do indivíduo, por ação ou omissão de outrem. Resulta em direito autônomo aos danos morais, existenciais e patrimoniais.

II

AS DIVERSAS ESPÉCIES DE RESPONSABILIDADE

2.1. Classificação

A responsabilidade civil pode ser classificada:

a) quanto ao fundamento, em *responsabilidade subjetiva, objetiva e preventiva*;

b) quanto ao ônus da prova, em *responsabilidade com presunção de culpa* e *sem presunção de culpa*;

c) quanto ao agente causador, em *responsabilidade direta ou por ato próprio e indireta, por ato ou fato de outrem ou reflexa*;

d) quanto à conduta, em *responsabilidade por ação e por omissão*;

e) quanto à natureza da relação jurídica, em *responsabilidade extracontratual, pré-contratual, contratual e pós-contratual*;

f) quanto à natureza do dano causado, em *responsabilidade por dano patrimonial e extrapatrimonial;*

g) quanto ao alcance, em *responsabilidade individual, solidária e subsidiária;*

h) quanto à abrangência de pessoas, em *responsabilidade por dano individual e responsabilidade por dano coletivo;* e

i) quanto à natureza da pessoa jurídica, em *responsabilidade das pessoas jurídicas de direito privado e da administração pública direta e indireta;*

Quanto à espécie, a responsabilidade pode ser civil, criminal, trabalhista, profissional, empresarial, dos empreiteiros e construtores, do fornecedor etc.

2.1.1. Responsabilidade subjetiva

Partindo do pressuposto de que a essência da responsabilidade reside na indagação do modo como o comportamento pode contribuir para a verificação do prejuízo experimentado pela vítima, foi a doutrina da responsabilidade subjetiva assentada no erro de conduta, enfim, no comportamento culposo do agente. DOMAT e POTHIER estabeleceram que todo indivíduo garante seus atos e se um deles comete falta causadora de dano à esfera jurídica de outrem, fica obrigado a repará-lo.[1] Para esses juristas franceses, que influenciaram o legislador brasileiro de 1916, o fundamento do dever de indenizar o dano é a culpa.

O Código Civil de 2002 manteve essa diretriz, ao estabelecer, no art. 927, *caput*, como regra geral, que: "Aquele que, por ato ilícito (arts. 186 e 187), causar dano a outrem, fica obrigado a repará-lo".

O conceito de ato ilícito está, por sua vez, estampado no art. 186, do Código Civil, nos seguintes termos: "Aquele que, por ação ou omissão voluntária, negligência ou imprudência, violar direito e causar dano a outrem, ainda que exclusivamente moral, comete ato ilícito". Daí que não importa se o comportamento do ofensor é intencional ou se decorre de desatenção, displicência ou falta de prudência: responde pelo resultado danoso que causar por ação ou omissão consideradas antijurídicas.

Esclarece o art. 187, do mesmo diploma legal, que o abuso de direito também é considerado ato ilícito: "Também comete ato ilícito o titular de um direito que, ao exercê-lo, excede manifestamente os limites impostos pelo seu fim econômico ou social, pela boa-fé ou pelos bons costumes".

Ato ilícito é o ato voluntário e culpável, comissivo ou omissivo, contrário ao Direito e causador de dano à esfera jurídica de outrem. A culpa *lato sensu* é o elemento subjetivo ínsito ao comportamento que

1. LIMA, Alvino. *Da Culpa ao Risco*. São Paulo: RT, 1938. p. 41.

leva ao resultado danoso, podendo ser intencional quanto à obtenção desse resultado, quando então recebe o nome de *dolo*, ou ele ocorrer por negligência, imprudência ou imperícia, hipótese em que recebe a denominação de *culpa stricto sensu*.

Negligência é falta de cuidado, de atenção; imprudência é falta de prudência, de cautela; e imperícia, não incluída no dispositivo legal, mas reconhecida pela jurisprudência, é falta de habilidade para a prática do ato.

Age dolosamente o empregado que, propositadamente, deixa de acondicionar a mercadoria perecível em frigorífico; age culposamente, com negligência, o empregado que se esquece de acondicionar a mercadoria; age culposamente, com imprudência, o empregado que, dirigindo com excesso de velocidade ou avançando o sinal, vem a abalroar o automóvel do empregador em outro veículo; age com imperícia o trabalhador que resolve, sem a necessária orientação quanto ao uso de certo equipamento de trabalho, operá-lo, vindo a ter o dedo decepado.

Logo, responsabilidade subjetiva é o dever de reparar o dano causado por conduta culposa ou dolosa do agente (art. 927, *caput*, do Código Civil), aí incluindo-se os atos praticados com abuso de direito (art. 187, do Código Civil), a exemplo dos arts. 50, CC e 474, da CLT e em fraude à lei (art. 9º, CLT).

Fraude à lei é a utilização do modelo legal para a obtenção de finalidade vedada pelo Direito.

Ensina CARLOS ALBERTO BITTAR,[2] o sistema subjetivo tem por princípios: a) a responsabilidade individual (cada um responde por seus atos, prevalecendo o princípio da solidariedade em havendo mais de um agente); b) a responsabilidade patrimonial (os efeitos dos atos incidem sobre o patrimônio do agente); c) a responsabilidade total (o patrimônio do agente fica vinculado à integral reparação dos direitos do lesado); d) a responsabilidade pela prática de ato ilícito, resultante da noção de desvio de conduta, ou de violação de dever; e) a responsabilidade fundada na culpa, ou seja, da necessidade de participação volitiva do agente no resultado lesivo.

---

2. *Curso de Direito Civil*. v. I. 1. ed. Rio de Janeiro: Forense Universitária, 1994. pp. 582-583.

São, portanto, requisitos da responsabilidade subjetiva: a) conduta culposa (negligência, imprudência ou imperícia) ou dolosa (intencional); b) dano patrimonial ou extrapatrimonial; c) relação de causalidade entre a conduta e o dano.

Passemos, por fim, ao exame das diversas modalidades de culpa, ensejadoras da ilicitude de conduta:

- **culpa contratual e extracontratual ou aquiliana**, conforme tenha fundamento num contrato ou então no dever geral de conduta;
- **culpa exclusiva e culpa concorrente**, conforme provocado o dano por ato do agente ou da vítima ou por ambos, em concurso;
- **culpa grave, média, leve e levíssima**, conforme o grau de desatenção, imprudência ou inabilidade na prática do ato ou na tomada de providências necessárias a evitar ou minimizar os efeitos do dano, quando extrapatrimonial (vide art. 223-G, § 1º, da CLT);
- **culpa *in negligendo***, decorrente de negligência, imprudência ou imperícia *e culpa endereçada ao resultado* (dolo). Nas relações civis e trabalhistas, a distinção é importante em se tratando de dano extrapatrimonial;
- **culpa *in committendo* ou *faciendo* e *in omittendo*,** conforme derive a culpa de omissão ou de ação do agente. MARIA HELENA DINIZ fornece como exemplos de culpa *in omittendo*, a do professor de natação que, distraído, termina não acudindo o aluno, que vem a se afogar;[3]
- **culpa *in eligendo***, decorrente da má escolha do preposto ou pessoa eleita para praticar certo ato, por exemplo, a da pessoa que admite empregado sem as aptidões requeridas para o exercício de certa tarefa e que vem a causar dano a outrem;
- **culpa *in vigilando***, decorrente da falta de fiscalização, vigilância ou cuidado em relação a coisa, pessoa ou animal sob responsabilidade de alguém. Por exemplo, a responsabilidade pelo dano

3. Ob. cit. p. 42.

resultante de ruína, pelo dono do prédio ou construção, se proveniente de falta de reparos; a responsabilidade do habitante de uma casa, pelas coisas que dela caírem; a responsabilidade do pai, tutor, curador, patrão e donos de estabelecimentos ou albergues, pelos danos causados, respectivamente, por filhos menores, tutelados e curatelados, empregados e hóspedes, moradores e educandos; a responsabilidade do empregador ao permitir que veículo seu, sem adequada manutenção dos freios, seja guiado por empregado que vem a atropelar um transeunte em virtude do referido defeito no equipamento;

- **culpa *in custodiendo***, decorrente da falta de cautela ou atenção quanto à guarda de pessoa ou coisa. O dano causado à integridade física do filho menor, decorrente de descaso do pai, é hipótese de responsabilidade por culpa *in custodiendo;*
- **culpa *in contrahendo***, derivada da celebração de um negócio cuja avença é, por si mesma, um dano, por exemplo, a do empresário que, sabedor de que o artista não poderá se apresentar em determinado espetáculo, por estar doente, sonega a informação, levando a outra parte a firmar um ajuste que não será cumprido.

2.1.1.1. Culpa ou causas concorrentes

Culpa concorrente, recíproca ou concorrência de causas ocorre quando, paralelamente à conduta do ofensor, há também conduta culposa da vítima. Como são duas as responsabilidades (a do ofensor e a da vítima), a expressão concorrência de causas é mais técnica, embora culpa concorrente seja expressão já consagrada.

Causas concorrentes é mais técnica, porque nem sempre uma delas decorre de culpa. Na responsabilidade objetiva, verificando-se dano pelo risco da atividade, mas contribuindo significativamente o ofendido, por culpa, para o resultado danoso, esse fato deve ser levado em consideração na fixação da indenização.

Para a caracterização da concorrência ou reciprocidade, as causas devem produzir conjuntamente ou contribuir para o resultado, sob pena de uma das causas ser considerada eficiente o bastante para, por si só, levar à exclusividade.

Em ocorrendo causas concorrentes ou recíprocas, a indenização deve ser fracionada proporcionalmente ao grau de culpa de cada partícipe (arts. 945, CC, 223-E e 484, da CLT).

A concorrência de causas (culpa concorrente) não deve ser confundida com a concausa, consistente em circunstância que vem a reforçar a causa principal, concorrendo para o agravamento do dano.

Como exemplo, a empresa construtora que, por falha de empregado, deixa cair um tijolo de um andaime, vindo a atingir e matar outro empregado que estava sem capacete no momento, embora o empregador fosse zeloso no sentido de conscientizar e fiscalizar o uso do equipamento de proteção. Se, no entanto, ficasse comprovado que a morte poderia ser causada unicamente pela queda do tijolo, a responsabilidade seria exclusiva do empregador.

Nos termos do art. 21, §1º, da Lei nº 8.213/1991, a concausa externa, por exemplo, um erro médico, não integra o nexo causal, sendo de responsabilidade do empregador apenas os danos resultantes do acidente de trabalho. Hipótese distinta é a concausa interna, a exemplo do empregador que disponibiliza para o empregado uma função cujas tarefas contribuem para o agravamento de uma doença preexistente, hipótese em que responde em proporção pelo resultado.

2.1.2. Responsabilidade objetiva

O revogado Código Civil brasileiro, de 1916, seguindo o sistema francês napoleônico, tratou de forma independente da criminal a responsabilidade civil e adotou a teoria da culpa como seu fundamento.

Todavia, a tecnização dos tempos modernos, que aumentou sobremaneira os perigos à vida e à saúde humana,[4] terminou fazendo inúmeras concessões doutrinárias, jurisprudenciais e legais ao sistema objetivo, excluindo a culpa como elemento caracterizador do dano: responsabilidade por desastres aéreos, acidentes nucleares, emanações das indústrias, inclusive as agressões ao meio ambiente, indenização, mesmo em caso

4. DINIZ, Maria Helena. *Curso de Direito Civil Brasileiro*. v. 7. 13. ed. São Paulo: Saraiva, 1999. p. 11.

de força maior, no Direito do Trabalho e benefícios previdenciários por acidentes do trabalho.

O novo Código Civil, atento às novas diretrizes da Constituição de 88, prevê, expressamente, o dever de reparar o dano independentemente de culpa: a) nos casos especificados em lei; e) quando a atividade normalmente desenvolvida implicar, pela sua natureza, risco para os direitos de outrem (parágrafo único do art. 927, do CC).

Assim, além da responsabilidade fundada na culpa (de natureza subjetiva, decorrente de ato ilícito), o legislador agora prevê, além dos casos especificados em lei, a responsabilidade objetiva caracterizada pelo exercício de atividade ou operações de risco.

Responsabilidade objetiva (ou "sem culpa") é, portanto, o dever de reparar o dano independentemente de culpabilidade do agente.

Nada impede que independentemente da responsabilidade objetiva, o ofensor também aja com culpa, quando, por exemplo, não fornece ao trabalhador instruções ou equipamentos destinados a evitar o dano em atividade de risco.

Nada impede também que não obstante o risco da atividade na caracterização do evento, contribua significativamente para o resultado danoso ou para os seus efeitos, a culpa da vítima, o que deve ser levado em consideração na fixação da indenização (concorrência de causas).

São requisitos da responsabilidade objetiva: a) o desenvolvimento habitual de atividade de risco ou previsão legal específica; b) dano patrimonial ou extrapatrimonial; c) relação de causalidade entre a lei ou o risco e o dano.

No tocante à atividade de risco, para que seja dispensada a culpa como um dos elementos caracterizador do dano, é preciso que o respectivo desenvolvimento se dê de forma habitual. O dano decorrente de risco episódico em atividade que, normalmente, não é de risco, não afasta a necessidade de comprovação da ilicitude do ato caracterizador do dano.

Verificado que o risco precisa ser habitual, ou seja, inerente à atividade normalmente desenvolvida, resta definir o que seja risco.

Atividade de risco, para os efeitos legais, é a que oferece perigo ou risco acentuado habitual, com probabilidade de dano para a esfera jurídica de outrem. Essa probabilidade de dano, decorrente do risco imposto a outrem, é que dispensa a necessidade de conduta ilícita para a sua configuração, bastando o nexo causal entre o exercício da atividade e o dano verificado.

O risco decorrente do exercício da atividade comporta modalidades: quando a responsabilidade decorre do fato da própria atividade, cujo desenvolvimento em si mesmo cria o perigo que expõe outrem a riscos, é fundada no risco-criado (acidente de consumo); quando decorre do fato do proveito obtido pelo exercício de determinadas atividades perigosas, é fundada no risco-proveito (acidente de avião); quando é decorrência da profissão da vítima, é fundada no risco-profissional (acidente do trabalho); quando decorre da criação de risco anormal, é fundada no risco excepcional (atividade de exploração de energia nuclear) e quando decorre do fato da verificação do dano, com dispensa até mesmo do nexo de causalidade, é fundada no risco integral (vazamento de óleo em virtude de furo no casco de petroleiro, causado por um raio).

A teoria do risco criado propõe a reparação de todos os prejuízos causados como decorrência de atividade perigosa exercida, independentemente de culpa ou dolo.

A referida teoria fundamenta a responsabilidade objetiva do fabricante em relação ao consumidor por defeitos de projeto, fabricação, construção, montagem etc. (art. 12, do CDC). De igual sorte, a responsabilidade do fornecedor de serviço, por defeitos relativos à prestação de serviços e por informações insuficientes ou inadequadas por sua fruição e risco (art. 14). Também a dos empresários individuais e das empresas quanto aos danos causados pelos produtos postos em circulação (art. 931, do CC). Outro exemplo ainda é o do transportador, que responde pelos danos causados às pessoas transportadas e suas bagagens, salvo motivo de força maior, sendo nula qualquer cláusula excludente de responsabilidade e não podendo ser elidida, em relação ao passageiro, sequer por fato de terceiro (arts. 734 e 735, CC).

A teoria do risco-proveito sustenta que aquele que obtém o proveito de uma atividade perigosa, ainda que lícita, deve indenizar as vítimas de acidentes causados em virtude de seu exercício.[5] Essa teoria pode perfeitamente embasar a reparação dos danos por empresas que oferecem estacio-

5. Idem. p. 144.

namento a veículos dos empregados, a responsabilidade de hipermercados e shopping centers pelos danos causados aos bens ou à integridade física do consumidor em decorrência assalto à mão armada, a responsabilidade de empresas aéreas por *overbooking* e a responsabilidade pelo uso indevido de cartões de crédito por despesas não realizadas pelo consumidor.

A teoria do risco profissional explica a indenização securitária previdenciária que é concedida ao trabalhador em caso de acidentes de trabalho, independentemente da culpa do empregador.[6] O risco inerente à utilização da mão de obra em proveito da empresa gera como consequência o dever de indenizar os acidentes decorrentes da atividade ou profissão do lesado.

A teoria do risco excepcional decorre do exercício de atividades que expõem os membros da coletividade a riscos anormais (exploração de energia nuclear, que independe de culpa, nos termos do art. 21, XXIII, "c", da CRFB e de redes de eletricidade de alta tensão).[7]

A teoria do risco integral defende que para haver dever de indenizar, basta a verificação do dano decorrente do exercício de certas atividades, tornando desnecessária até mesmo a existência de nexo de causalidade, subsistindo a reparação mesmo nas hipóteses de culpa exclusiva da vítima, fato de terceiro, caso fortuito, força maior.[8] Tem utilização em caráter excepcional. Imagine-se, por exemplo, um vazamento de óleo em virtude de furo no casco de petroleiro, causado por um raio. Ou ainda a exclusão, por força de lei, de certas excludentes de responsabilidade (vide arts. 12, I a III e 14, do CDC).

A teoria do risco integral leva à responsabilidade *objetiva pura*, porque descarta a relação de causalidade, bastando para caracterizá-la o dano, sendo que o seguro é a melhor forma de contornar o problema.

CARLOS ALBERTO BITTAR[9] elenca os princípios defendidos pelo sistema objetivo: a) a socialização dos riscos, através da ideia de coletivização da responsabilidade; b) a limitação legal ou contratual da

6. PEREIRA, Caio Mário da Silva. *Responsabilidade Civil.* Rio de Janeiro: Forense, 1998. p. 270.
7. CAVALIERI FILHO, Sérgio. Op. cit. p. 145.
8. Cf. CAVALIEIRI FILHO, Sérgio. Op. cit. p. 146.
9. Ob. cit. p. 583.

responsabilidade em determinados níveis; c) o princípio da responsabilidade pelo fato do exercício de atividade econômica perigosa; d) o princípio da responsabilidade fundada no risco, em substituição às ideias de ato ilícito e culpa.

Conclui o autor pátrio que a adoção do sistema objetivo libera o lesado da prova da subjetividade, impõe a responsabilidade apenas direta, contratual ou extracontratual e limita as causas excludentes, não admitindo, por exemplo, o caso fortuito.

Em síntese, enquanto a responsabilidade subjetiva tem por fundamento a culpa, a objetiva tem por fundamento o risco ou a lei, pelo que não a prova da culpa, mas sim a de que o dano decorreu do exercício da atividade pela caracterização da situação descrita em lei é o motivo ensejador da responsabilidade. A respeito do risco da atividade, vigora o princípio do *ubi emolumentum, ibi onus* (deve arcar com as consequências quem se aproveitar dos riscos ocasionais).[10]

2.1.3. Responsabilidade preventiva

A ideia de reparar ou compensar o dano, uma vez ocorrido, faz parte do passado na sociedade contemporânea, em que os riscos são latentes e cotidianos.

Escritórios de advocacia podem causar danos a clientes por perda de prazo e a responsabilização pode impactar terrivelmente as finanças; acidentes em jogos ou em viagens com atletas profissionais, pode abortar a possibilidade de ganhos futuros, com reflexos no patrimônio das entidades desportivas; acidente do trabalho, do qual seja responsável o empresário, podem resultar em morte do trabalhador ou redução ou supressão de sua capacidade laborativa, e em indenizações que se refletem em passivo empresarial.

De fatos como esse, surge a responsabilidade preventiva.

---

10. BITTAR, Carlos Alberto. *Responsabilidade Civil*: Teoria e Prática. 1. ed. Rio de Janeiro: Forense Universitária, 1989. p. 29; DINIZ, Maria Helena. ob. cit. p. 11.

A Constituição fornece um exemplo contundente: é direito dos trabalhadores a redução dos riscos inerentes ao trabalho, por meio de normas de saúde, higiene e segurança (art. 7º, XXII).

Outro exemplo encontramos no art. 45, da Lei nº 9.615/1998: "As entidades de prática desportiva são obrigadas a contratar seguro de vida e de acidentes pessoais, vinculado à atividade desportiva, para os atletas profissionais, com o objetivo de cobrir os riscos a que eles estão sujeitos".

Tais dispositivos demonstram que não basta ocorrer o dano para que se configure a responsabilidade. A falta de ações preventivas, quando exigidas por lei, configuram, por si só, a reponsabilidade.

Outrossim, se um banco submete um bancário a transportar numerário, o risco à segurança caracteriza o dano moral, pela ofensa à responsabilidade preventiva.

De igual sorte, se um empregador submete trabalhador a laborar em andaime, no vigésimo andar de um prédio, sem cinto de segurança e outros equipamentos preventivos, mesmo que não ocorra infortúnio, expõe o trabalhador a risco moralmente indenizável.

A infringência do disposto no art. 7º, XXII, da CF, pode importar no fechamento, provisório ou definitivo, do estabelecimento, por falta de preparo das condições ambientais. Não pelo dano, mas pelo risco de dano.

A violação do disposto no art. 45 da Lei nº 9.615/98 pode importar em indenização por dano moral, pelo risco a que a entidade desportiva, ao não fazer o seguro, submete o atleta.

Responsabilidade civil preventiva é a relação jurídica consistente na atribuição do dever garantido por lei ou contrato, de compensar *o risco de dano*, quando, sem prevenção, o ofensor submete pessoa ou bem do respectivo patrimônio a situação de perigo.

2.1.4. Responsabilidade quanto ao ônus da prova: com presunção de culpa e sem presunção de culpa

Como dito antes, ao contrário da responsabilidade subjetiva, que encontra fundamento na culpa, a responsabilidade objetiva tem por fundamento a especificação legal da hipótese ou o risco da atividade, bastando assim para configurá-la invocar a previsão legal da hipótese ou a caracterização de que o dano decorreu do exercício da atividade suscetível de gerar risco indenizável.

Assim, a presunção de culpa não diz respeito ao fundamento da responsabilidade, que pressupõe a culpa, e sim à atribuição do encargo probatório. Trata-se de problema atinente ao ônus da prova, invertido em determinadas hipóteses de responsabilidade subjetiva, em que a vítima teria extrema dificuldade em demonstrar não ter agido com culpa.

É hipótese de presunção de culpa, com inversão do ônus da prova, por exemplo, a responsabilidade do proprietário de prédio em construção.[11] Também pode ser caso de responsabilidade subjetiva, com inversão do ônus da prova em favor do consumidor hipossuficiente ou detentor de alegação verossímil, problemas relativos à prestação do serviço por profissional liberal (art. 14, § 4º c/c art. 6º, VIII, do CDC).

Enfim, uma coisa é conservar a culpa como elemento nuclear caracterizador da responsabilidade e apenas inverter o ônus da prova e outra é, simplesmente, deixar de lado esse elemento, porque outro a ele dá lugar (o dever de indenizar independentemente da indagação de culpa, como decorrência unicamente da verificação do *fato* e o *dano*).

Nos casos fundados no elemento culpa, quando a situação normal é a ausência de culpa, tem o autor da causa (a vítima), o ônus de provar a falta do réu, mas se a situação normal faz crer a existência de culpa do agente, fica ele onerado com a prova de que não agiu com culpa.

A respeito, lembra AGUIAR DIAS que no tempo em que ainda se considerava extracontratual a responsabilidade pelos desastres nos meios de transporte, a jurisprudência, julgando que os descarrilamentos das locomotivas eram fatos que faziam presumir a culpa, já que o estado-padrão era o do trem correr regularmente sobre os trilhos, estabeleceu a presunção de culpa do responsável pela estrada, tirando dos ombros da vítima o árduo fardo de provar a culpa da vítima, bastando assim ao interessado provar o evento e a sua vitimação.[12]

---

11. COELHO, Fábio Ulhoa. *Curso de Direito Civil.* 2. ed. São Paulo: Saraiva. 2004. p. 383.
12. Ob. cit. p. 66 e ss.

Acrescenta ARNOLDO WALD que a presunção de culpa pode dar-se *iuris tantum*, admitindo assim prova em contrário pelo imputado causador, ou *iuris et de iure*, quando então não se permite ao causador a comprovação de sua inexistência,[13] por exemplo, não cabe aos pais e ao patrão a prova de que educaram bem o filho ou instruíram corretamente o empregado, conforme os padrões normais exigidos: respondem, por culpa *in vigilando* e *in eligendo*, pelos danos que os subordinados causarem a terceiros.

Prova de culpa e prova do prejuízo também são situações distintas: nos exemplos acima, se a vítima se desonera a respeito da prova da culpa, não se desonera no tocante ao prejuízo, cuja prova deve fazer.

Relativamente ao prejuízo ou dano, nada impede um novo estabelecimento de presunções: nos juros moratórios, o atraso no cumprimento da obrigação isenta o autor da demonstração do prejuízo experimentado; da mesma forma, na cláusula penal.

A presunção de culpa pode ser absoluta (*juris et de jure*) e relativa (*juris tantum*), nesta sendo admissível a contraprova e naquela, não.

2.1.5. Responsabilidade quanto ao agente causador: direta ou por ato próprio e indireta ou por ato ou fato de outrem ou da coisa ou reflexa

2.1.5.1. Responsabilidade direta ou por ato próprio

Responsabilidade direta ou por fato próprio é a que decorre de dano causado diretamente por ato ou omissão praticada pelo *próprio* ofensor. É responsável pela indenização patrimonial o empregador que despede o empregado sem justa causa e se o faz de forma humilhante, responde pelos danos extrapatrimoniais causados.

2.1.5.2. Responsabilidade por ato ou fato de outrem ou da coisa e reflexa

Responsabilidade indireta, imprópria ou por fato de outrem é a responsabilização, imputada a um, por ato ou omissão cometido por

13. *Curso de Direito Civil Brasileiro*. v. II. 10. ed. São Paulo: RT, 1992. p. 482.

outra pessoa, como ocorre com a do empregador em relação aos atos lesivos do empregado perante terceiros; a do pai, tutor ou curador pelos atos dos filhos, tutelados ou curatelados (art. 932, do Código Civil); do terceiro que se torna, por força de lei ou do contrato, garante da dívida originária (responsabilidade subsidiária – art. 455, CLT e art. 5º-A, § 5º e art. 10, § 7º, da Lei nº 6.019/1974).

De igual sorte, responde o proprietário de animal pelos danos por ele causados, assim como o responsável por certa coisa ou atividade, pelos danos decorrentes. Responde o dono do prédio pelos danos que resultarem de sua ruína, quando proveniente de falta de reparos e também pelas coisas dele caídas.

Responsabilidade reflexa ou derivada diz respeito aos danos extrapatrimoniais derivado de dano patrimonial ou vice-versa.

Também é dessa natureza a responsabilidade que, por conduta que causa dano a determinada pessoa, resvala na esfera jurídica de outrem (dano em ricochete), a exemplo da responsabilidade do ofensor perante a família do empregado falecido por culpa, dolo ou exercício de atividade de risco.

2.1.6. Responsabilidade solidária e subsidiária

A responsabilidade do empregador, devedor das obrigações em relação ao empregado, é própria. Também a dos demais componentes do grupo econômico, em virtude da solidariedade passiva, que torna todos devedores em relação à totalidade da dívida.

Ocorre que terceiros, que não são os próprios devedores, podem vir a ser alcançados pela dívida. É caso, como visto, de responsabilidade indireta ou imprópria, porque sucessiva ou subsidiária. Assim, respondem, por exemplo, o tomador de serviços terceirizados pelos atos do tomador direto (art. 5º-A, § 5º, da Lei nº 6.019/74; a empresa tomadora de serviços em relação à intermediária de mão de obra temporária (art. 10, § 7º, da Lei nº 6.019/1974); do empreiteiro principal em relação aos empregados do subempreiteiro (art. 455, da CLT); do sócio pelas dívidas da sociedade (art. 1.024, do CC e art. 795, *caput* e § 1º, do CPC).

Na qualidade de garante da dívida, o responsável subsidiário tem ação regressiva contra o real devedor.

2.1.7. Responsabilidade por ação e responsabilidade por omissão

A conduta lesiva pode ser *in faciendo* ou *in comittendo* (causada por ação do agente) e *in omittendo* (causada por omissão do agente).

É exemplo de responsabilidade *in faciendo* a do empregador que ofende a honra ou imagem do trabalhador.

A omissão gera responsabilidade civil em caso de exigibilidade de conduta comissiva, ou seja, o dever de praticar o ato omitido, desde que presente razoável expectativa de que a sua prática impediria o resultado verificado. Como exemplo, o instrutor distraído que deixa de acudir o aluno que está se afogando na piscina durante das aulas de natação.[14]

É caso de responsabilidade por omissão, a do empregador que deixa de praticar as ações necessárias à diminuição ou eliminação dos riscos no ambiente de trabalho e o infortúnio vem a ocorrer com determinado trabalhador por esse motivo.

2.1.8. Responsabilidade contratual e extracontratual

Ao contrário da responsabilidade extracontratual, derivada do dever geral de indenizar (decorrente da lei, sem relação preexistente entre as partes), na responsabilidade contratual o dano – e a indenização correspondente – advém de descumprimento de cláusula contratual.

Enfim, enquanto a responsabilidade extracontratual advém do dever geral de indenizar – art. 186 c/c 927, *caput* e parágrafo único do Código Civil, quer em decorrência do ilícito, quer for força de lei ou do exercício de certas atividades, a *contratual* deriva da inexecução culposa, total ou parcial, da obrigação ou contrato.[15] Basta assim a demonstração do descumprimento da prestação, como ocorre na indenização devida pelo advogado ao cliente em decorrência da perda de um prazo judicial, com perda consequente da causa. O mesmo ocorre na indenização devida pelo empreiteiro pelo atraso na obra. Já a responsabilidade por indenização devida em virtude do atropelamento de um pedestre é extracontratual.

14. DINIZ, Maria Helena. *Curso de Direito Civil.* v. 7. São Paulo: Saraiva, 2003. p. 45.
15. Nos contratos, é comum a utilização de cláusula penal como garantia do cumprimento.

A responsabilidade contratual tem como requisitos: a) vínculo contratual entre credor e devedor; b) uma prestação contratual descumprida, decorrente desse vínculo; c) dano; d) culpa; e) nexo causal entre a inexecução da obrigação ou do contrato e o dano.

A responsabilidade contratual tem por fundamento a culpa, pelo que o descumprimento resultante de fato imputável ao devedor é denominado de inexecução voluntária, sendo involuntária a decorrente de força maior ou caso fortuito, que costumam excluir o dever de indenizar o dano contratual.

A responsabilidade pode ser pré-contratual, ou seja, a que antecede o contrato, figurando no terreno das negociações preliminares, que pode gerar responsabilidade quando frustra a expectativa concreta da contratação e até gerar responsabilidade acrescida pela perda de uma chance.

A responsabilidade pós-contratual diz respeito a atos derivados do contrato findo, que responsabilizam o ofensor, a exemplo das informações inverídicas e prejudiciais à imagem ou honra do trabalhador, fornecidas a terceiros, onde o trabalhador está buscando nova colocação.

2.1.9. Responsabilidade civil e criminal

Nos termos dos arts. 935, do novo Código Civil, e 64 do Código de Processo Penal, a responsabilidade civil independe da criminal.

Esta independência, entretanto, não se reveste de caráter absoluto, porquanto uma única conduta ilícita pode gerar repercussões em diversas esferas do Direito. Por exemplo, em caso de homicídio doloso o responsável ficará sujeito a pena de reclusão (art. 121, do CP) e ainda pagará o prejuízo causado à família da vítima, abrangendo as despesas com funeral e alimentos à pessoa a quem o morto as devia (art. 948, I e II do CC.). Da mesma forma, o empregado, flagrado furtando bem de propriedade do empregador, responderá na esfera penal e na trabalhista, nesta, por justa causa para a resolução culposa do contrato, com os efeitos pertinentes.

Situações como a acima apresentada, que a doutrina denomina de unidade de falta e variedade de consequências, autoriza, em consonância ao princípio da unidade da jurisdição, e por exceção, a vinculação da decisão a ser proferida no âmbito da jurisdição civil àquela pronunciada em sede criminal. O limite desta interferência encontra-se delineado na segunda parte do art. 935 do Código Civil: se o fato do crime (materialidade) e o seu autor (autoria) já se encontrarem previamente decididos na esfera criminal, tais questões não mais poderão ser rediscutidas no cível. Trata-se do denominado efeito preclusivo da sentença penal condenatória, vinculado aos elementos objetivos do ato ilícito, e que tem por sede o reconhecimento da maior gravidade do ilícito penal em relação ao civil, bem como a inconveniência de decisões conflitivas.

A autoridade de coisa julgada da sentença penal condenatória, no âmbito da jurisdição civil, encontra-se expressa nos arts. 63, do Código de Processo Penal, e 515, VI, do CPC, que lhe conferem força de título executivo judicial, para fins de reparação civil. Assim, fará coisa julgada no cível a sentença criminal que reconheça, como infração penal, o ato praticado pelo agente, ou defina, contra certa pessoa, a autoria do crime.

De igual sorte, a sentença penal absolutória, que rejeite, por força do conjunto probatório, a existência do fato ou a sua autoria, é dotada de eficácia de coisa julgada na jurisdição civil.

Idêntico efeito consagra o art. 65 do Código de Processo Penal, em relação à sentença penal absolutória fundada em excludente de ilicitude, como estado de necessidade, legítima defesa, exercício regular de direito e estrito cumprimento de dever legal. A previsão legal justifica-se porque, sendo único o fato gerador das responsabilidades, a incidência de causas que excluem a ilicitude do fato no âmbito penal – ilícito de maior gravidade – há, por força da unidade do sistema jurídico, de repercutir no cível – ilícito de menor gravidade. A integração de tais efeitos encontra-se refletida no art. 188 do Código Civil, ao prever, igualmente, que os atos praticados em legítima defesa, exercício regular de direito ou para remover perigo iminente (estado de necessidade) não se revestem de ilicitude, embora nesta última hipótese deem ensejo a indenização (arts. 929 e 930 do CC).

A sentença penal absolutória fundada em insuficiência de prova, quanto à materialidade do fato e à autoria do crime não gera, contudo, efeito preclusivo no cível (art. 66 do CPP). É certo, entretanto, que tais hipóteses gerarão presunção relativa a favor do réu, a ser desconstituída por prova consistente, a cargo do autor da ação de indenização.

Com relação à culpabilidade do agente (elemento subjetivo da ilicitude), a sentença criminal absolutória, qualquer que seja seu fundamento, não vincula a atuação do juízo cível, porquanto será possível sua responsabilização objetiva por força da norma de direito material. Seria o caso de o empregador responder por dano causado a terceiro, em razão de conduta praticada pelo empregado, ainda que sua culpabilidade tenha sido afastada pelo juízo criminal (arts. 932, III e 933, do CC).

Cabível, contudo, a rediscussão, na esfera cível, da materialidade do fato e da sua autoria, quando a sentença penal absolutória, emanada de decisão do júri, for carente de motivação.

De igual modo, não terá eficácia de coisa julgada no cível, a sentença penal absolutória decorrente de situação específica ao Direito Penal: inimputabilidade do agente (menor de 18 anos, demência), extinção da punibilidade (prescrição, morte do ofensor, reabilitação do condenado e retratação do agente, anistia ou perdão judicial), arquivamento do inquérito policial, a sentença de pronúncia, impronúncia ou despronúncia.

O art. 67 do Código de Processo Penal prevê algumas das hipóteses mencionadas acima e a questão vincula-se, como exposto ao início, à independência entre a responsabilização criminal e a civil, consagrada como regra. A irresponsabilidade penal não leva, necessariamente, à irresponsabilidade civil. Como efeito, embora considerada a inimputabilidade criminal da criança ou do demente por matar alguém, seus responsáveis responderão, civilmente, por culpa *in vigilando*.

A independência da jurisdição civil e penal autoriza, por conseguinte, o ajuizamento de ação indenizatória sem a existência de ação penal, ou quando esta ainda se encontre em andamento. Nesta última hipótese, faculta-se ao juízo cível a suspensão do processo (art. 64 do CPP), medida, contudo, de caráter restritivo e somente autorizada quando houver dúvida sobre a existência do fato delituoso (art. 315 do CPC). A regra tem por finalidade preservar a unidade da jurisdição, evitando-se decisões contraditórias. O sobrestamento do feito não poderá ser superior a um ano em relação à ação penal proposta (art. 315, § 2º do CPC), sendo que se a ação penal não for proposta no prazo de 3 (três) meses, contado da intimação do ato de suspensão, cessará o efeito desse, incumbindo ao juiz cível examinar incidentemente a questão prévia (§ 1º).

Superado o prazo de um ano acima mencionado, o juiz cível decidirá a questão prejudicial, não se lhe podendo conferir os efeitos de coisa julgada (art. 315, § 2º, *in fine*, do CPC). Nesta hipótese, proferida sentença penal superveniente, transitada em julgado, conflitiva com a proferida na instância civil, poderá a parte interessada valer-se de ação rescisória, se ainda em curso o prazo decadencial de dois anos.

2.1.10. Responsabilidade quanto aos efeitos: por danos patrimonial e extrapatrimonial

Responsabilidade por dano patrimonial é a que recai em bem jurídico constante do patrimônio do lesado, ou seja, referente a bem de natureza econômica. Abrange o dano emergente, de natureza positiva (o que efetivamente se perde) e o lucro cessante, de natureza negativa (o que direta e imediatamente se deixa de ganhar) em razão do evento danoso (artigos 402 e 403, CC).

Responsabilidade por dano extrapatrimonial é a correspondente ao dever de composição dos danos moral, existencial e estético impostos à pessoa humana (dano individual) ou a valores extrapatrimoniais de certa comunidade (dano coletivo).

Além de outros, são bens jurídicos extrapatrimoniais da pessoa física: vida, saúde, integridade física, subsistência, segurança, intimidade, vida privada, honra, imagem, sexualidade, nacionalidade, etnia, trabalho, existência, tratamento humano e respeito, liberdades de locomoção e circulação, de crença, de expressão, política e filosófica.

Nas relações de trabalho, o artigo 223-C, da CLT não se refere a todos eles, entendendo-se, portanto, que o rol lá inserido não é exaustivo. O legislador limita-se ao aponte da honra, imagem, intimidade, liberdade de ação, autoestima, sexualidade, saúde, lazer e integridade física como bens juridicamente tutelados, inerentes à pessoa física.

Além de outros, são bens jurídicos extrapatrimoniais da pessoa jurídica, a imagem, a marca, o nome, o segredo empresarial e o sigilo da correspondência.

Nas relações de trabalho estão previstos no art. 223-D, CLT.

Ofende esses bens extrapatrimoniais as condutas ilícitas, causadoras de dano.

Danos morais são os prejuízos sentimentais causados pelas ofensas aos atributos físicos, valorativos e psíquicos, intelectuais ou espirituais da pessoa. Decorrem de ofensas caracterizadas por comportamentos provocadores de abalos sentimentais insuportáveis ao homem médio, a exemplo da revolta, frustrações, mágoas, indignações e complexos derivados de humilhações, constrangimentos, injustiças, desrespeito, desonra, vexame, redução ou supressão da capacidade laborativa que vítima vem a experimentar em virtude do comportamento lesivo do ofensor.

Dano existencial é prejuízo imaterial causado pelos impedimentos ou frustrações da possibilidade de realização do projeto de vida e da vida de relações do trabalhador. Decorre da conduta do ofensor, de privar o ofendido de suas aspirações de realização pessoal e profissional.

Exemplificativamente, essa privação pode dar-se em razão da imposição de volume excessivo de trabalho ou de carga horária extrema, impeditivas da vida de relações (regular convívio social e familiar); de acidente do trabalho, capaz de frustrar, pelas lesões, o projeto de vida futura do trabalhador.

Enquanto o dano moral é caracterizado por um sentimento, o dano existencial é caracterizado por um impedimento ou privação.

Dano estético é o causado pela alteração deformadora do aspecto ou harmonia física ou funcional aparente do indivíduo, por ação ou omissão de outrem, como cicatrizes, mutilações, queimaduras ou aleijamentos. Resulta em direito autônomo aos danos morais, existenciais e patrimoniais.

Nada impede a cumulação de danos patrimonial e extrapatrimonial (art. 223-F, da CLT) e, quanto aos extrapatrimoniais, do moral e estético (além do existencial), como ocorre na recomposição patrimonial decorrente da agressão à honra, que não impede a fixação de valor compensatório do abalo sentimental e do "afeiamento" da vítima. É o dever de compor "a lesão suportada por certa pessoa, tanto em seu patrimônio (dano material), como em sua personalidade (dano moral)".[16]

16. BITTAR, Carlos Alberto. *Reparação Civil por Danos Morais*. 3. ed. ed. São Paulo: RT, 1999.

2.1.11. Responsabilidade quanto à abrangência de pessoas: responsabilidade por dano individual e responsabilidade por dano coletivo

A responsabilidade pode ser individual, quando o dano fica restrito a pessoas determinadas e é coletiva sempre que alcança comunidades ou grupos de pessoas.

Responsabilidade por dano individual consiste na atribuição de dever de reparar ou compor o dano causado a pessoas determinadas, ou seja, concreta e particularmente consideradas e ainda, quando reunidas a fortiori pela homogeneidade de seus interesses.

Responsabilidade por dano coletivo é a que atinge uma coletividade de fato de pessoas dispersas, integrantes de uma comunidade, atingindo direitos difusos ou de direito de pessoas pré-associadas em torno de um determinado fim, ofendendo direitos patrimoniais ou extrapatrimoniais coletivos.

Em sede trabalhista, o Ministério Público do Trabalho conta com o inquérito civil para investigação dos direitos individuais homogêneos e coletivos ofendidos e sua composição convencional por Termo de Ajustamento de Conduta, bem como pode ajuizar Ação Civil Pública para as ações de responsabilidade por danos morais e patrimoniais causados a qualquer interesse difuso ou coletivo (Lei 7.347/1985, art. 1º, IV).

A ação civil poderá ter por objeto a condenação em dinheiro ou o cumprimento de obrigação de fazer ou não fazer (art. 3º), sem prejuízo da fixação de astreintes para compelir ao cumprimento e da condenação em danos morais.

Conforme art. 21 da Lei nº 7.347/1985, aplicam-se à defesa dos direitos e interesses difusos, coletivos e individuais, no que for cabível, os dispositivos do Título III da lei que instituiu o Código de Defesa do Consumidor (Lei nº 8.078/1990).

A defesa coletiva será exercida quando se tratar de interesses ou direitos difusos, assim entendidos os transindividuais, de natureza indivisível, de que sejam titulares pessoas indeterminadas e ligadas por circunstâncias de fato; os interesses ou direitos coletivos, assim entendidos os transindividuais, de natureza indivisível de que seja titular grupo, categoria ou classe de pessoas ligadas entre si ou com a parte contrária por uma relação jurídica base; os interesses ou direitos individuais homogêneos, assim entendidos os decorrentes de origem comum (art. 81, parágrafo único, I a III, da Lei nº 8.078/1990).

Já os sindicatos podem atuar por meio de ações coletivas na defesa dos direitos e interesses coletivos ou individuais da categoria, inclusive em questões judiciais ou administrativas (art. 8º, III, CF).

2.1.12. Responsabilidade quanto à natureza da pessoa jurídica: responsabilidade das pessoas jurídicas de direito privado e público

2.1.12.1. Responsabilidade civil das pessoas jurídicas de direito privado

Relativamente ao código civil revogado, de 1916, como o art. 1523 daquele diploma, que no projeto CLÓVIS BEVILÁQUA estabelecia o princípio da presunção iuris tantum de culpa do patrão, com a modificação que lhe foi imposta pelo Senado, passou a exigir a prova de culpa concorrente do patrão ou preponente e a conflitar com o disposto no art. 1521, III, que consagra a responsabilidade indireta, a jurisprudência inicial, atenta à letra fria da lei, exigia, além da prova da culpa do preposto, a de culpa in vigilando ou *in eligendo* do patrão.

Alertada por VIRGÍLIO DE SÁ PEREIRA, de que deveria ser presumida a culpa do patrão sempre que provada a do empregado ou preposto, sob pena de o patrão ou preponente não reparar o dano por não ter culpa e o preposto por não ter dinheiro, a jurisprudência terminou se firmando no sentido da presunção iuris tantum da culpa in vigilando ou *in eligendo*, quando comprovada a culpa de preposto, entendimento esse que restou consagrado na Súmula 341, do Supremo Tribunal Federal. Para a admissão da responsabilidade, o legislador exigia a prova da má escolha (culpa *in eligendo* ou *in vigilando*), invertida por evolução jurisprudencial.

Pelo atual Código Civil, de 2002, a responsabilidade das pessoas jurídicas de direito privado é direta: os representantes, órgãos que são dessas entidades, agem como seus delegados, não sendo eles os responsáveis diretos. Os atos respectivos são os atos da própria pessoa jurídica.

O que não ocorre em relação a empregados e prepostos, hipótese em que respondem, indiretamente, por atos do empregado ou preposto, bastando que o dano, por culpa, seja causado no exercício ou por ocasião do trabalho prestado, com subordinação, para outrem e por conta do tomador (art. 932, III, do novo Cód. Civil).

A responsabilidade dos sócios das pessoas jurídica, é subsidiária (art. 1024, do CC e art. 795, *caput* e § 1º, do CPC).

Há casos, no entanto, em que se impõe a desconsideração (afastamento) pontual e episódica da personalidade autônoma do ente jurídico, nas hipóteses previstas em lei, para alcançar os bens dos sócios (desconsideração tradicional) ou os bens da própria pessoa jurídica, porque os dos sócios foram ali alocados para efeito de blindagem (desconsideração inversa), adotando-se a Teoria Maior da Desconsideração (art. 50, CC), ou a Teoria Menor da Desconsideração (§ 5º do art. 28 da Lei nº 8.078/90 e art. 4º da Lei nº 9.605/98).

Nas relações de consumo, a pessoa jurídica responde objetivamente, independentemente de culpa dos empregados.

A partir da Constituição de 88, houve clara opção pela responsabilização objetiva do Estado e das entidades privadas prestadoras de serviços públicos pelos danos causados. Elas respondem independentemente de culpa, embora caiba o direito de regresso nos casos de dolo ou culpa dos agentes (art. 37, § 6º, CF).

O Código Civil de 2002 regulamenta o dispositivo constitucional, ao impor, sem vinculação à necessidade de verificação de culpa, a necessidade de indenizar os atos praticados pelos agentes estatais, cabendo ação regressiva em havendo dolo ou culpa (art. 43). É objetiva, porque derivada da simples relação de causa e efeitos entre o comportamento e o evento, a responsabilidade do Estado pelos danos causados por seus funcionários que, atuando no serviço público, causem danos a outrem, ressalvada a ação regressiva, de natureza subjetiva, contra o servidor.

2.1.12.2. Responsabilidade da administração pública direta e indireta

Ao tempo de vigência do Código de 16 e com base no art. 15, que condicionava a indenizabilidade à verificação de conduta contrária ao direito ou falta a dever prescrito em lei, CELSO ANTONIO BANDEIRA DE MELLO observava que ao lado da responsabilidade objetiva do Estado também existia a subjetiva, por falha do serviço, apenas com presunção de culpa, ficando a vítima desobrigada de comprová-la, o que, no entanto, não elidia, segundo o jurista, o caráter subjetivo dessa responsabilidade, tanto assim que se o Estado comprovasse comportamento diligente, com perícia e prudência, estaria desobrigado de indenizar.[17]

A teoria do risco administrativo rege a responsabilidade civil das pessoas jurídicas de direito público. As entidades públicas respondem pelos atos de qualquer natureza, ainda que lícitos, causadores de danos à esfera jurídica de outrem (responsabilidade pelo risco administrativo).

Enfim, tem-se que agora não há mais dúvidas de que o Estado somente se exime de reparar o dano se inexistir o nexo de causalidade entre o comportamento comissivo e o prejuízo, ou seja, se ele não produziu a lesão, se inexistiu a situação de risco imputada ou foi ela sem relevo decisivo para a caracterização do dano.

A responsabilidade do Estado tem contornos próprios.

Em sede trabalhista, pode, por exemplo, decorrer de *factum principis*, art. 486, da CLT em que o governo se torna responsável por indenização decorrente de paralisação temporária ou cessação definitiva do trabalho, motivada por ato de autoridade municipal, estadual ou federal, ou pela promulgação de lei ou resolução administrativa que impossibilite a continuação da atividade.

Ainda em sede trabalhista, a contratação irregular de trabalhador mediante empresa interposta, não gera vínculo de emprego com os órgãos da administração pública direta ou indireta, embora possa responder, subsidiariamente, pelos créditos do trabalhador (Súmula 331, II, do TST).

Relativamente aos serviços prestados para a administração direta e indireta por meio de contratação via licitação (Lei nº 8.666/1993), o STF tem jurisprudência firme e vinculante de que as entidades contratantes só respondem subsidiariamente pelo inadimplemento das obrigações

17. *Curso de Direito Administrativo*. 4. ed. São Paulo: Malheiros. pp. 430/458.

trabalhistas dos trabalhadores contratados pelas prestadoras de serviços se comprovada a falta de fiscalização (culpa *in vigilando*), pelo que não basta o mero inadimplemento das obrigações pela empresa contratada para caracterizar a responsabilidade subsidiária.

III

RESPONSABILIDADE TRABALHISTA

3.1. Introdução

A relação de trabalho é suscetível de gerar danos tipicamente trabalhistas, com contornos específicos e soluções próprias.

Atenta a essa peculiaridade, a Emenda Constitucional nº 45/2004, publicada em 31 de dezembro de 2004, incluiu no art. 114 da Constituição o inciso VI, atribuindo competência à Justiça do Trabalho para o julgamento das ações de indenização por danos morais e patrimoniais derivados das relações de trabalho, incluindo os derivados dos acidentes do trabalho.

Logo, a responsabilidade trabalhista, embora servindo-se, por força do art. 8º, § 1º, da CLT, da teoria geral da responsabilidade civil como parâmetro para a investigação do fato lesivo, do nexo causal, do dano e de sua caracterização, enseja sistematização específica quanto às hipóteses de configuração e composição dos prejuízos patrimoniais e extrapatrimoniais decorrentes das relações de trabalho.

O recurso ou trabalho de integração, com base na Teoria do Diálogo das Fontes, das regras gerais de responsabilidade civil do direito comum, ressalvadas, evidentemente, as peculiaridades da relação de trabalho, levou a ser cunhar a expressão responsabilidade civil trabalhista.

Considerando que a relação de emprego é contratual, a responsabilidade trabalhista é, de regra, de natureza contratual, embora abrangendo os períodos pré e pós-contratuais.

Pode ocorrer, no entanto, a responsabilização subsidiária de terceiro que não mantém ou manteve contrato de trabalho com o trabalhador, a exemplo do tomador de serviços no trabalho temporário e na terceirização (Lei nº 6.019/1974), bem como do empreiteiro principal em relação às obrigações trabalhistas inadimplidas pelo subempreiteiro (art. 455, da CLT).

Outrossim, o empregador pode vir a ser responsabilizado por dever à família do empregado falecido por sua culpa, dolo ou risco da atividade indenização por danos extrapatrimoniais e por danos patrimoniais distintos do contrato de trabalho, a exemplo dos alimentos a dependentes.

Outro exemplo de responsabilidade extracontratual encontramos no art. 486, da CLT: "No caso de paralisação temporária ou definitiva do trabalho, motivada por ato de autoridade municipal, estadual ou federal, ou pela promulgação de lei ou resolução que impossibilite a continuação da atividade, prevalecerá o pagamento da indenização, que ficará a cargo do governo responsável".

Considerando, no entanto, a regra de que a responsabilidade trabalhista é contratual, cabe-nos primeiro verificar as obrigações das partes no contrato de trabalho, porque das ofensas a bens extrapatrimoniais resulta a responsabilidade pelos danos extrapatrimoniais e pela mora, cumprimento imperfeito e inadimplemento das obrigações econômicas, a responsabilidade patrimonial, ainda que a cargo de terceiro, por subsidiariedade.

3.2. Obrigações dos contratantes

Os contratos de trabalho ensejam obrigações a cargo das partes, quer os de natureza civil (de empreitada, corretagem, comissão, prestação de serviços etc.), quer os de natureza tipicamente trabalhista (de emprego, trabalho temporário da Lei nº 6.019/74, trabalho avulso), nas duas hipóteses, por força dos incisos I, VI e IX do art. 114, VI, da CF, reparáveis na Justiça do Trabalho quanto aos danos patrimoniais e morais decorrentes do respectivo descumprimento.

Com efeito, o Código Civil estabelece os direitos e deveres inerentes ao contrato de comissão, dispondo que o comissário que não age com cuidado e diligência, causando prejuízo ao comitente, fica obrigado a reparar o dano causado, inclusive o decorrente de lucro inferior ao que razoavelmente se poderia esperar do negócio (art. 696, do Código Civil).

De igual sorte, também dispõe sobre os direitos e deveres das partes no mandato, estabelecendo, por fim, que o mandatário é obrigado a indenizar ao mandante qualquer prejuízo causado por sua culpa na execução do mandato (art. 667, do CC).

A lei civil ou a trabalhista igualmente definem os direitos e deveres das partes em relação aos demais contratos de atividade, com prestação pessoal de serviço, subordinada (art. 3º, CLT) ou autônoma (art. 442-B, CLT), bem como o dever de indenizar os danos causados pelo descumprimento das obrigações que relacionam.

Relativamente ao contrato de emprego, os direitos e deveres inerentes decorrem das características do pacto, ou seja, é um contrato de atividade, bilateral, comutativo, consensual, personalíssimo, de trato sucessivo, oneroso e dotado de alteridade.

Validamente formado, o contrato de emprego gera efeitos próprios, principais e acessórios, além de efeitos conexos.

Os principais correspondem ao conjunto das obrigações nas quais é centrado o ajuste: o do empregado, de executar o serviço que o contrato individual de trabalho tem por objeto (prestação de fazer) e a do empregador, de remunerar a prestação do trabalho obreiro (prestação de dar).

Cabe a observação de que as questões derivadas da relação de trabalho não se resumem aos relacionados à sua execução. Danos pré e pós-contratuais podem incidir, como já assinalado, todos afetos à apreciação da Justiça do Trabalho.

3.2.1. Obrigações do empregado

O empregado é o prestador de serviços no desenvolvimento de atividade organizada por outrem, o empregador, por conta e em proveito do qual trabalha e a quem está juridicamente subordinado.

Por consequência, inúmeras são as obrigações acessórias ou complementares, incluindo a condução da prestação de fazer segundo os deveres gerais de conduta contratual caracterizadores da probidade ou honestidade e boa-fé objetiva (lealdade, transparência, colaboração) e os característicos do contrato de trabalho: o serviço ajustado deve ser realizado pessoalmente; com atenção às diretrizes gerais e ordens específicas; com fidelidade, diligência e eficiência; com respeito à pessoa do empregador, superiores imediatos, colegas de serviço e clientela patronal.

As aptidões pessoais que ensejam a contratação empregatícia e os requisitos de caracterização da relação de emprego, entre elas o estado de subordinação na prestação do serviço, não admitem que o empregado possa se fazer substituir por outrem e nem a transmissão *mortis causa* da obrigação de prestar o serviço.

Por outro lado, as tarefas deverão ser exigidas conforme a qualificação profissional do empregado, não podendo dele ser cobrada prestação em desacordo com as suas aptidões ou em domicílio diferente do local da execução de serviços, exceto nas hipóteses previstas em lei.

A eficiência esperada do empregado é a normal em relação aos demais trabalhadores em geral ou ao tipo de serviço efetuado, não sendo razoável a exigência de desempenho superior à sua capacidade, muito menos pode o empregado apresentar, injustificadamente, desempenho inferior ao possível ou de costume.

Deve o empregado manejar os instrumentos de trabalho e desempenhar o serviço com a devida atenção, interesse e cautela, respondendo por negligência em caso contrário.

Como o empregador responde pelo risco da atividade que organiza, do qual o emprego não participa, admite-se que a dirija conforme os seus interesses, cabendo assim ao empregado respeitar a ordem interna do estabelecimento, cumprir as ordens específicas e as diretrizes gerais do empregador e prepostos.

Como decorrência da confiança que caracteriza o contrato de emprego, tem o empregado o dever de fidelidade, sendo-lhe vedado concorrer deslealmente, aceitar presentes ou favores de terceiros para prestar serviços em horário de trabalho, que não se relacionem com os objetivos empresariais, ou revelar segredos empresariais ou do empregador.

Como corolário da boa-fé objetiva, tem o empregado o dever de colaborar com o empregador para a boa execução do contrato. Deve levar ao conhecimento do empregador os problemas relativos ao serviço; prestar auxílio aos trabalhos inadiáveis em caso de necessidade; comunicar e justificar as faltas ao serviço; denunciar os atos delituosos ou contrários à moral e aos bons costumes; evitar cuidar de interesses pessoais em horário de serviço ou em detrimento dele; informar doenças e problemas de saúde, bem como as alterações de convicção e crença que possam se refletir no contrato, mormente se engajado em organização de tendência, em que essas informações são essenciais, quando contrárias aos objetivos empresariais.

3.2.2. Obrigações do empregador e poder empregatício

Como verificado, o empregador tem a obrigação principal de remunerar a prestação do trabalho obreiro, caracterizada assim por uma prestação de dar.

Inúmeras são as obrigações acessórias, de dar, fazer (assinar a CTPS, realizar os depósitos do FGTS, inscrever o trabalhador no PIS) ou não fazer (abster-se de ofender a honra do trabalhador), sem falar nos efeitos conexos as obrigações indiretamente decorrentes do contrato, como a cessação do contrato de locação de imóvel em decorrência de ter findado o contrato de emprego e o dever de dar informações corretas sobre a pessoa ou trabalho do empregado em relação a terceiros.

Ocorre que o empregador detém o poder empregatício, no qual se incluem os poderes *de organização, regulamentar, de controle ou fiscalização* e *disciplinar.*

Poder de organização é o de definir os fins visados pela atividade escolhida, determinar a estrutura jurídica a ser adotada, instituir os cargos, distribuir as tarefas e traçar as diretrizes, métodos e metas destinadas ao alcance dos fins escolhidos.

O poder regulamentar consiste na fixação de normas técnicas e disciplinares das condições gerais de trabalho. Manifesta-se por meio de usos, costumes, regulamento de empresa, circulares, instruções, ordens de serviço.

Poder de controle ou fiscalização significa o direito de fiscalização patronal quanto à execução das tarefas conforme as diretrizes, métodos, metas e fins estabelecidos no contrato de trabalho.

Poder disciplinar é o direito patronal de impor sanções disciplinares destinadas à recondução do empregado ao cumprimento das obrigações contratuais segundo as diretrizes, métodos, metas e fins estabelecidos no contrato.[1]

Essa quantidade e conteúdo de poderes, atrelado às características do contrato de trabalho, onde desponta a subordinação, coloca o trabalhador numa posição de fragilidade tal, ou hipossuficiência, que a Constituição e as leis trabalhistas procuram compensar com normas de proteção para evitar abusos que tanto podem atingir os direitos da personalidade do empregado, como causar-lhe prejuízo financeiro.

Assim, o poder empregatício diretivo tem limites externos (os direitos fundamentais do trabalhador, em respeito à sua dignidade e valor social do trabalho, as normas infraconstitucionais de proteção, a moral, os bons costumes e as normas e decisões administrativas), internos (o contrato de trabalho, o regulamento de empresa e as deliberações dos órgãos de cogestão) e controle fiscalizatório, do Ministério Público do Trabalho e judicial.

Contra os abusos do poder diretivo, ou seja, contra a sua utilização antissocial, cabem o direito de resistência (recusa ao cumprimento de ordens ilegais, prejudiciais ou contrárias aos bons costumes) ou o recurso à via judicial, visando a nulificação do ato ou reparação (sustação de dispensa de estável ou transferência não consentida e desnecessária de empregado) e até mesmo a resolução contratual culposa (por exemplo, em caso de suspensão por período superior a 30 dias).

No exercício do poder empregatício, o empregador tem, em relação ao empregado, os deveres de proteção, de informação e de lealdade.

São deveres de proteção física, moral e intelectual, o respeito aos direitos da personalidade do empregado (honra, imagem, intimidade, vida privada, integridade física, saúde, segurança, não discriminação, liberdades física e intelectual etc.). Por exemplo, não pode o empregador exigir do obreiro afazeres fora dos limites da sua função, capacidade e

1. NASCIMENTO, Amauri Mascaro. *Iniciação ao Direito do Trabalho*. 14. ed. São Paulo: LTR, 1989. pp. 146/149.

qualificação profissional, tratá-lo com rigor excessivo ou submetê-lo a ambiente de trabalho que ponha em risco a sua saúde ou segurança.

Estão entre os deveres de lealdade: fornecer os meios e instrumentos para a execução do serviço ajustado; cumprir as normas legais e coletivas de melhoria das condições de trabalho, inclusive; remunerar integralmente o serviço, no tempo, modo, forma e lugar do pagamento; não alterar, sem o consentimento do trabalhador, as cláusulas contratuais essenciais; proporcionar trabalho ao empregado, notadamente em se tratando de contratos de experiência, de aprendizagem e naqueles em que a falta de serviço diminui a notoriedade, a remuneração (trabalho por comissão) ou tem por fim criar situação incômoda.[2]

São deveres de informação: as instruções quanto à forma de realização do serviço; a conscientização quanto ao uso dos equipamentos de proteção ao trabalho; o aviso prévio proporcional ao tempo de serviço; os avisos de interesses do serviço.

3.3. Efeitos do descumprimento das obrigações trabalhistas: responsabilidade e respectiva natureza

O descumprimento dos deveres contidos no contrato individual de trabalho gera a reação jurídica correspondente à hipótese, inclusive a de reparação do dano extrapatrimonial ou patrimonial acaso caracterizado.

De fato, o desrespeito às prestações cometidas a empregado e empregador configura a culpa contratual e, diante da falta, de sua intensidade, repetição e circunstâncias, pode ensejar efeitos distintos: a aplicação de sanções disciplinares (advertência e suspensão disciplinar), quando a falta é praticada pelo empregado; a anulação do ato faltoso, quando praticado pelo empregador e o obreiro não tiver interesse na solução do pacto; a resolução culpável do contrato, quer mediante despedimento por justa causa por iniciativa do empregador, quer mediante "rescisão indireta" por iniciativa do empregado.

A despedida por justa causa afasta o dever de indenizar o rompimento do contrato, posto que causado *por culpa* do empregado. Pelo que nesta

---

2. RODRIGUES, Américo Plá. *Curso de Direito do Trabalho*. São Paulo: LTR, 1982. p. 152.

situação não deve o empregador ao empregado eventual indenização por tempo de serviço ou indenização compensatória de 40% incidente sobre o FGTS.

O rompimento do contrato em virtude de pedido de demissão também não leva o empregador a indenizar o empregado, porque este dá causa ao próprio desemprego. O que não exclui o dever de pagar as parcelas antecipadamente vencidas, como gratificação natalina e férias, inteiras e proporcionais.

Já a despedida, sem justa causa, importa, para o empregador, no dever de indenizar o empregado, de forma a reparar o presumido dano patrimonial causado pelo fato da despedida por iniciativa patronal injustificada, tarifada em lei. Daí que entre outras parcelas, deve o empregador ao empregado eventual indenização compensatória de 40%, incidente sobre o FGTS, indenização de aviso prévio acaso não concedido, sem falar no dever de pagar parcelas decorrentes do vencimento antecipado pela dispensa, como gratificação natalina e férias inteiras e proporcionais.

A "rescisão indireta" ou resolução culpável dá ao empregado direito à integral reparação pelo fato do desemprego, em última análise causado por culpa do empregador.

Quando empregado e empregador são reciprocamente culpados do rompimento do contrato, a indenização é devida por metade, eis que ambos agem com culpa eficiente, causadora do evento.

Nem todo dano causado pelas partes componentes da relação de emprego é de natureza patrimonial. Não tem esse caráter o assédio sexual, muito menos a ofensa ao caráter do empregado. A responsabilização, nesses casos, dar-se-á pelo dano moral ou existencial cometido.

Enfim, o descumprimento das obrigações contratuais das partes leva à responsabilidade pelo equivalente, mais perdas e danos decorrentes da mora, do cumprimento imperfeito ou do inadimplemento, que o tradicional, quer o antecipado.

3.4. Danos pré e pós-contratuais decorrentes da relação de trabalho

Os problemas derivados da relação de trabalho não se resumem aos relacionados à sua execução.

Assim, pré-contratualmente responderá o tomador de serviços pelos efeitos das medidas destinadas a afetar o acesso da mulher ao mercado de trabalho, por exemplo, quando exige exame de esterilidade como condição do emprego (art. 373-A, II, da CLT), ou quando recusa ou escolhe o trabalhador em função de sua crença religiosa, opção sexual ou outro motivo discriminatório.

Pós-contratualmente também responderá o empregador, quando, finda a relação de emprego, passa a dar informações que desvirtuam a imagem do ex-empregado, atitude capaz, inclusive, de dificultar-lhe o acesso ao mercado de trabalho.

3.5. Responsabilidade trabalhista de terceiros

Geralmente a responsabilidade trabalhista é própria, mas é possível que terceiro, de forma solidária ou subsidiária, responda pela obrigação, ou pelo dano decorrente de seu descumprimento, a exemplo do tomador na terceirização, que responde pelo descumprimento das obrigações trabalhistas inadimplidas pela empresa contratada em relação aos respectivos empregados que indiretamente trabalham ou trabalharam para a contratante (Lei nº 6.019/1974); do empreiteiro principal que responde pelas obrigações trabalhistas inadimplidas pela subempreiteira contratada (art. 455, da CLT).

Também pode ocorrer a responsabilidade exclusiva de terceiro nas relações de trabalho, a exemplo da do Estado, em decorrência de *factum principis* (art. 486, CLT).

3.6. Conceito e classificação da responsabilidade trabalhista

Responsabilidade trabalhista é, pois, a atribuição derivada da lei ou do contrato, do dever de reparar o dano extrapatrimonial ou patrimonial decorrente do contrato de trabalho.

Adotamos, portanto, para a responsabilidade trabalhista, a mesma classificação adotada para a responsabilidade civil:

a) quanto ao fundamento, a responsabilidade pode ser subjetiva, objetiva e preventiva;

b) quanto ao ônus da prova, pode ser dividida em responsabilidade com presunção de culpa e sem presunção de culpa;

c) quanto ao agente causador, a responsabilidade pode ser direta ou por ato próprio e indireta, por ato ou fato de outrem ou reflexa;

d) quanto à conduta, a responsabilidade pode ser por ação e por omissão;

e) quanto à natureza da relação jurídica, a responsabilidade pode ser extracontratual, pré-contratual, contratual e pós-contratual;

f) quanto à natureza do dano causado, a responsabilidade pode ser por dano patrimonial e por dano extrapatrimonial;

g) quanto ao alcance, a responsabilidade por ser individual, solidária e subsidiária;

h) quanto à abrangência de pessoas, a responsabilidade pode ser por dano individual e por dano coletivo;

i) quanto à natureza da pessoa jurídica, pode ser das pessoas jurídicas de direito privado e da administração pública direta e indireta.

Geralmente, a responsabilidade trabalhista é própria, incluindo a dos demais componentes do grupo econômico, em virtude da solidariedade passiva, que torna todos codevedores em relação à totalidade da dívida.

Ocorre que terceiro que não era o devedor originário pode vir a responder, subsidiariamente, pela obrigação, ou pelo dano decorrente de seu descumprimento.

Nessa qualidade, respondem, por exemplo, o tomador de serviços terceirizados pelos atos do tomador direto; o empreiteiro principal em relação aos empregados do subempreiteiro; a empresa tomadora de serviços em relação à intermediária de mão de obra temporária; o sócio pelas dívidas da sociedade em que a responsabilização não é ilimitada.

O descumprimento das obrigações trabalhistas, o risco inerente à exploração da atividade econômica (art. 2º, *caput*, da CLT) e a proteção do crédito do trabalhador geram a responsabilidade do empregador ou de terceiro garantidor e, consequentemente, o dever de compor o dano causado, quer o moral, quer o patrimonial.

Os problemas derivados da relação de trabalho não se resumem aos relacionados à sua execução.

Com efeito, a responsabilidade trabalhista pode derivar do contrato, como a de indenização substitutiva do aviso prévio não concedido; de fato pré-contratual ou antecedente ao contrato, como a indenização por danos morais decorrentes de discriminação na seleção de candidato a emprego; de fato pós-contratual, como a indenização por danos morais decorrente de informações inverídicas e depreciadoras das qualidades de ex-empregado; e de fato extracontratual ou aquiliano, como a obrigação do sindicato de indenizar o empregador pelos prejuízos causados em decorrência de greve abusiva em atividade essencial e a obrigação governamental de indenizar os trabalhadores em caso de extinção do estabelecimento patronal em decorrência de *factum principis* (art. 486, CLT).

O direito trabalhista abrange casos de responsabilidade subjetiva e casos de responsabilidade objetiva. O ressarcimento devido pelo empregado, decorrente de conduta dolosa, pelos prejuízos causados ao empregador e se assim acertado, quando proveniente de culpa (art. 462, § 1º, CLT), é de natureza subjetiva, porque fundado na culpabilidade do ato obreiro.

Ainda com base na culpa, a responsabilidade pode dar-se em virtude de comportamento malicioso nas obrigações subordinadas a condição.

Dispõe o art. 129, do Código Civil que: a) se a condição não se verificar por malícia da parte a quem desfavorecer, será considerada como verificada, e, b) se a condição se verificar por malícia da parte a quem aproveita o respectivo implemento, será considerada por não verificada.

Como exemplo da primeira hipótese, tem-se a despedida obstativa da aquisição de estabilidade por empregado em vias de provavelmente adquiri-la em razão de eleições sindicais, ou ainda a do empresário que coloca em nome do gerente não comissionado uma venda realizada por um vendedor.

Como exemplo da segunda hipótese, tem-se a rescisão prevista em contrato, quando a condição resolutiva decorre de culpa, por exemplo, não obtenção de financiamento, pelo interessado adquirente, para pagamento do preço ajustado, quando não é fornecida a documentação necessária para o desiderato.

Em tais casos, tem-se o dever de indenizar o prejuízo experimentado, com fundamento na fraude à lei (art. 9º, da CLT).

A responsabilidade objetiva, que independe da indagação de culpa, pode decorrer da lei, do risco da atividade ou de circunstância de risco na realização do serviço.

Para efeito de pagamento de adicional de periculosidade, o art. 193, da CLT, considera como atividades ou operações perigosas aquelas que, por sua natureza ou métodos de trabalho, impliquem risco acentuado em virtude de exposição permanente do trabalhador a inflamáveis, explosivos ou energia elétrica; roubos ou outras espécies de violência física nas atividades profissionais de segurança pessoal ou patrimonial; as atividades de trabalhador em motocicleta.

São assim, por excelência, hipóteses de responsabilidade objetiva.

Outros são também apontados na lei: indenização em virtude de força maior (fortuito natural) que determine a extinção da empresa, ou de um dos estabelecimentos em que trabalhe o empregado (art. 502, da CLT); alteração que vem a se revelar prejudicial, ainda que lícita, das condições de trabalho (§ 1º do art. 2º da Lei 3207/57 e art. 468, da CLT); responsabilização do empregador por ato culposo ou doloso praticado por preposto em razão do contrato de trabalho (art. 932, III, CC c/c 8º, § 1º, CLT); resolução do contrato em virtude da morte do empregador pessoa física (art. 483 § 2º, da CLT); resolução do contrato de emprego prejudicial à gravidez (art. 394, da CLT); responsabilização do empreiteiro principal pelo inadimplemento do subempreiteiro (art. 455, da CLT); responsabilização do tomador final de serviços ou requisitante de mão de obra nos casos de contrato temporário ou terceirização (Lei 6.019/74); responsabilização do sócio pelas dívidas trabalhistas da sociedade (art. 1024, do CC e art. 795, *caput* e § 1º, do CPC); responsabilização dos demais componentes do grupo econômico pelo pagamento das reparações devidas por qualquer um deles (art. 2º, § 2º, CLT).

Outrossim, com base no art. 735, do Código Civil, subsidiariamente aplicável à CLT por força do art. 8º, parágrafo único, a responsabilidade contratual do transportador por acidente com o passageiro não é elidida sequer por fato de terceiro. Pelo que os trabalhadores que estiverem na condução do empregador e que não foram culpados de acidente de trânsito provocado por terceiro devem receber igual tratamento, sob pena de quebra da isonomia.

Finalmente, nos termos do art. 927, parágrafo único, da CLT, o empregador também responde com fundamento na responsabilidade objetiva nas demais hipóteses em que a atividade do empregador for de risco, caso, por exemplo, do serviço bancário.

O dispositivo supra, da lei civil, nada mais faz, no tocante às relações de trabalho, do que regulamentar o inciso XXII do art. 7º, da CF: cabe ao empregador atuar para reduzir os riscos inerentes ao trabalho, por meio de normas de saúde, higiene e segurança, reconhecendo assim que as relações de trabalho podem desenvolver-se em atividades empresariais de risco ou em circunstâncias suscetíveis de colocar o trabalhador em risco mesmo em atividades empresariais normais.

A responsabilidade preventiva diz respeito ao dever de indenizar o fato da submissão do trabalhador a risco, independentemente de ocorrência de infortúnio, por força de lei ou do contrato. O dano se caracteriza pelo só fato da submissão, a exemplo do empregador que expõe o trabalhador ao risco de acidente, colocando-o para trabalhar num andaime, no vigésimo andar de um prédio, sem cinto de segurança e demais equipamentos de proteção, ou quando determina, sem acompanhamento de vigilância especializada, um bancário para transportar numerário.

Há fato exclusivo da vítima quando a ocorrência do dano se deve exclusivamente à sua conduta.

No caso, não há formação de nexo causal, porque inexiste identificação de ofensor que pratique ato ilícito à vítima e nem ele é decorrência da atividade empresarial.

Assim, se um piloto empregado resolve arremessar a aeronave contra um morro, o empregador não possui qualquer responsabilidade em relação à família do falecido, não importando se a atividade é ou não de risco.

O fato de terceiro exclui a responsabilidade do empregador, quando de natureza subjetiva, como ocorre quando um assaltante ingressa numa padaria e dá um tiro no empregado. É um fato de terceiro considerado externo à relação entre empregado e empregador.

No caso de paralisação temporária ou definitiva do trabalho, motivada por ato de autoridade municipal, estadual ou federal, ou pela promulgação de lei ou resolução que impossibilite a continuação da atividade, prevalecerá o pagamento da indenização, que ficará a cargo do governo responsável. Trata-se de *factum principis*, que exclui a responsabilidade do empregador, atribuindo-a a terceiro.

No Direito do Trabalho, o fato de terceiro não exclui a responsabilidade, quando de natureza objetiva. Se o trabalhador está prestando serviços de reparo ou conservação na rodovia para uma concessionária de estradas e é atingido por um automóvel, a empresa é responsável, porque a atividade é de risco acentuado, podendo, no entanto, regressivamente acionar o real ofensor. Cuida-se de um risco inerente e corriqueiro ao negócio, que por isso mesmo ingressa com pertinência interna na relação entre empregado e empregador.

De igual sorte, se o vigilante, no labor de vigília de pessoa ou patrimonial para uma empresa recebe um tiro num assalto, ela responde, embora se trate de ação de terceiro, porque a atividade é de risco. Quem a desenvolve expõe o trabalhador a esse risco e por ele deve responder. Da mesma forma se em decorrência de assalto a banco, atividade igualmente de risco, o caixa adquire síndrome do pânico.

Se um motorista da empresa está dirigindo em condições normais de segurança, um raio atinge o automóvel no meio da rodovia e ele bate em outro carro, falecendo, o empregador não é responsável pelo acidente. É hipótese de caso fortuito externo, que interrompe o nexo causal, por não se vislumbrar uma conduta causadora do dano ou um responsável que titularize a responsabilidade. Em outras palavras, o raio é, nas circunstâncias da atividade, estranho ao risco e assim elimina a imputação do fato ao empresário.

Contudo, em se tratando de fortuito interno, a solução será outra. Se o trabalhador a céu aberto é atingido por um raio em região de ocorrência de raios sem que a empresa conte com coberturas de proteção nas épocas de incidência do fortuito, o empregador responde pelo dano. Ou seja, em se tratando de fatos previsíveis, corriqueiros à atividade, podem ser controlados, contornados e gerenciados. E por isso mesmo ingressa internamente na relação entre empregado e empregador, por não ser a ela estranho que nas circunstâncias um raio possa atingir o trabalhador.

A responsabilidade também não cede em caso de assalto à banco em relação ao qual espera-se que a instituição dê aos clientes e empregados toda a segurança necessária à atividade de risco (fortuito interno), mas a instituição bancária não responde pela morte de cliente que vem a falecer em virtude de atropelamento, quando utilizava um caixa 24 horas (fortuito externo).

Se em razão de pânico coletivo ocorrido no estabelecimento do empregador e por ele não causado, um trabalhador é pisoteado e falece, a empresa não é responsável, por se tratar de força maior. No caso, força maior de origem externa, que de regra não ingressa na relação interna entre empregado e empregador.

Todavia, os casos de força maior que decorram da imprevidência do empregador não excluem da empresa a imputação pelo dano (art. 501, § 1º, CLT). Se agindo com cautela e prevenção a empresa poderia contornar a ocorrência do fato, não se trata de força maior externa e sim interna, que passa a compor a relação jurídica entre empregado e empregador.

Utilizando o mesmo exemplo acima, se em razão de pânico coletivo ocorrido no estabelecimento do empregador, um trabalhador é pisoteado e falece, a empresa será responsável se o dano for decorrente do fato do estabelecimento não ter áreas de escape em caso de incêndio ou tumulto. Trata-se de força interna, cuja imprevidência do empregador ingressa na relação jurídica então mantida com o falecido.

IV

RESPONSABILIDADE POR DANOS PATRIMONIAIS

4.1. Responsabilidade patrimonial

Responsabilidade patrimonial é o dever de reparar prejuízo econômico causado a bem jurídico constante do patrimônio do lesado. Pode ser do próprio empregador, de garante da dívida (terceiro), do Estado e do trabalhador.

São exemplos de responsabilidade do empregador a indenização no valor do salário pela dispensa nos 30 dias antecedentes ao reajuste da data-base; a indenização pelo não fornecimento de guias do seguro-desemprego; a indenização por falta de cadastramento no PIS; a indenização pelo aviso prévio não concedido; a indenização pela mora ou inadimplemento das parcelas rescisórias; a indenização pela diminuição da zona de trabalho do vendedor comissionista; a indenização dobrada pela despedida discriminatória.

São exemplos de responsabilidade de terceiro, garante da dívida trabalhista, a responsabilidade da empresa terceirizante e do empreiteiro principal pelas obrigações inadimplidas pela empresa contratada como terceirizada ou subempreiteira.

É exemplo de responsabilidade do Estado o *factum principis*: art. 486: *"No caso de paralisação temporária ou definitiva do trabalho, motivada por ato de autoridade municipal, estadual ou federal, ou pela promulgação de lei ou resolução que impossibilite a continuação da atividade, prevalecerá o pagamento da indenização, que ficará a cargo do governo responsável".*

É exemplo de responsabilidade do empregado, o dano patrimonial causado por culpa ou dolo no exercício do trabalho (art. 462, § 1º, CLT).

4.2. Responsabilidade do empregador

Como visto, o empregador deve cumprir as obrigações assumidas em relação ao empregado por força do contrato, sendo responsável pela mora ou inadimplemento respectivos e também pelos demais danos causados por força de lei.

4.2.1. Responsabilidade nos fortuitos humano e natural, interno e externo e o dever de indenizar. O **factum principis** *interno e externo*

Caso fortuito é o evento extraordinário da natureza, imprevisível e inevitável, capaz de criar, alterar ou extinguir uma relação jurídica, casos da avulsão (art. 1.251, CC); da tempestade que destrói uma colheita; do raio que provoca incêndio no estabelecimento do empregador e onde trabalhava o empregado, destruindo-o; da enchente provocada por uma tempestade; da destruição do estabelecimento patronal, causada por terremoto.

Força maior é o evento humano extraordinário e inevitável, transcendente a uma relação jurídica, capaz de alterá-la ou extingui-la, casos do racionamento de energia elétrica; da destruição de um bem do empregador em razão de pânico coletivo; da depredação do estabelecimento patronal em virtude de revolta pública etc. É caso típico de força maior, na área trabalhista, a obra pública inesperada, que leva à paralisação do trabalho e à possibilidade de recuperação, pelo empregador, em período não superior a 45 (quarenta e cinco) dias por ano, por meio da prestação, pelos empregados, de até 02 (duas) horas extras diárias (art. 61, § 3º, da CLT).

Logo, ao contrário do caso fortuito (ou fortuito natural), decorrente de motivos acidentais da natureza, a força maior (ou fortuito humano) decorre de causas não naturais.

A inevitabilidade pode ser cognoscitiva (queda de um raio), material (queda de um meteoro) e econômica (necessidade imposta pela municipalidade, de reforma estrutural de prédio ou de instalação de dispositivos de segurança para o desenvolvimento de um pequeno negócio que, se adotadas, o inviabilizam).

Nos casos fortuito e de força maior não há como se imputar autoria, eis que o sujeito é inexistente ou indefinido, rompendo, de regra, o nexo causal, pelo que nas relações civis costumam excluir a tradicional relação de causalidade entre o dano do credor e a atividade do devedor e, por consequência, o dever de indenizar o prejuízo experimentado. As exceções são a lei e a convenção das partes em sentido contrário.

Os casos fortuito e de força maior caracterizam-se pela extraordinariedade, imprevisibilidade e consequente inevitabilidade. Se for possível prevê-los, ou devem ser adotadas medidas que reduzam ou eliminem os efeitos, ou então integrarão o risco. Daí fazer-se a distinção entre fortuito natural ou humano externo e interno, como será visto adiante.

No Direito do Trabalho, contudo, a teoria do risco no desenvolvimento do negócio, inserta no art. 2º, *caput*, da CLT, impõe severas limitações à isenção da responsabilidade patronal. Como corolário, um incêndio casual que venha a importar na perda do estabelecimento em que o empregado trabalhava, não exime a empresa de indenizá-lo, embora por metade quanto à parcela que incide sobre o FGTS (art. 502, da CLT). Também como consequência, a crise econômica e a falta de matéria-prima no mercado, estão, de ordinário, inseridas na teoria do risco empresarial, não isentando o empresário do cumprimento de suas obrigações em relação ao empregado. Poderão, se for o caso, importar na redução da carga horária, com redução proporcional do salário, via acordo coletivo.

Por outro lado, apesar da regulação pormenorizada da força maior (arts. 501 a 504), em casos pontuais o legislador trabalhista dá tratamento distinto aos casos fortuito e de força maior, geralmente isentando de responsabilidade nos casos fortuitos que expressamente identifica e adotando a responsabilidade objetiva para as hipóteses de dissolução do contrato de emprego por motivo de força maior.

Com efeito, a morte do empregado sem culpa do empregador (por exemplo, a decorrente de fortuito natural) exclui o dever de pagar a indenização compensatória da terminação contratual, ao passo que a força maior que importe na cessação da empresa ou na extinção do estabelecimento patronal leva à respectiva incidência, embora com redução à metade. Aqui, parte o legislador da ideia de que se o empregador não foi o culpado, o empregado também não teve culpa, rateando-se assim o prejuízo.

No caso de morte do empregador pessoa física ou empresa individual, o empregado adquire o direito de resolver o contrato com plena indenização (art. 483, § 2º, da CLT). Aqui, é adotada a teoria do risco integral.

Ao definir força maior (art. 501, *caput* e *§ 1º*, da CLT), o legislador trabalhista genericamente se referiu apenas ao acontecimento inevitável, não atribuível à imprevidência do empregador, tratando assim de forma abrangente, exceto em casos pontuais, como já referido, a força maior e o caso fortuito. Note-se que no art. 61, § 3º, faz alusão às duas modalidades (autorização para a exigência de até 02 horas extras por dia e sem remuneração, em razão do caráter compensatório, durante 45 dias por ano, para a recuperação do tempo perdido com a paralisação do trabalho por causas acidentais, ou de força maior).

Além dessas peculiaridades da legislação trabalhista, há de se distinguir fortuitos natural e humano externos e internos quanto aos efeitos.

Leciona SERGIO CAVALIERI FILHO, *"Entende-se por fortuito interno o fato imprevisível e, por isso, inevitável, que se liga à organização da empresa, que se relaciona com os riscos da atividade"*. Prosseguindo, fornece como exemplos o estouro de um pneu do ônibus, o incêndio do veículo, o mal súbito do motorista, o defeito de concepção de produto destinado ao consumo, fatos ligados à organização do negócio.

Já o fortuito externo, ensina, *"é também fato imprevisível e inevitável, mas estranho à organização do negócio"*, fornecendo como exemplos tempestades e enchentes.[1]

Se um motorista da empresa está dirigindo em condições normais de segurança, um raio atinge o automóvel no meio da rodovia e ele bate em outro carro, falecendo, o empregador não é responsável pelo

1. *Programa de Responsabilidade Civil.* 8. ed. São Paulo: Atlas, pp. 176 e 302.

acidente. É hipótese de caso fortuito externo, que interrompe o nexo causal, por não se vislumbrar uma conduta causadora do dano ou um responsável que titularize a responsabilidade. Em outras palavras, o raio é, nas circunstâncias da atividade, estranho ao risco e assim elimina a imputação do fato ao empresário.

Embora se trate de atividade de risco, cuja responsabilidade é objetiva, a condução de veículo, o fato jurídico mencionado é de natureza absolutamente extraordinária à integração na relação jurídica entre empregado e empregador.

Contudo, em ocorrendo fortuito interno, a solução será outra. Se o trabalhador a céu aberto é atingido por um raio em região de ocorrência de raios sem que a empresa conte com coberturas de proteção nas épocas de incidência do fortuito, o empregador responde pelo dano. Ou seja, em se tratando de fatos previsíveis, corriqueiros à atividade, podem ser controlados, contornados e gerenciados. E por isso mesmo ingressa internamente na relação entre empregado e empregador, por não ser a ela estranho que nas circunstâncias um raio possa atingir o trabalhador.

A responsabilidade também não cede em caso de assalto a banco em relação ao qual espera-se que a instituição dê aos clientes e empregados toda a segurança necessária à atividade de risco (fortuito interno), mas a instituição bancária não responde pela morte de cliente que vem a falecer em virtude de atropelamento, quando utilizava um caixa 24 horas (fortuito externo).

De igual sorte, a força maior pode ser externa e interna.

Se em razão de pânico coletivo ocorrido no estabelecimento do empregador e por ele não causado, um trabalhador é pisoteado e falece, a empresa não é responsável, por se tratar de força maior. No caso, força maior de origem externa, que de regra não ingressa na relação interna entre empregado e empregador.

Todavia, os casos de força maior que decorram da imprevidência do empregador não excluem da empresa a imputação pelo dano (art. 501, § 1º, CLT). Se agindo com cautela e prevenção a empresa poderia contornar a ocorrência do fato, não se trata de força maior externa e sim interna, que passa a compor a relação jurídica entre empregado e empregador.

Utilizando o mesmo exemplo acima, se em razão de pânico coletivo ocorrido no estabelecimento do empregador, um trabalhador é pisoteado e falece, a empresa será responsável se o dano for decorrente do fato do estabelecimento não ter áreas de escape em caso de incêndio ou tumulto. Trata-se de força interna, cuja imprevidência do empregador ingressa na relação jurídica então mantida com o falecido.

Em caso de obra pública inesperada, que leve à paralisação do trabalho, é permitida a exigência da prestação de até 02 horas extras por dia e sem remuneração, em razão do caráter compensatório, durante 45 dias por ano (10 horas (-) 08 normais = 2 extras), para a recuperação do tempo perdido com a paralisação do trabalho por motivo da força maior apontada (§ 3º, do art. 61, da CLT). Aqui, a mesma solução é dada quando a paralisação decorre de causas acidentais (fortuito natural).

Os efeitos da crise econômica e a falta de matéria-prima devem ser entendidas como imprevidência do empregador, capaz de excluir os efeitos da força maior (§ 1º, do art. 501, da CLT). Também assim o racionamento de energia elétrica, em relação ao qual pode o empregador se aparelhar para evitar os efeitos, prevendo-os e adequando-se, quer por meio de gerador, quer através de outras medidas.

Se em razão de pânico coletivo ocorrido no estabelecimento do empregador e por ele não causado, um trabalhador é pisoteado e falece, a empresa não é responsável, por se tratar de força maior. No caso, força maior de origem externa, que de regra não ingressa na relação interna entre empregado e empregador.

Todavia, os casos de força maior que decorram da imprevidência do empregador não excluem da empresa a imputação pelo dano (art. 501, § 1º, CLT). Se agindo com cautela e prevenção a empresa poderia contornar a ocorrência do fato, não se trata de força maior externa e sim interna, que passa a compor a relação jurídica entre empregado e empregador.

Utilizando o mesmo exemplo acima, se em razão de pânico coletivo ocorrido no estabelecimento do empregador, um trabalhador é pisoteado e falece, a empresa será responsável se o dano for decorrente do fato do estabelecimento não ter áreas de escape em caso de incêndio ou tumulto. Trata-se de força maior interna, cuja imprevidência do empregador ingressa na relação jurídica então mantida com o falecido.

Fato do príncipe é o ato unilateral da autoridade pública – municipal, estadual ou federal – capaz de alterar ou extinguir relações jurídicas privadas já constituídas, para atendimento ao interesse público, a exemplo da desapropriação.

Numa conceituação mais ampla, abrange as leis que tornam ilícito o exercício de uma atividade.

No Direito do Trabalho, *factum principis* é o evento extraordinário e inevitável, transitório ou definitivo, causado por ato governamental federal, estadual ou municipal, que influi numa relação jurídica, modificando-a, paralisando-a ou terminando-a, por exemplo, a cessação de uma atividade ou o fechamento, por determinados meses, de uma rua, por ato de autoridade governamental, para a construção de um viaduto, importando na impossibilidade de operação do estabelecimento onde trabalha o empregado, até a conclusão das obras.

O art. 486, da CLT define o *factum principis* e a responsabilidade: *"No caso de paralisação temporária ou definitiva do trabalho, motivada por ato de autoridade municipal, estadual ou federal, ou pela promulgação de lei ou resolução que impossibilite a continuação da atividade, prevalecerá o pagamento da indenização, que ficará a cargo do governo responsável"*.

Evidentemente há de se aplicar interpretação extensiva, para abranger as situações de paralisação temporária da atividade, igualmente causadoras de prejuízo empresarial.

O fato do príncipe também pode ser externo e interno.

O fato do príncipe externo interfere na relação jurídica privada, mas transfere à autoridade pública a responsabilidade da indenização, a exemplo da desapropriação.

Já o fato do príncipe interno conserva a responsabilidade nas mãos do sujeito passivo da relação jurídica por ele afetada. Como exemplos, a interdição ou fechamento de estabelecimento ou prédio que ponham em risco os seus usuários.

4.2.2. A caracterização e efeitos da pandemia da COVID-19 nas relações de trabalho

A pandemia provocada pela COVID-19 levou ao confinamento social e à paralisação ou redução da produção, comercialização e prestação de serviços de inúmeras atividades, a exemplo dos cinemas, teatros, casas de shows, bares, restaurantes, academias de ginástica, transportes, turismo e até órgãos públicos.

Em relação às atividades empresariais, era preciso encontrar uma solução que permitisse a sobrevivência das empresas, porque sem receita não há como cumprir obrigações, entre elas o pagamento dos salários.

Quanto aos trabalhadores, era igualmente necessário encontrar uma solução que lhes permitisse continuar vinculados aos empregos e ao mesmo tempo receberem uma remuneração que lhes permitisse o sustento.

É lógico que as empresas poderiam despedir os trabalhadores, que assim receberiam indenização e seguro desemprego para enfrentamento do período de confinamento. Mas além do caos social que resultaria do desemprego em massa, isso não resolveria o custo empresarial da despedida, muito menos, para a sociedade, os efeitos da paralisação ou redução das atividades no mercado.

Assim, sucessivamente em março e abril de 2020, a Presidência da República editou as Medidas Provisórias números 927 e 936, destinadas ao enfrentamento do estado de calamidade pública e de emergência da saúde pública, decorrente da COVID-19. E a Lei nº 14.010, de 10 de junho de 2020 dispôs sobre o Regime Jurídico Emergencial e Transitório das relações jurídicas de Direito Privado (RJET) no período da pandemia do coronavírus.

A Medida Provisória nº 927/2020 regulou as alternativas trabalhistas de que os empregadores poderiam dispor: direcionamento do trabalhador para prestação de trabalho remoto (teletrabalho); antecipação e cumulação de férias individuais; concessão de férias coletivas; aproveitamento e a antecipação de feriados; flexibilização do banco de horas para efeito de reposição do tempo de paralisação; suspensão de exigências administrativas em segurança e saúde no trabalho; e o diferimento do recolhimento do Fundo de Garantia do Tempo de Serviço – FGTS.

A MP também previu o encaminhamento do trabalhador para qualificação em moldes flexibilizados em relação ao art.476-A, da CLT, mas a regulação correspondente, então prevista no art.18, revogado, foi substituída pela constante do art.17 da então MP nº 936/2020.

Já a Medida Provisória nº 936/2020, que foi convertida na Lei nº 14.020/2020, apresentou soluções trabalhistas complementares para o enfrentamento do estado de calamidade pública: a redução proporcional de jornada de trabalho e de salários e a suspensão temporária do contrato de trabalho, mediante complementação ou substituição, conforme o caso, pelo pagamento de Benefício Emergencial de Preservação do Emprego e da Renda com recursos governamentais, que tem por base o valor do seguro desemprego.

A MP nº 936 foi convertida na Lei nº 14.020, de 6 de julho de 2020, que acrescentou ao art.10 o inciso III; introduziu novo inciso ao art.12; incluiu no art.18 o §6º; alterou o disposto no art.20 e introduziu os artigos 21 a 26 e 29, 31, 38 e 39. Os artigos 27, 28, 30 e 32 a 37, encaminhados pelo Senado, foram vetados pela Presidência da República.

Enquanto os expedientes previstos na Medida Provisória nº 927/2020 tão somente visaram preservar os empregos e a sobrevivência das empresas sem interferência no montante salarial, uma das condições para utilização dos instrumentos previstos na Medida Provisória nº 936/2020, convertida na Lei nº 14.020/2020, foi a garantia de emprego. A contrapartida para essa garantia foi a redução da jornada de trabalho, com redução proporcional do salário ou a suspensão temporária do contrato, com substituição do salário por valor equivalente ao seguro desemprego.

Outras medidas provisórias foram editadas, relacionadas aos trabalhadores avulsos, que constitucionalmente são equiparados aos trabalhadores com vínculo permanente, e aos trabalhadores informais.

Em 10 de junho de 2020, a Lei nº 14.010, aplicável a todas as relações jurídicas, considerou impedidos ou suspensos os prazos prescricionais e decadenciais.

A MP nº 927/2020 caducou no Senado no dia 19/07/2020, mas os seus efeitos em relação aos atos praticados em sua vigência permanecem, por força do disposto no art. 62, §§3º e 11, da Constituição Federal.

No parágrafo único do artigo 1º, a MPV nº 927/2020 define como de força maior o estado de calamidade pública e de emergência da saúde pública.

Cuida-se, é verdade, de acontecimento de origem involuntária, extraordinária, imprevisível e inevitável, mas que não tem por fato gerador um fato humano.

Logo, por tratar-se de evento que tem origem na natureza, o vírus denominado COVID-19 e que diretamente provocou a pandemia com efeitos jurídicos mediatos de paralisação de atividades nas relações de trabalho, tecnicamente é hipótese de caso fortuito ou fortuito natural.

Ao contrário das relações civis, com base no princípio da continuidade do contrato de trabalho, a força maior trabalhista não tem efeito imediato resolutório do pacto, mantendo assim o contrato. E em decorrência da teoria do risco, prevista no art. 2º, *caput*, da CLT, também não exclui a responsabilidade do empregador quanto às consequências jurídicas tanto do fato da manutenção do contrato de trabalho, como, na impossibilidade de mantê-lo, da sua resolução.

A continuidade em virtude da força maior está prevista, por exemplo, no art. 61, §3º, *in verbis*:

> *"Sempre que ocorrer interrupção do trabalho, resultante de causas acidentais, ou de força maior, que determinem a impossibilidade de sua realização, a duração do trabalho poderá ser prorrogada pelo tempo necessário até o máximo de 2 (duas) horas, durante o número de dias indispensáveis à recuperação do tempo perdido, desde que não exceda de 10 (dez) horas diárias, em período não superior a 45 (quarenta e cinco) dias por ano, sujeita essa recuperação à prévia autorização da autoridade competente."*

Via de consequência, o motivo de força maior que importe em paralisação temporária da atividade ou do estabelecimento, não autoriza o empregador a suspender o pagamento do salário do trabalhador.

Se temporária for, o empregado não se ativará, fará jus à remuneração no interregno, mas depois lhe poderá ser cobrada a prestação de horas extras no limite legal, para recuperação do tempo perdido com a paralisação (art. 61, §3º, da CLT).

Todavia, dispõe o art. 503, *caput*, da CLT, ser lícita, em caso de força maior ou prejuízos devidamente comprovados, a redução geral dos salários dos empregados da empresa, proporcionalmente aos salários de cada um, não podendo, entretanto, ser superior a 25% (vinte e cinco por cento), respeitado, em qualquer caso, o salário mínimo da região.

O dispositivo legal interage e altera a parte do art. 503, *caput*, da CLT, em que faz referência à hipótese não de força maior, mas de prejuízos devidamente comprovados, com a prevista no art. 2º da Lei nº 4.923/1965. Em vez de permitir, como originariamente admitia a lei, a simples redução salarial de 25%, a condiciona à redução proporcional da jornada pelo prazo de 3 (três) meses, prorrogável, respeitado o salário-mínimo regional e reduzidas proporcionalmente a remuneração e as gratificações de gerentes e diretores.

Portanto, a Lei nº 4.923/65 não se aplica ao caso da pandemia, que é típico de força maior.

Caso não seja possível a manutenção do contrato, a CLT não atua como atuaria o Código Civil, determinando o rompimento, com liberação das partes e isenção indenizatória. Para rompê-lo, o empregador precisa indenizar o trabalhador, embora por metade, *in verbis*:

> *"Art. 502 - Ocorrendo motivo de força maior que determine a extinção da empresa, ou de um dos estabelecimentos em que trabalhe o empregado, é assegurada a este, quando despedido, uma indenização na forma seguinte:*
>
> *I - sendo estável, nos termos dos arts. 477 e 478;*
>
> *II - não tendo direito à estabilidade, metade da que seria devida em caso de rescisão sem justa causa;*
>
> *III - havendo contrato por prazo determinado, aquela a que se refere o art. 479 desta Lei, reduzida igualmente à metade."*

Portanto, se houver extinção da atividade empresarial, do estabelecimento ou do setor em que trabalhe o empregado em razão da força maior, o empregador pode despedi-lo, mas precisa indenizar.

No entanto, a indenização, em ocorrendo despedida necessária, é devida por metade (art. 502, §2º, da CLT). Isto porque, em que pese a responsabilidade patronal, se o empregador não teve culpa, o empregado muito menos. Daí que a indenização devida resulta de divisão entre empregado e empregador do prejuízo causado pela força maior.

Para a caracterização da força maior, os §§ 1º e 2º do art. 501, da CLT exigem que não tenha o empregador concorrido para o fato com imprevidência e que o acontecimento afete substancialmente a situação econômica e financeira da empresa.

Diante do fato notório do risco da COVID-19, a ponto da legislação ter se preocupado, de forma emergencial, a flexibilizar os diversos instrumentos existentes na legislação jurídicos, com ajuste direcionado a evitar o desemprego, está claro que fica dispensada, para todos os efeitos, a comprovação de afetação da situação econômica e financeira da empresa. Basta a prova da paralisação ou redução das atividades em decorrência da COVID-19. Presumem-se, *iure et de iure*, os atropelos econômicos e financeiros que atingem todos os setores produtivos e todos os trabalhadores.

Somente ficará caracterizada a imprevidência do empregador diante da COVID-19, afastando a força maior se, desatendendo as recomendações do Ministério da Saúde e do fechamento do comércio, bares, restaurantes, cinemas, teatros e casas de shows, obrigar o trabalhador a prestar serviços, sem tomar os cuidados necessários no ambiente de trabalho, arriscando-o à contaminação, notadamente aqueles pertencentes ao grupo de risco.

Neste caso, por força do §1º do art. 501, da CLT (imprevidência do empregador) incidirá a responsabilidade subjetiva por culpa ou dolo na falta de preparação adequada do ambiente de trabalho, cabendo ao empregado a prova de que a empresa não preveniu o ambiente de trabalho para evitar o risco de contaminação e ao empregador a contraprova do empregado tê-la adquirido em outro local.

Situação distinta diz respeito aos profissionais da saúde, que diretamente ficam expostos, em situação de risco acentuado, à COVID-19, a exemplo dos biólogos, médicos, enfermeiros e socorristas. Nesses casos, a responsabilidade é objetiva, cujo rompimento do nexo causal fica condicionado à comprovação, pelo empregador, de outra força maior ou caso fortuito ligados à contaminação, fato de terceiro ou culpa exclusiva da vitima.

Também ficará afastado o motivo de força maior para efeito de indenização por metade, em casos de fraude, por exemplo, se o empregador optar por uma das soluções previstas na Lei nº 14.020/2020 e vier a despedir o trabalhador no período de garantia de emprego.

A hipótese não se confunde com as situações previstas nas Leis nºs. 4.923/1965 e 11.101/2005, em que a preocupação do legislador com a recuperação da atividade empresarial e manutenção dos empregos supera eventual imprevidência do empregador.

Por outro lado, como vários governos estaduais e prefeituras determinaram a paralisação temporária das atividades empresariais, ressalvadas as essenciais, discute-se se a hipótese seria de fato do príncipe, ou seja, de força maior externa, qualificada pela origem governamental do ato impeditivo administrativo de paralisação da empresa, hipótese em que, nos termos do art.486, da CLT, a responsabilidade pelos custos da paralisação seria da autoridade governamental.

O governo atuou nos efeitos devastadores desse infortúnio, ajudando na sobrevivência das empresas e dos trabalhadores, que são os pilares da produção, comercialização e distribuição de produtos, prestação de serviços e comercialização no mercado. Fê-lo por meio das Medidas Provisórias nºs. 936, convertida na Lei nº 14.020/2020 e na MP nº 944/2020, entre outras. Mas, evidentemente, a sua responsabilidade social e econômica, em princípio não decorre de fato do príncipe. As ações de governos regionais e locais de fechamento temporário de empresas foram determinadas por fatores excepcionais externos e de saúde pública, que transcendem o mero ato administrativo habitual de interesse público de conveniência e oportunidade ou a vontade popular traduzida em lei, que interfiram na continuidade de atividades empresariais, caracterizadores do *factum principis*.

A respeito, a Lei nº 14.020, de 6 de julho de 2020 é expressa no art. 29, ao dispor que *"Não se aplica o disposto no art. 486 da CLT, aprovada pelo Decreto-Lei nº 5.452, de 1º de maio de 1943, na hipótese de paralisação ou suspensão de atividades empresariais determinada por ato de autoridade municipal, estadual ou federal para o enfrentamento do estado de calamidade pública reconhecido pelo Decreto Legislativo nº 6, de 20 de março de 2020, e da emergência de saúde pública de importância internacional decorrente do coronavírus, de que trata a Lei nº 13.979, de 6 de fevereiro de 2020."*

4.2.3. Grupo de empregadores e responsabilidade

Grupo de empregadores é a reunião subordinada ou coordenada de empresas, para a exploração de atividades de natureza econômica (art. 2º, § 2º, da CLT).

Tanto o controle de uma das empresas em relação às demais, como a atuação conjunta em proveito do grupo levam à caracterização do grupo econômico e assim, da solidariedade.

Nos termos da lei, não caracteriza grupo econômico a mera identidade de sócios, sendo necessárias, para a configuração do grupo, a demonstração do interesse integrado, a efetiva comunhão de interesses e a atuação conjunta das empresas dele integrantes (§ 3º).

Uma das modalidades de grupo é o consórcio de empregadores que, no âmbito rural, recebeu, no aspecto previdenciário, a disciplina da Lei 10.256/01 (art. 25-A, da Lei nº 8.212/91).

A franquia não gera, de ordinário, grupo econômico, eis que o franqueado e o franqueador não atuam em conjunto. O mesmo ocorre na terceirização, exceto nos casos de fraude.

Diz-se que os empregadores domésticos, os profissionais liberais, instituições de beneficência e associações recreativas, não comporiam grupo, porque não teriam atuação econômica. Discordamos. É comum nos tempos atuais a empregada doméstica trabalhar, simultaneamente, para mãe e filha, residentes em residências separadas. Também é comum associações de fato entre profissionais liberais, relativamente a um mesmo trabalho, ou entre instituições beneficentes no tocante a certas ações, pelo que a atuação conjunta poderá, em relação aos trabalhadores envolvidos nesses objetivos comuns, caracterizar a existência de grupos de empregadores, ainda que não econômicos.

Logo, temos que a denominação grupo econômico é imprecisa em relação aos objetivos da proteção trabalhista dispensada à atuação conjunta, pelo que preferimos a utilização da expressão grupo de empregadores.

O objetivo da caracterização do grupo de empregadores foi o de ampliar a garantia de solvabilidade dos créditos trabalhistas, pelo que os componentes do grupo, econômico ou não, respondem, por força de lei, solidariamente, pelas obrigações trabalhistas assumidas por qualquer um deles (solidariedade legal).

Assim como os componentes do grupo de empregadores respondem pelas obrigações do contrato mantido por apenas um deles (solidariedade passiva), cada um deles também pode exigir do empregado a execução do trabalho, pelo que a prestação de serviços para mais de um componente do grupo no mesmo horário de trabalho não caracteriza mais de um contrato (solidariedade ativa, Súmula nº 129, do TST). O empregador único ou grupo tomador direto de serviços, responde, inclusive, pela assinatura da CTPS e pelas obrigações previdenciárias.

MAURICIO GODINHO DELGADO aponta os efeitos da responsabilidade dual: "a) ocorrência da *accessio temporis*, isto é, a contagem do tempo de serviço prestado sucessivamente às diversas empresas do grupo; b) pagamento de um único salário ao empregado por jornada normal concretizada, ainda que o obreiro esteja prestando serviços concomitantemente a distintas empresas do grupo (Súmula nº 129, TST); c) natureza salarial dos valores habituais recebidos de outras empresas do grupo por serviços prestados diretamente a elas (com o consequente efeito expansionista circular dos salários); d) extensão do poder de direção empresarial por além da específica empresa em que esteja localizado e empregado –com o que autorizaria, a princípio, a transferência obreira de uma para outra empresa do grupo, respeitadas as limitações legais quanto à ocorrência de prejuízo" (art. 468, CLT).[2] Para efeito de equiparação salarial, não é, por força de lei, possível comparar o trabalho prestado por empregados de diferentes empregadores ou de diferentes estabelecimentos do grupo de empregadores, diante do que dispõe o art. 461, *caput* e § 1º, da CLT.

Com o cancelamento da Súmula nº 205, do TST, não mais se exige que para o componente do grupo responder pela dívida, em execução trabalhista, deva constar do processo de conhecimento, ou seja, do título judicial. Desde que se faça, na execução, a prova da existência do grupo, caberá a responsabilização solidária.

---

2. *Curso de Direito do Trabalho*. 4. ed. São Paulo: LTR, 2005. pp. 404-405.

4.2.4. Sucessão e responsabilidade

Sucessão trabalhista é a transferência, por força de lei, das obrigações decorrentes dos contratos de trabalho de responsabilidade do cedente, ao adquirente de um empreendimento ou estabelecimento.

Remetemos o leitor aos itens correspondentes insertos nos capítulos da transmissão das obrigações nas relações de trabalho e do Direito de Empresa quanto à classificação, natureza jurídica e requisitos de caracterização da sucessão.

Nesta oportunidade, cuidaremos apenas da responsabilidade empresarial decorrente da sucessão trabalhista, incluindo as exceções à sua caracterização, porque excludentes dessa responsabilidade.

4.2.4.1. Efeitos da sucessão trabalhista

Nos termos do art. 10, da CLT, "qualquer alteração na estrutura jurídica da empresa não afetará os direitos adquiridos por seus empregados".

Logo, as alterações não afetarão o tempo de serviço, eventual estabilidade adquirida, a posição no quadro de carreira, o patamar salarial, os adicionais obtidos, os direitos coletivos da categoria em que inserto o trabalhador e os demais direitos adquiridos no curso do contrato.

De modo mais específico, estabelece o art. 448, da CLT, que "a mudança da propriedade ou na estrutura jurídica da empresa não afetará os contratos de trabalho dos respectivos empregados".

Em síntese, a mudança da propriedade (passagem de titularidade do acervo empresarial por aquisição, cisão, fusão e incorporação) ou na estrutura jurídica da empresa (transformação, por exemplo, S.A. para limitada ou vice-versa) não afetarão os contratos de trabalho e os direitos por meio deles adquiridos pelos empregados.

Como visto, por meio da sucessão de empregadores ou sucessão trabalhista, própria (aquisição, arrendamento, cisão, fusão e incorporação) ou imprópria (transformação), opera-se a transferência do negócio ou atividade econômica, com a consequente transferência, ao cessionário, das obrigações decorrentes dos contratos de trabalho de responsabilidade do cedente.

Nos termos do art. 448-A, da CLT, caracterizada a sucessão empresarial ou de empregadores, as obrigações trabalhistas, inclusive as contraídas à época em que os empregados trabalhavam para a empresa sucedida, são de responsabilidade do sucessor.

Vê-se, portanto, que o adquirente responde pelos contratos em curso e pelas obrigações trabalhistas dos ex-empregados.

Conforme disposto no parágrafo único do referido dispositivo legal, a empresa sucedida responderá solidariamente com a sucessora somente quando ficar comprovada fraude na transferência.

A solidariedade prevista na lei civil (art. 1.146, CC) entre o adquirente e o devedor primitivo não se aplica, porque a CLT dá solução própria à questão.

No tocante à transferência das cotas sociais, dispõe o art. 10-A, da CLT, que:

> O sócio retirante responde subsidiariamente pelas obrigações trabalhistas da sociedade relativas ao período em que figurou como sócio, somente em ações ajuizadas até dois anos depois de averbada a modificação do contrato, observada a seguinte ordem de preferência:
>
> I – a empresa devedora;
>
> II – os sócios atuais; e
>
> III – os sócios retirantes.

E complementa, no parágrafo único, que "O sócio retirante responderá solidariamente com os demais quando ficar comprovada fraude na alteração societária decorrente da modificação do contrato".

Assim, por ter dado a lei trabalhista solução própria à questão, também não se aplica o disposto no art. 1.003, do Código Civil, que estabelece a responsabilidade solidária entre o sócio cedente perante terceiros.

4.2.4.2. A sucessão trabalhista quanto ao aspecto objetivo: os direitos que devem ser respeitados na sucessão

Se a sucessão importa da assunção subjetiva de obrigações, é de se indagar, ainda, a sua extensão objetiva.

Quanto ao tempo de serviço, patamar salarial e vantagens adquiridas, não há dúvida: o empregado os conserva. Mas se no sucessor não houver previsão de adicional por tempo de serviço, indaga-se se o empregado conserva os anteriores e terá direito a novos, ou em relação aos seguintes haverá de se acompanhar o mesmo regime jurídico dos empregados do sucessor.

Imagine-se ainda a hipótese do empregado da sucedida, vinculado a determinado quadro de carreira, inexistindo, no sucessor, quadro de carreira com iguais vantagens. Qual quadro deverá ser observado dali para a frente?

Por outro lado, existindo plano de aposentadoria prevendo determinadas condições na sucedida, o plano a ser observado na sucessora é o do sucedido ou o do sucessor, mais gravoso?

Finalmente, se admitida a aplicação, no sucessor, da normatividade vigente no sucedido, quando mais benéfica, servirá ela de paradigma também para os trabalhadores do sucessor?

O problema da extensão objetiva da sucessão envolve dois aspectos, a saber: a) o respeito, pelo sucessor, dos direitos adquiridos no sucedido; b) existindo normatividade distinta no sucedido e no sucessor, a escolha da norma jurídica aplicável.

O TST, no RR 513/2004-462-05-00, em que foi Relatora a Ministra Maria Cristina Peduzzi, afastou a limitação da aplicação do PCS do sucedido até a data da privatização que caracterizou a sucessão trabalhista, entendendo cabíveis as promoções nele previstas, com as vantagens decorrentes, que devem ser cumpridas pelo sucessor com base na OJ 261 da SDI 1. Ou seja, respeita-se o passado, mas a partir da sucessão vigoram as regras existentes no sucessor.

De igual modo, no RR 94075/2003-900-01-00, em que foi Relator o Ministro Aloysio Corrêa da Veiga, decidiu que a FLUMITRENS é sucessora da CBTU, pois, tendo havido contrato de cisão, ela caracterizou a sucessão trabalhista, cabendo ao novo empregador a manutenção do PCS da sucedida, com as diferenças salariais correspondentes, tudo com fundamento nos artigos 10 e 448, da CLT e Súmula 51, do TST.

Finalmente, no AIRR 66443/202-900-04.5, em que foi Relator o Ministro Vieira de Mello Filho, decidiu o TST que a pretensão ao recebimento de verbas garantidas pelo órgão público sucedido após a sua transferência para o órgão sucessor, importaria em admissão da coexistência de dois regulamentos distintos, o que é inadmissível em virtude da opção de transferência, com as normas regulamentares decorrentes, exercida pelo Reclamante, que assim conservou os triênios adquiridos na sucedida, submetendo-se, a partir da transferência, ao tratamento jurídico dado pela sucessora para a remuneração do tempo de serviço de seus empregados.

Portanto, apesar de se verificar no TST uma tendência a interpretar de forma ampla os efeitos objetivos da sucessão, de modo a assegurar a condição mais benéfica ao trabalhador, em casos específicos a própria Corte limita a responsabilidade garantidora dos créditos. A respeito, verifique-se a OJ 225, da SDI 1, do TST, relativamente aos contratos de concessão de serviço público. Quando uma empresa concessionária outorga a outra, no todo ou em parte, mediante arrendamento ou outro expediente, a título transitório, bens de sua propriedade, no item I da referida OJ adota a responsabilidade da sucessora e subsidiária da sucedida e no item II, quanto aos contratos extintos antes da vigência da concessão, adota a responsabilidade exclusiva da sucedida, ou seja, a concepção clássica da sucessão.

No caso de incorporação de uma empresa por outra, igualmente respeita-se o passado (os direitos adquiridos) e partir da sucessão passam a vigorar, para efeito de promoções, as regras do sucessor, não servindo as vantagens pessoais dos empregados incorporados para efeito de equiparação salarial com os antigos empregados da sucessora.

4.2.4.3. Exceções à caracterização da sucessão trabalhista

A sucessão trabalhista está relacionada à pessoa do empregador, pelo que a transferência do negócio não extingue o contrato. Já em relação ao empregado, inadmite-se a substituição na prestação dos serviços, por se cuidar de contrato de atividade e de natureza personalíssima. Consequentemente, também no caso de morte do trabalhador o contrato se extingue, não prosseguindo com o sucessor.

Em ocorrendo a morte do empregador-pessoa física, é facultado ao empregado continuar ou rescindir o contrato com o sucessor (art. 483, § 3º, CLT). O mesmo ocorre nas relações de emprego domésticas, salvo se o doméstico estiver vinculado à família, prosseguindo o contrato em relação aos demais membros.

Também não é hipótese de sucessão ou mesmo de novação subjetiva ou objetiva a contratação, pelo condomínio, do trabalhador que, como pedreiro, antes estava a prestar serviços para a construtora: são duas relações totalmente independentes, uma não causando a outra e inexistindo, no caso, *animus novandi*.

A transferência do estabelecimento ou unidade produtiva importa, para o cessionário, na assunção das obrigações em relação aos empregados que permanecerem no negócio ao qual o cessionário der continuidade na exploração (art. 448, CLT).

Como decorrência, a transferência de coisas singulares pertencentes à empresa ou estabelecimento não caracteriza sucessão.

A separação de bens, obrigações e relações jurídicas como coisa coletiva vem a caracterizá-la (transferência parcial de unidade produtiva), exceto nas hipóteses em que a própria lei ou as circunstâncias a afastam (por exemplo, nas hipóteses de exploração do negócio em decorrência de licitação, na transferência de titularidade de cartórios e serviços notariais, em caso de desmembramento de município, e nos casos dos arts. 60 e 141, da Lei nº 11.101/05), a seguir apreciadas.

Com efeito, a exploração do negócio em virtude de licitação não caracteriza sucessão, pelo que nos contratos de prestação de serviços o novo contratado não responde pelos contratos mantidos pelo anterior, cujas pendências devem ser buscadas junto ao antigo, com responsabilização subsidiária do terceirizante.

4.2.4.3.1. Sucessão e transferência de titularidade de cartórios e serviços notariais

A Lei nº 8.935, de 18.11.1994, ao dispor sobre os serviços notariais e de registro, regulamenta o art. 236, da Constituição da República. Trata-se de serviço em que o notário é, necessariamente, pessoa física, dotada de fé pública e que exerce, em caráter privado, a atividade por delegação do Poder Público, como resultado de aprovação em concurso público, não mais ocorrendo a transmissão sucessória hereditária.

Os trabalhadores de cartórios extrajudiciais mantêm com os respectivos titulares (e não com o cartório, que não possui personalidade jurídica) uma relação de emprego, sendo assim regidos pela CLT.

Entendemos que o novo titular do cartório de registro de imóveis e de tabelionato de notas, que desempenha atividade delegada do Poder Público, em princípio não pode responder pelos contratos de trabalho anteriores, quer em virtude da pessoalidade do vínculo com o notário ou tabelião anterior, quer em virtude da assunção da titularidade por licitação (concurso público).

Assim, caso o novo titular não aproveite a mão de obra antiga, deverão aqueles trabalhadores reclamar do antigo titular. Nos termos do art. 22 da Lei nº 8.935/94, responde o notário, pessoalmente -e não o cartório onde é exercida a atividade- pelos danos causados a terceiros, na prática dos atos próprios da serventia, pelo que a ele cabe contratar os escreventes, com remuneração livremente ajustada, e responder, pessoalmente, pelas obrigações assumidas, que assim não são repassadas ao novo titular.

4.2.4.3.2. Sucessão e desmembramento de município

Não ocorre a sucessão em caso de desmembramento de município. A nova entidade não absorve as obrigações mantidas com os celetistas. Não se justifica que um novo município, que, por força de norma constitucional tem autonomia político-administrativa e necessidade de aparelhamento, inicie a sua existência com ônus contraído por outrem. Nestes termos, verifique-se a OJ nº 92, da SDI 1, do TST.

4.2.4.3.3. Sucessão e a nova lei de falências e recuperação judicial

Relativamente à sucessão, o art. 141, II, da Lei nº 11.105/05, especial e posterior à CLT, estabelece, em seu § 2º, que os empregados do devedor falido, contratados pelo arrematante, serão admitidos mediante novos contratos e que o arrematante não responderá por obrigações do contrato anterior.

Por outro lado, estabelece o art. 60, par. único, da referida lei que na recuperação judicial o objeto da alienação judicial de filiais ou de unidades produtivas isoladas do devedor estará livre de qualquer ônus e não haverá sucessão do arrematante nas obrigações do devedor (art. 60).

Tais dispositivos legais foram objeto de polêmica doutrinária e jurisprudencial. Arguiu-se que feriam os arts. 10 e 448, da CLT, que estabelecem que qualquer alteração na estrutura jurídica da empresa ou mudanças em sua propriedade não afetarão os direitos adquiridos ou os contratos de trabalho dos empregados, além do fato de que o art. 449, da CLT, estatui que os direitos oriundos da existência do contrato de trabalho subsistirão em caso de falência.

Mais ainda, que a norma contida no art. 60, par. único, não vedaria, expressamente, como o faz o art. 141, II, a sucessão trabalhista, reportando-se tão somente às obrigações do devedor de natureza tributária e ainda que o fizesse, seria inconstitucional, por ferir o princípio da proteção do trabalhador e ainda quebrar, no plano legal, por lei inespecífica, a continuidade do contrato de trabalho, consubstanciado nos arts. 10 e 448, da CLT, que estabelecem que qualquer alteração na estrutura jurídica da empresa ou mudanças em sua propriedade não afetarão os direitos adquiridos ou os contratos de trabalho dos empregados e que, independentemente da forma de arrematação da empresa em recuperação judicial, o arrematante assumirá o passivo declarado na ação de recuperação e o passivo oriundo dos contratos de trabalho que absorver.[3]

Ora, se a CLT é uma lei especial, a de Falências também o é. E, em relação à CLT, é mais especial ainda, porque cuida especificamente dos efeitos da falência e da recuperação judicial em relação a créditos que envolvem os trabalhadores.

Deve-se assim entender que a CLT, como regra, estabelece o princípio jurídico da sucessão nas transferências, exceto nos casos de alienação conjunta ou separada de ativos, inclusive da empresa ou

3. BEHAME, Maria Lucia. *Revista Consultor Jurídico*. Disponível em: <http://conjur.estadao.com.br/static/text/45500.1>. Acesso em: 23 jul. 2007.

de suas filiais, destinadas à satisfação dos credores da massa, entre eles o trabalhista. E a Lei nº 11.101/2005 assim o faz para permitir que a venda, sem ônus, possa alcançar bom preço no mercado e satisfazer os credores, incluindo o preferencial trabalhista. Altera, portanto, o foco da proteção do trabalhador, que deixa de ser meramente enunciativa, apriorística e formal, como ocorria na legislação anterior, passando a visar, por meio de uma provável arrecadação obtida em venda que possa quitar as pendências trabalhistas, uma proteção consequencial e efetiva.

Logo, em se tratando de arrematação de ativo adquirido em venda feita após a decretação da falência, inexiste dúvida de que inocorre a sucessão. O que não significa, no nosso entender, que não possa ocorrer a responsabilidade subsidiária do garante.

Após analisar as técnicas de resolução de conflitos entre princípios e normas, a reserva legal dos direitos fundamentais segundo o princípio da proporcionalidade e a flexibilização constitucional dos direitos trabalhistas, MARCELO PAPALÉO DE SOUZA conclui que a regra é a sucessão nas transferências de negócios, mas que a lei pode excepcionar essa regra, como o fez em se tratando de transferências na recuperação judicial. E acrescenta que na aquisição de qualquer bem o interessado avalia os fatores que possam diminuir o valor do negócio, chegando às seguintes conclusões: a) a restrição à sucessão pode importar em benefícios a todos os envolvidos, como o pagamento de maior número de credores, a geração de impostos e a conservação da unidade produtiva; b) no caso da recuperação judicial o devedor continuará a existir, tendo, com o produto da alienação, responsabilidade pelo pagamento de todos os direitos dos seus empregados.[4]

É, exatamente, o nosso entendimento. Ressalvamos apenas a hipótese de transferência fraudulenta, que importará, ao nosso ver, na sucessão que se pretendeu excluir e na solidariedade entre o alienante e o arrematante em torno das obrigações dos trabalhadores com contratos anteriores ao negócio.

---

4. *A Nova Lei de Recuperação e Falência e as suas Conseqüências no Direito e no Processo do Trabalho*. 2. ed. São Paulo: LTR, 2007.

Em se tratando de recuperação extrajudicial, os créditos trabalhistas ficam, por força de lei, fora do plano de negociação entre credores e devedor, pelo que a alienação judicial de filiais ou de unidades produtivas isoladas do devedor (art. 166, da LRE) importarão em sucessão para o adquirente (art. 161, § 1º, da LRE). As ações trabalhistas seguem o curso normal, assim como as execuções, com penhora e expropriação.

Na recuperação judicial de microempresas e empresas de pequeno porte, ficam excluídos os créditos trabalhistas, eis que o plano especial somente poderá abranger os créditos quirografários.

4.2.4.3.4. Concessão e permissão para exploração de negócio sem aproveitamento de equipamentos ou unidade produtiva

Como visto, um dos requisitos de caracterização da sucessão é o da continuidade do desenvolvimento da atividade negocial anterior. Sem ela, não haverá transferência do negócio ou estabelecimento, pelo que a falta de aproveitamento do acervo empresarial descaracterizará a sucessão.

Logo, a aquisição, mediante regular licitação, do direito de exploração de canal de televisão ou rádio e do direito de exploração de linhas de ônibus, sem assunção da unidade produtiva não importará em sucessão. De igual sorte, no caso de contrato de prestação de serviços, obtido mediante licitação, sem aproveitamento da unidade produtiva.

Todavia, nos contratos de concessão de serviço público, em que uma empresa (primeira concessionária) outorga a outra (segunda concessionária), no todo ou em parte, mediante arrendamento ou qualquer outra forma contratual, a título transitório, bens de sua propriedade, entende o TST, conforme OJ 225, da SDI I, que:

> I – em caso de rescisão do contrato de trabalho após a entrada em vigor da concessão, a segunda concessionária, na condição de sucessora, responde pelos direitos decorrentes do contrato de trabalho, sem prejuízo da responsabilidade subsidiária da primeira concessionária pelos débitos trabalhistas contraídos até a concessão;

II – no tocante ao contrato de trabalho extinto antes da vigência da concessão, a responsabilidade pelos direitos dos trabalhadores será exclusivamente da antecessora.

4.2.4.3.5. Franquia

Nos termos do art.1º da Lei nº 13.966, de 26 de dezembro de 2019, que revogou a Lei nº 8.955, de 15 de dezembro de 1994, franquia empresarial é o contrato pelo qual um franqueador autoriza um franqueado a usar marcas e outros objetos de propriedade intelectual, mediante remuneração direta ou indireta.

Exige ainda o dispositivo legal, para a caracterização do contrato de franquia, que o uso da marca e de outros objetos de propriedade industrial deverão estar sempre associados ao direito de produção ou distribuição exclusiva ou não exclusiva de produtos ou serviços e também ao direito de uso de métodos e sistemas de implantação e administração de negócio ou sistema operacional desenvolvido ou detido pelo franqueador.

Finalmente, na parte final da norma em comento o legislador exclui desse tipo de contrato, ainda que durante o período de treinamento, a incidência do Código de Defesa do Consumidor, por não se tratar de relação de consumo, bem como a da legislação trabalhista, por não se cuidar de vínculo de emprego ou de trabalho por ela protegidos.

Consequentemente, inexiste grupo econômico ou responsabilidade solidária ou subsidiária do franqueador por créditos trabalhistas do franqueado. Isto porque os empregados são contratados, subordinados e assalariados diretamente pelo franqueado, sem ingerência do franqueador.

Evidentemente, a legislação trabalhista incidirá em caso de fraude. Nas falsas franquias, em que o franqueador interferir de maneira contínua na gerência e administração do franqueado, o próprio franqueado será considerado empregado, assim como os por ele comandado como *longa manus* do falso franqueador e se houver ingerência na contratação, pagamento e comando dos empregados do franqueado, caracterizar-se-á grupo econômico para fins trabalhistas.

A nova lei estabelece os requisitos para a implantação da franquia e respectivos efeitos jurídicos.

Para a autorização do uso da marca e outros objetos de propriedade industrial, o franqueador deve ser titular ou requerente de direitos que sobre eles incidem ou então estar expressamente autorizado pelo titular para o desiderato (§1º do art.1º).

A franquia pode ser adotada por empresa privada, empresa estatal ou entidade sem fins lucrativos, independentemente do segmento em que desenvolva as atividades (§2º).

A Circular de Oferta de Franquia deverá ser entregue ao candidato a franqueado, no mínimo, 10 (dez) dias antes da assinatura do contrato ou pré-contrato de franquia ou, ainda, do pagamento de qualquer tipo de taxa pelo franqueado ao franqueador ou a empresa ou a pessoa ligada a este, salvo no caso de licitação ou pré-qualificação promovida por órgão ou entidade pública, caso em que a Circular de Oferta de Franquia será divulgada logo no início do processo de seleção (§1º do art. 2º).

Na hipótese de não cumprimento do acima disposto, o franqueado poderá arguir anulabilidade ou nulidade, conforme o caso, e exigir a devolução de todas e quaisquer quantias já pagas ao franqueador, ou a terceiros por este indicados, a título de filiação ou de royalties, corrigidas monetariamente (§2º).

Nos casos em que o franqueador subloque ao franqueado o ponto comercial onde se acha instalada a franquia, qualquer uma das partes terá legitimidade para propor a renovação do contrato de locação do imóvel, vedada a exclusão de qualquer uma delas do contrato de locação e de sublocação por ocasião da sua renovação ou prorrogação, salvo nos casos de inadimplência dos respectivos contratos ou do contrato de franquia (art. 3º, *caput*).

O valor do aluguel a ser pago pelo franqueado ao franqueador, nas sublocações poderá ser superior ao valor que o franqueador paga ao proprietário do imóvel na locação originária do ponto comercial, desde que essa possibilidade esteja expressa e clara na Circular de Oferta de Franquia e no contrato e o valor pago a maior ao franqueador na sublocação não implique excessiva onerosidade ao franqueado, garantida a manutenção do equilíbrio econômico-financeiro da sublocação na vigência do contrato de franquia (parágrafo único).

Na hipótese de transferência do negócio correspondente às reais franquias, eventual sucessão dar-se-á entre cedente e cessionário, não alcançando o franqueador.

4.3. Responsabilidade do empregado

O empregado responde pelos danos patrimoniais causados ao empregador na execução do contrato.

Tais danos podem ser diretos, quando consistem em prejuízos causados ao empregador por culpa ou dolo na execução do trabalho, ou indiretos, quando resultam de efeitos patrimoniais decorrentes de danos extrapatrimoniais, a exemplo dos prejuízos patrimoniais causados por danos à honra do empregador pessoa física, ou dos prejuízos patrimoniais resultantes de dano à imagem ou em decorrência de revelação de segredo empresarial do empregador pessoa jurídica.

4.4. Responsabilidade do Estado

Em sede trabalhista, o Estado responde diretamente na ocorrência de *factum principis*, previsto no art. 486, da CLT: o governo federal, estadual ou municipal fica responsável pela indenização decorrente de paralisação temporária ou cessação definitiva do trabalho, motivada por ato de autoridade municipal, estadual ou federal, ou pela promulgação de lei ou resolução administrativa que impossibilite a continuação da atividade.

A contratação direta de trabalhador sem concurso público pela administração direta ou indireta nulifica o contrato, não gerando quaisquer efeitos jurídicos válidos, exceto o direito aos salários do período trabalhado e o direito aos depósitos do Fundo de Garantia do Tempo de Serviço (FGTS) – Súmula 363, do TST.

A contratação irregular de trabalhador mediante empresa interposta, não gera vínculo de emprego com os órgãos da administração pública direta ou indireta, embora possa responder, subsidiariamente, pelos créditos do trabalhador (Súmula 331, II, do TST).

Quanto à responsabilização da administração direta ou indireta em caso de terceirização, o STF já decidiu que é subsidiária, reafirmando a Súmula nº 331, do TST, mas, interpretando o § 1º do art. 71 da Lei 8666, de 21.6.93, esclarece que para a respectiva caracterização, é necessário que fique comprovada a culpa *in vigilando* da administração direta ou indireta na fiscalização do serviço contratado, não bastando o mero inadimplemento.

Assim, tem-se que nos termos do item V da referida Súmula nº 331:

> Os entes integrantes da Administração Pública direta e indireta respondem subsidiariamente, nas mesmas condições do item IV, caso evidenciada a sua conduta culposa no cumprimento das obrigações da Lei n.º 8.666, de 21.06.1993, especialmente na fiscalização do cumprimento das obrigações contratuais e legais da prestadora de serviço como empregadora. A aludida responsabilidade não decorre de mero inadimplemento das obrigações trabalhistas assumidas pela empresa regularmente contratada.

4.5. Responsabilidade de terceiro

O tema será abordado no capítulo seguinte (Capítulo V).

V

RESPONSABILIDADE TRABALHISTA PATRIMONIAL DE TERCEIROS NAS RELAÇÕES DE TRABALHO

5.1. Responsabilidade trabalhista de quem não é o empregador

Responsabilidade direta ou por fato próprio é a que decorre de dano causado diretamente por conduta do próprio responsabilizado.

A responsabilidade do empregador, devedor das obrigações em relação ao empregado, é própria. Também a dos demais componentes do grupo econômico, em virtude da solidariedade passiva, que torna todos eles devedores em relação à totalidade da dívida, nos termos do art. 2º, § 2º, da CLT c/c arts. 264 e 275 do Código Civil, aplicáveis, subsidiariamente, por força do art. 8º, § 1º, da CLT.

Responsabilidade indireta, imprópria ou por fato de outrem é a responsabilização, imputada a um, por conduta ofensiva de outrem, como ocorre com a do empregador em relação aos atos lesivos do empregado perante terceiros; a do pai, tutor ou curador pelos atos dos filhos, tutelados ou curatelados (art. 932, do Cód. Civil); e a de terceiro que se torna, por força de lei ou de contrato, garante da dívida originária (responsabilidade subsidiária).

Portanto, terceiros, que não são os próprios devedores ou devedores originários, podem vir a ser responsabilizados, de forma sucessiva ou subsidiária, pela dívida contraída por outrem. Respondem, por exemplo, o tomador de serviços terceirizados pelos atos do tomador direto; a empresa tomadora de serviços em relação à intermediária de mão de obra temporária (Lei nº 6.019/1974); o empreiteiro principal em relação aos empregados do subempreiteiro (art. 455, CLT); o sócio, pelas dívidas da sociedade em que a responsabilização não é ilimitada; a pessoa jurídica, na desconsideração inversa da personalidade.

Na qualidade de garantes da dívida, o terceiro, responsável subsidiário, tem ação regressiva contra o real devedor.

5.1.1. Responsabilidade do sócio

A pessoa jurídica não se confunde com a pessoa física: são entidades que têm personalidades jurídicas distintas e autônomas.

Assim, a responsabilidade dos sócios das pessoas jurídica, é, de regra, subsidiária (art. 1.024, do CC e art. 795, *caput* e § 1º, do CPC).

No entanto, nas sociedades em que a participação do sócio se dá com responsabilidade ilimitada, ele responde, solidariamente com a sociedade, pelo cumprimento das obrigações trabalhistas. É o que ocorre nas sociedades de fato e nas sociedades em nome coletivo.

Nas sociedades limitadas, o entendimento jurisprudencial dominante, calcado na teoria da desconsideração da personalidade jurídica, expresso no novo Código Civil (art. 50) e no Código de Defesa do Consumidor (CDC, art. 28), é o de que o sócio responde, subsidiariamente, em caso de inexistência de bens sociais livres e desembaraçados, ainda que não tenha constado do título judicial.

Para valer-se do benefício de ordem, cabe-lhe, todavia, nomear bens livres e desembaraçados, suficientes para quitar a dívida (art. 790, II c/c 795, § 1º, do CPC).

De forma distinta do grupo econômico, a execução pode ser direcionada ao patrimônio do sócio, mesmo que não tenha constado do título judicial.

Relativamente às sociedades anônimas, exige-se evidência de gestão fraudulenta, para que a responsabilização se configure. Isto porque ao contrário das limitadas, nas anônimas nem sempre os gestores têm ampla liberdade de ação.

No tocante à transferência das cotas sociais, dispõe o art. 10-A, da CLT, que:

> O sócio retirante responde subsidiariamente pelas obrigações trabalhistas da sociedade relativas ao período em que figurou como sócio, somente em ações ajuizadas até dois anos depois de averbada a modificação do contrato, observada a seguinte ordem de preferência:
>
> I – a empresa devedora;
>
> II – os sócios atuais; e
>
> III – os sócios retirantes.

E complementa, no parágrafo único, que "O sócio retirante responderá solidariamente com os demais quando ficar comprovada fraude na alteração societária decorrente da modificação do contrato".

5.1.1.1. Desconsideração da personalidade jurídica

O Direito reconhece a existência autônoma da pessoa jurídica, atribuindo-lhe personalidade própria, distinta das pessoas físicas que a constituem.

Nos termos do art. 49-A, da Código Civil, a pessoa jurídica não se confunde com os seus sócios, associados, instituidores ou administradores.

O objetivo dessa autonomia é desvincular dos sócios, associados e instituidores os seus patrimônios pessoais e a responsabilidade pelos atos praticados e obrigações contraídas pela pessoa jurídica, que tem existência e patrimônio próprios (princípio da autonomia patrimonial).

Essa autonomia é instrumento de alocação e segregação de riscos, estabelecido pela lei com a finalidade de estimular empreendimentos, para a geração de empregos, tributo, renda e inovação em benefício da coletividade (par. único do art. 49-A, do CC).

Essa desvinculação não é, no entanto, total, porque os titulares respondem, conforme o caso, solidária ou subsidiariamente, limitada ou ilimitadamente, pelos atos praticados pela pessoa jurídica (arts. 1.023, 1.039, 1.045, 1.091, 1.095, CC). Nas sociedades em que o sócio não tem responsabilidade ilimitada, a integralização do capital social restringe a sua responsabilidade pessoal, de forma subsidiária, ao investimento feito (art. 1.052, CC).

A atuação da pessoa jurídica está, no entanto, comprometida com o objeto social que retrata a sua razão de existir. Em que pese a capacidade que lhe é atribuída por lei como decorrência da aquisição de personalidade, está legitimada, como entidade autônoma, a praticar os atos que correspondem à sua finalidade.

Embora desde 1966 o Código Tributário (Lei nº 5.172/1966) já previsse a desconsideração para as obrigações tributárias, atribuindo responsabilidade pessoal pelos créditos correspondentes a obrigações tributárias resultantes de atos praticados com excesso de poderes ou infração de lei, contrato social ou estatutos aos os diretores, gerentes ou representantes de pessoas jurídicas de direito privado (art. 135, III), o Código Civil de 1916 atribuía personalidade autônoma à pessoa jurídica e previa apenas a sua dissolução por atos opostos aos seus fins ou nocivos ao bem público.

No entanto, doutrina e leis ou jurisprudência estrangeiras já autorizavam a mera desconsideração da personalidade da pessoa jurídica, para direcionamento direto aos bens dos sócios componentes quando utilizada como fachada para a realização de interesses estranhos ao seu objeto ou para o atendimento de interesses puramente particulares dos sócios ou ainda para fraudar credores.

As teorias que as embasam são:

- *Disregard of Legal Entity* (inglesa, do desprezo da autonomia patrimonial da entidade legal);
- *Abus de la Noction de Personnalité Social* (francesa, do abuso da personalidade);
- *De La Penetración* (espanhola, da penetração nos sócios);
- *Desestimación de la Personalidad Societaria* (argentina, da rejeição da personalidade);
- *Superamento della personalità giuridica* (italiana, da superação da personalidade);
- *Durchgriff der Juristichen Person* (alemã, da penetração na pessoa jurídica);

- *Lifting the Corporate Veil* (americana, do levantamento do véu corporativo).

Essas teorias como meio de reação ao desvio de função do instituto da pessoa jurídica e exatamente para preservá-la, com o intuito de permitir o alcance da responsabilidade pessoal dos sócios, nos casos de sua indevida utilização, em prejuízo de terceiros.

Nos anos 1970 RUBENS REQUIÃO e FÁBIO KONDER COMPARATO disseminaram no Brasil a doutrina do *Disregard of Legal Entity*.

Com o tempo, a jurisprudência nacional absorveu as formulações estrangeiras, passando a interpretar o art. 21 do CC de 16 para meramente desconsiderar a personalidade da entidade em variadas situações: má utilização decorrente de desvio de finalidade ou confusão de patrimônios; irregularidade de funcionamento ou encerramento das atividades sem baixa; transferência de participação societária para testas de ferro; insuficiência patrimonial com sócios solventes.

A partir de 1990, conforme a relação jurídica em foco, o legislador resolveu editar normas regulando a matéria, restringindo ou ampliando as hipóteses de desconsideração: art. 28 da Lei nº 8.078/1990 (CDC); Lei nº 8.884/1994 (Lei Antitruste); art. 4º da Lei nº 9.605/1998 (Lei Ambiental); art. 50 do atual Código Civil (Lei nº 10.406/2002).

Em reação ao alcance de seus bens particulares sócios passaram, inversamente, a esconder a real titularidade de seus patrimônios nas pessoas jurídicas, visando blindar a sua responsabilização pessoal.

Engendrou-se então a Teoria da Desconsideração Inversa da Personalidade Jurídica, para desconsiderar a autonomia patrimonial da pessoa jurídica e assim alcançar o seu patrimônio, quando de real titularidade dos sócios (blindagem patrimonial).

A fraude que se visa coibir na desconsideração inversa é o desvio de bens.

Desconsideração é o afastamento, pontual e episódico, da personalidade autônoma do ente jurídico, nas hipóteses previstas em lei, para alcançar os bens dos sócios (desconsideração tradicional) ou da pessoa jurídica (desconsideração inversa).

A desconsideração pode ser classificada em direta (do sócio que praticou o ato lesivo) e indireta (a que atinge sociedade pertencente a um grupo econômico ou empresarial, quando as empresas integrantes são utilizadas para manipulação fraudulenta); inicial (a requerida com a petição inicial) e a incidental (a requerida ou aferida somente no curso da instrução processual); tradicional (a destinada a desconsiderar a personalidade da pessoa jurídica) e a inversa (a destinada a desconsiderar a personalidade da pessoa jurídica).

Duas são as teorias que no direito brasileiro buscam explicar o maior ou menor alcance da desconsideração: a teoria maior e a teoria menor.

A Teoria Maior é a de maior aplicação pelo ordenamento e a juridicamente mais elaborada, embora mais restrita quanto às hipóteses que autorizam a desconsideração. Condiciona o afastamento episódico da autonomia patrimonial inerente à personalidade jurídica apenas nas hipóteses de caracterização de abuso da personalidade, mediante atos fraudulentos ou simulatórios de finalidade ou patrimoniais.

O Código Civil de 2002 adotou a Teoria Maior da Desconsideração, porque optou pela mais elaborada e que, embora restritiva, abrange o maior número de casos.

A finalidade da desconsideração é o alcance dos bens particulares de sócio, associado, instituidor ou administrador da pessoa jurídica.

Para o legislador civil, somente o abuso da personalidade autoriza a desconsideração da autonomia patrimonial da pessoa jurídica, assim mesmo com imputação da responsabilidade exclusivamente ao sócio, associados, instituidor ou administrador que tiver realizado a fraude, ou dela se beneficiado, direta ou indiretamente (§ 1º do art. 50, do CC).

Ocorre abuso de direito quando o exercício de um direito excede, de forma manifesta, os limites impostos pelo seu fim econômico ou social, pela boa-fé ou pelos costumes (art. 187, do CC).

O abuso da personalidade da pessoa jurídica, como tipo específico, é por lei caracterizado pelo desvio de finalidade ou pela confusão patrimonial (art. 50, *caput*, CC). Pelo que não basta a insolvência da pessoa jurídica para justificar a desconsideração.

O desvio de função ou disfunção social abusiva ocorre na utilização dolosa da personalidade da pessoa jurídica com o propósito de lesar credores e/ou para a prática de atos ilícitos (§ 1º do art. 50, CC).

Observe-se, no entanto, que não constitui desvio de finalidade a mera expansão ou a alteração da finalidade original da atividade econômica específica da pessoa jurídica (§ 5º do art. 50, CC). É necessário que se comprove a utilização da pessoa jurídica para mascarar a real atividade com intuito de lesar credores ou para a prática de atos ilícitos de qualquer natureza, por exemplo, servir de fachada para lavagem de capitais ou evasão de dívidas.

Há confusão subjetiva, quando as qualidades de credor e devedor se concentram numa só pessoa (subjetiva). Mas a lei fala em confusão patrimonial objetiva e ilícita, que não se confunde com a confusão subjetiva extintiva de obrigações.

A confusão objetiva é caracterizada pela dificuldade de se distinguir se o patrimônio pertence ao sócio ou à sociedade, como forma de criar obstáculos à responsabilização patrimonial da pessoa física ou jurídica.

Nos termos do § 2º do art. 50:

> Entende-se por confusão patrimonial a ausência de separação de fato entre os patrimônios, caracterizada por: I – cumprimento repetitivo pela sociedade de obrigações do sócio ou do administrador ou vice-versa; II – transferência de ativos ou de passivos sem efetivas contraprestações, exceto os de valor proporcionalmente insignificante; e III – outros atos de descumprimento da autonomia patrimonial.

Em virtude da realidade da desconsideração inversa, o desvio de finalidade e a confusão patrimonial também se aplicam à extensão das obrigações de sócios ou de administradores à pessoa jurídica (§ 3º do art. 50, CC).

A mera existência de grupo empresarial, econômico ou sociedade, de fato ou de direito, sem a presença da comprovação de desvio de finalidade e/ou confusão patrimonial, não autoriza a desconsideração da personalidade da pessoa jurídica (§ 4º do art. 50, CC).

O Código Civil de 2002 admite ainda o alcance solidário do patrimônio pessoal dos integrantes da pessoa jurídica, desconsiderando assim a personalidade autônoma da entidade: a) enquanto não inscritos os atos constitutivos da sociedade (sociedade em comum – art. 988 c/c 990); b) quando se tornam irregulares, com existência apenas no plano fático.

No primeiro caso, a hipótese não enseja tornar nula a pessoa jurídica e sim de não levar a sua existência em consideração para certos e determinadas obrigações, alcançando-se assim, diretamente, as pessoas dos sócios. E no segundo é evidente que o encerramento das atividades, sem baixa, ou mesmo a transferência das cotas para "testas de ferro" tem por fim subtrair responsabilidades, merecendo do ordenamento a reação contra a fraude, através da perseguição direta dos envolvidos na artimanha.

Como decorrência lógica dos arts. 50 e 988, nas sociedades irregulares – que não obtém autorização para funcionamento, as que cessam o funcionamento, sem baixa no registro competente, e também poderão ficar sujeitos à responsabilização solidária.

Todavia, nos casos de dissolução da pessoa jurídica ou cassada a autorização para seu funcionamento, ela subsistirá para os fins de liquidação, até que esta se conclua (art. 51, CC).

A teoria menor é a de menor aplicação, porque direcionada a relações jurídicas específicas, embora com maior amplitude de caracterização.

É, por isso, menos elaborada, porque basta para autorizar o afastamento episódico da personalidade: de forma objetiva finalística, as hipóteses em que se presume a imputação de responsabilidade dos sócios para prejudicar o credor, e a previsível dificuldade na execução dos bens sociais; de forma objetiva simples, o mero desatendimento do crédito pela sociedade insolvente (sem ativos), independentemente de desvio de finalidade ou de confusão patrimonial.

O CDC (Lei nº 8.078/90) adotou a Teoria Menor Finalística da Desconsideração.

Especificamente para as relações de consumo, no § 5º do art. 28, prevê a desconsideração: em casos de abuso de direito; de excesso de poder; de infração da lei; de fato ou ato ilícito ou violação dos estatutos ou contrato social; e quando provocados por má administração, falência, estado de insolvência, encerramento ou inatividade da pessoa jurídica.

Pela hipossuficiência do consumidor, presume a responsabilidade do sócio e a dificuldade de execução em qualquer uma dessas hipóteses, autorizando a desconsideração.

O art. 4º da Lei nº 9.605/98 (Lei do Meio Ambiente), ao estatuir que a desconsideração pode ser efetuada quando se verificar a personalidade jurídica como obstáculo à concretização de suas normas, adotou a Teoria Menor Objetiva (basta para a desconsideração o fato objetivo da mera insatisfação do crédito pela sociedade).

A responsabilidade dos sócios é subsidiária. O art. 1.024, do CC, determina a execução principal nos bens da sociedade e a sucessiva nos bens dos sócios. No mesmo sentido, o art. 795, *caput* e § 1º, do CPC.

Quando a responsabilidade é solidária em relação aos sócios, a desconsideração é desnecessária.

Daí que a desconsideração não se confunde com a despersonalização, prevista no art. 2º, *caput*, da CLT, e que tem finalidade distinta, qual seja, a de vincular o trabalhador ao negócio do empregador, não importando quem seja ele, para efeito de sucessão.

Na vigência do Código Civil de 16, a Teoria da Desconsideração vinha sendo aplicada, na área trabalhista, dentro dos "espaços" que a lei admitia: em se cuidando de certas pessoas jurídicas que somente existiam de fato ou se tornavam irregulares e nenhum bem era encontrado em seu nome ou, em existindo, era insuficiente, costumava-se responsabilizar pessoalmente os sócios, como também dar-se nenhuma importância às alterações contratuais de última hora, por meio das quais ficava evidenciada a nomeação de "testas de ferro" como novos sócios e com assunção do ativo e passivo sociais, no objetivo de frustrar a execução trabalhista.

Com o advento do Código do Consumidor, em que está expresso, no art. 28, que "O juiz poderá desconsiderar a personalidade jurídica da sociedade quando, em detrimento do consumidor, houver abuso de direito, excesso de poder, infração da lei, fato ou ato ilícito ou violação dos estatutos ou contrato social, ou quando houver falência, estado de insolvência, encerramento ou inatividade da pessoa jurídica provocados por má administração", passou-se a ampliar no âmbito da Justiça do Trabalho, o rol de hipóteses de desconsideração.

Contudo, se a Justiça do Trabalho tem considerado que diante da natureza alimentar do crédito trabalhista, da hipossuficiência do trabalhador e da premência no recebimento do crédito, não importa se ocorreu ou não abuso de personalidade, confusão patrimonial ou se há presunção de dificuldade na execução, bastando o mero fato do inadimplemento, a inexistência de bens sociais penhoráveis e a solvabilidade do sócio, para autorizar a desconsideração, por fundamento diverso optou, na verdade, pela aplicação da Teoria Menor Objetiva, inserta no art. 4º da Lei do Meio Ambiente.

Ocorre que nos termos da Lei nº 13.874, de 20 de setembro de 2019, o art. 1º, § 1º, estabelece que *"O disposto nesta Lei será observado na aplicação e na interpretação do direito civil, empresarial, econômico, urbanístico e do trabalho nas relações jurídicas que se encontrem no seu âmbito de aplicação e na ordenação pública, inclusive sobre exercício das profissões, comércio, juntas comerciais, registros públicos, trânsito, transporte e proteção ao meio ambiente"*. E faz parte do disposto na referida lei a observância do art. 50 e §§ do Código Civil, na nova redação que lhe foi dada pela Lei nº 13.874/2019.

Outrossim, o art. 8º, § 1º, da CLT, com a nova redação da Lei nº 13.467/2017, dispõe que "O direito comum será fonte subsidiária do direito do trabalho".

Assim, tudo parece indicar que nas relações de trabalho aplicável à desconsideração da personalidade jurídica é a Teoria Menor inscrita no art. 50, do Código Civil, além das demais hipóteses de fraude à lei (art. 9º, CLT) e do encerramento das atividades da pessoa jurídica, sem baixa no registro competente.

5.1.2. Responsabilidade na terceirização

A Lei nº 13.429, de março de 2017 alterou a Lei nº 6.109/74 para regular a terceirização, antes prevista apenas na Súmula nº 331, do TST.

A nova lei a autorizou de forma restrita à prestação de serviços determinados e específicos a terceiros, embora admitindo a quarteirização.

No entanto, a Lei nº 13.467, de julho de 2017, novamente alterou a Lei nº 6.019/74 para permitir a transferência a terceiros da execução de quaisquer das atividades da tomadora, inclusive da principal (art. 4º-A, *caput*).

Ficou, portanto, superada a restrição jurisprudencial contida na Súmula nº 331, item I, do TST, inclusive quanto às empresas concessionárias de energia e telecomunicações.

A terceirização da atividade fim, no todo ou em parte, não autoriza, por si só, o reenquadramento do trabalhador na atividade da empresa prestadora, se distinta da que desenvolverá para a empresa contratante. Como exemplo, se o serviço cometido ao trabalhador terceirizado for tipicamente bancário ou financiário, será enquadrado numa dessas categorias, se diferente da que a prestadora ostenta, e formar-se-á vínculo direto com o tomador, em virtude de caracterização de fraude.

Nos termos do art. 4º-A da Lei nº 6.019/1974,

> Considera-se prestação de serviços a terceiros a transferência feita pela contratante da execução de quaisquer de suas atividades, inclusive sua atividade principal, à pessoa jurídica de direito privado prestadora de serviços que possua capacidade econômica compatível com a sua execução.

Na terceirização, é contratada empresa para a prestação de serviços, ficando ela responsável pela contratação e direção dos trabalhadores. No trabalho temporário é contratada empresa para colocação temporária de trabalhadores, com os quais não tem vínculo de emprego, à disposição de outras empresas, às quais ficam subordinados, igualmente sem vínculo empregatício (art. 10, da Lei nº 6.019/1974).

Empresa tomadora é a que contrata com uma prestadora a realização de serviços inerentes a quaisquer de suas atividades, principal, complementar ou acessória (art. 5º-A, *caput*).

Empresa prestadora é a contratada por empresa tomadora para a realização de serviços em quaisquer atividades da contratante.

Empregado é o trabalhador da empresa prestadora que, por ela intermediada, executa os serviços inerentes ao contrato objeto da terceirização.

A regularidade do contrato de terceirização afasta o vínculo entre os trabalhadores ou sócios das empresas prestadoras e a empresa contratante (art. 4º-A, § 2º).

Para que essa regularidade se verifique, devem ser observados os requisitos subjetivos, objetivos e formais exigidos na lei. Daí resulta que a inobservância caracteriza fraude, com formação do vínculo diretamente com a empresa contratante.

Quanto à pessoa jurídica contratada, não é admissível a composta por titulares ou sócios que tenham, nos últimos 18 meses, prestado serviços à contratante na qualidade de empregado ou trabalhador sem vínculo empregatício, exceto quando aposentados (art. 5º-C da Lei nº 6.019/74).

A empresa prestadora também não poderá utilizar empregado despedido há menos de 18 meses pela empresa contratante (art. 5º-D).

Em caso de inobservância desses requisitos subjetivos, caracterizada estará a fraude na intermediação, com formação do vínculo do trabalhador diretamente com a empresa contratante.

Outros requisitos, subjetivos e formais, devem ser observados na contratação da empresa prestadora: deve ser pessoa jurídica de direito privado (art. 4º-A, *caput*), devidamente registrada em Junta Comercial, com prova de inscrição no Cadastro Nacional da Pessoa Jurídica e com capital social compatível com o número de empregados, conforme quantitativos estabelecidos no art. 4º-B.

A exigência da contratação de pessoa jurídica visa afastar a atuação da empresa contratante por meio de intermediação feita por aliciadores de mão de obra como falsos empregadores.

Note-se que até mesmo no Direito Civil, conforme artigo 608, o aliciamento de prestadores de serviços é ilícito.

Quanto à empresa contratante ou tomadora, os requisitos objetivos a serem respeitados são: a) a contratação, remuneração e direção do trabalho a cargo da empresa prestadora de serviços (art. 4º-A, § 1º); e, b) é vedada à contratante a utilização dos trabalhadores em atividades distintas das que foram objeto do contrato com a prestadora (art. 5º-A, § 1º).

Como corolário da vedação de desvio de finalidade, o art. 5º-B determina que o contrato de prestação de serviços deverá conter: a qualificação das partes, a especificação do serviço a ser prestado, o prazo e a remuneração.

A inobservância desses requisitos caracteriza a fraude e o estabelecimento de vínculo direto com a empresa tomadora.

Nos casos de fraude, a responsabilidade será solidária.

As obrigações de fazer podem ser pessoais ou impessoais. São personalíssimas aquelas cometidas a pessoa física com base na confiança, caso do mandato, ou em qualidades ou habilidades peculiares.

As obrigações de fazer cometidas a pessoas jurídicas não costumam sofrer tal restrição.

Estabelece o art. 4º-A, § 1º, *in fine*, da Lei nº 6.019/1974, que os serviços contratados pela empresa tomadora não precisam ser executados pela empresa prestadora contratada, que poderá subcontratá-los. Cuida-se da quarteirização.

Na construção civil, o art. 455 sempre permitiu que a empresa construtora ou incorporadora subempreitasse, no todo ou em parte, o contrato de empreitada. Essa regra foi agora estendida para as demais hipóteses de terceirização.

Em ocorrendo quarteirização, a responsabilidade será igualmente subsidiária, observada a cadeia sucessória.

A prestação de serviços poderá ser desenvolvida nas dependências da tomadora ou em outro local previamente convencionado no contrato (art. 4º-C, *caput* c/c 5º-A, § 3º).

Conforme alteração efetuada pela Lei nº 13.467/2017, caso seja efetuada nas dependências da tomadora, serão assegurados aos empregados da prestadora: alimentação garantida aos empregados da contratante quando por ela oferecida em refeitórios; direito de utilizar os serviços de transporte; atendimento médico ou ambulatorial; treinamento adequado; instalações sanitárias, medidas de proteção à saúde e segurança no trabalho e instalações adequadas à prestação de serviços (art. 4º-C, I e II, da Lei nº 6.019/74).

Fica, portanto, tacitamente revogado o § 4º introduzido pela Lei nº 13.429/2017, que tornava facultativa a extensão do atendimento médico, ambulatorial e de refeição.

Todavia, nos contratos que impliquem mobilização de empregados da contratada em número igual ou superior a 20% (vinte por cento) dos empregados da contratante, esta poderá disponibilizar aos empregados da contratada os serviços de alimentação e atendimento ambulatorial em outros locais apropriados e com igual padrão de atendimento, com vistas a manter o pleno funcionamento dos serviços existentes (art. 4-C, § 2º).

A regra inserida no art. 12, a da Lei nº 6.019/1974, aplicável aos trabalhadores temporários, não foi estendida à terceirização.

Relativamente a esta, conforme § 1º do art. 4º-C, salário equivalente aos pagos aos empregados da contratante e outros direitos não previstos no *caput* do disposto supra, deverão ser ajustados entre a empresa tomadora e a prestadora. A expressão "poderão estabelecer, se assim entenderem", prevista na lei, demonstra claramente que não há obrigatoriedade.

Exceto nos casos de fraude, em que a responsabilidade será solidária por conta de conluio na prática de ilícito (fraude), a empresa contratante será subsidiariamente responsável pelas obrigações trabalhistas referentes ao período em que ocorrer a prestação de serviços, limitada aos trabalhadores que no interregno tiverem prestado serviços.

A responsabilização subsidiária do tomador final decorre dos princípios da proteção do trabalhador, do risco empresarial e da efetividade e preferência no recebimento dos créditos trabalhistas, consubstanciados nos arts. 2º, *caput*, da CLT e 100, da CRFB.

Realmente, se o novo paradigma de cumulação do capital privilegia a descentralização produtiva, fragmentando o desenvolvimento da atividade como um todo e concretizando-a por meio da terceirização, impõe-se que o tomador final, que se beneficia do trabalho da terceirizada, responda pelo cumprimento dos créditos devidos pelo tomador direto. A teoria do risco empresarial, consubstanciada nos artigos 2º, *caput*, da CLT e 927, do Código Civil, gera assim a garantia legal do tomador final pelos créditos inadimplidos em relação ao trabalhador utilizado no desenvolvimento da atividade, responsabilidade essa que é objetiva, decorrente do fato da contratação da empresa intermediária da mão de obra.

Quanto à responsabilidade do Estado na terceirização, estabelece o item II da Súmula nº 331, do TST, que "A contratação irregular de trabalhador, mediante empresa interposta, não gera vínculo de emprego com os órgãos da Administração Pública direta, indireta ou fundacional (art. 37, II, da CF/1988)".

Nos termos do item V da referida Súmula nº 331,

> Os entes integrantes da Administração Pública direta e indireta respondem subsidiariamente, nas mesmas condições do item IV, caso evidenciada a sua conduta culposa no cumprimento das obrigações da Lei n.º 8.666, de 21.06.1993, especialmente na fiscalização do cumprimento das obrigações contratuais e legais da prestadora de serviço como empregadora. A aludida responsabilidade não decorre de mero inadimplemento das obrigações trabalhistas assumidas pela empresa regularmente contratada.

5.1.2.1. Terceirização e subempreitada

Por meio da subempreitada, desde que não assuma o comando e pagamento dos trabalhadores dos subempreiteiros contratados, o *empreiteiro principal contratado pelo construtor ou que empreende diretamente a construção, pode licitamente contratar empresas especializadas nas diversas etapas da obra, para cumprimento dos objetivos empresariais: fundação, concretagem, ladrilhagem, instalação hidráulica, instalação elétrica.

Nos termos da lei, não se forma vínculo de emprego com o empreiteiro principal, que, no entanto, responde solidariamente pelo descumprimento das obrigações trabalhistas inadimplidas pelos subempreiteiros contratados.

Há diferença entre subempreitada e terceirização?

O dono da obra, desde que não se trate de empresa que seja dona do negócio de construção ou incorporação, apenas se valendo da construção para aproveitamento em atividade estranha à de construção ou incorporação, não responde subsidiariamente pelo descumprimento das obrigações trabalhistas inadimplidas pela empresa contratada, por não ser o dono da obra empreiteiro (OJ 191, da SDI-1 do TST).

Quanto à empreiteira contratada pelo dono da obra, pode realizar contratos de subempreitada, aí sim respondendo pelo descumprimento das obrigações trabalhistas inadimplidas pelos subempreiteiros contratados.

Outrossim, para o TST a contratação de empresa para a realização de obras que não sejam de construção, ampliação ou reforma do estabelecimento onde uma empresa desenvolve outro tipo de atividade, caracteriza terceirização de serviços, e não subempreitada.

A partir da reforma trabalhista, a subempreitada, que já era admitida pelo art. 455, CLT, tornou-se espécie de terceirização na construção civil. A empreiteira principal pode subempreitar total ou parcialmente a construção para a qual foi contratada ou que empreende diretamente, terceirizando totalmente a sua atividade ou apenas certas etapas da construção por meio da subempreitada. O subempreiteiro terceirizado contratado pode, por sua vez, quarteirizar, ou seja, subempreitar a subempreitada.

Portanto, há hipóteses de terceirização na construção civil que têm a natureza de subempreitada e outras que não têm essa natureza, *ex vi* de empresas contratadas para a retirada de entulhos.

Desde que observados os requisitos para a licitude da terceirização, quer se trate ou não de subempreitada, não se formará vínculo com a empreiteira principal, mas ela responderá pelas obrigações trabalhistas descumpridas pela terceirizada.

No entanto, em virtude de norma específica, o art. 455, da CLT, quando se trata de subempreitada, o inadimplemento pelo subempreiteiro contratado leva à solidariedade e não à subsidiariedade das terceirizações em geral.

No restante, a Lei nº 6.019/1974, no tocante à prestação de serviços a terceiros é aplicável às subempreitadas: a empresa contratante não pode subordinar, pessoalizar a prestação e nem contratar pessoa física como terceirizado; o capital social precisa ser condizente com o objeto do contrato; o contrato deve ser determinado e específico; não pode ser utilizado trabalhador que tenha sido empregado da empresa contratante da terceirizada nos últimos 18 meses e nem ser feita contratação com empresa terceirizada em que o sócio tenha prestado serviços como empregado ou autônomo nos 18 meses anteriores à contratação.

Acionado diretamente, deverá o empreiteiro principal denunciar à lide o verdadeiro empregador, que é o subempreiteiro.

Poderá o trabalhador acionar o subempreiteiro e o empreiteiro principal, este na qualidade de garante do crédito.

Mesmo nos casos de revelia, o empreiteiro principal pode produzir, processualmente, as provas que entender cabíveis à sua defesa.

5.1.2.2. Terceirização e empresas de vigilância e transporte

Quanto às empresas de vigilância e transporte de valores, regidas por lei especial, não são aplicáveis os dispositivos da Lei nº 6.019/74.

A Lei nº 7.102/93 dispõe sobre serviços de vigilância e de transporte de valores para estabelecimentos financeiros, estabelecendo que a vigilância ostensiva e o transporte de valores serão executados pelo próprio estabelecimento financeiro, desde que organizado e preparado para tal fim, com pessoal próprio, aprovado em curso de formação de vigilante ou, de forma terceirizada, por empresa especializada contratada (art. 3º, I e II).

São condições essenciais para que as empresas especializadas operem nos Estados, Territórios e Distrito Federal autorização de funcionamento e comunicação à Secretaria de Segurança Pública do respectivo Estado, Território ou Distrito Federal (art. 14).

Logo, os requisitos para contratação de terceirizada são diferentes daqueles previstos na Lei nº 6.019/74, também não podendo quarteirizar, salvo com autorização da contratante.

De igual sorte, não se aplicam a essas empresas alimentação garantida aos empregados da contratante quando por ela oferecida em refeitórios; direito de utilizar os serviços de transporte; atendimento médico ou ambulatorial; treinamento adequado; instalações sanitárias, medidas de proteção à saúde e segurança no trabalho e instalações adequadas à prestação de serviços (art. 4º-C, I e II, da Lei nº 6.019/74).

Outrossim, a igualdade remuneratória facultativa também é inaplicável, porque o vigilante integra categoria diferenciada e faz jus como regra inclusive a adicional de periculosidade, conforme art. 193, II, da CLT.

5.1.2.3. Terceirização e trabalho temporário

A Lei nº 6.019/1974 cuida de duas espécies de trabalhadores: os terceirizados e os temporários.

Ocorre o trabalho temporário para substituição de trabalhador permanente ou demanda complementar de serviços, daí que fazem jus ao mesmo padrão salarial dos empregados que substituem ou que fazem serviços semelhantes na tomadora (art. 12).

Na terceirização, é contratada empresa para a prestação de serviços, ficando ela responsável pela contratação e direção dos trabalhadores. No trabalho temporário é contratada empresa para colocação temporária de trabalhadores, com os quais não tem vínculo de emprego, à disposição de outras empresas, às quais ficam subordinados, igualmente sem vínculo empregatício (art. 10, da Lei nº 6.019/1974).

Logo, terceirização e trabalho temporário não se confundem, sendo que no trabalho temporário o trabalhador fica sujeito às ordens da empresa contratante e a contratação é feita por prazo determinado, somente para atendimento de necessidade de substituição transitória de pessoal permanente ou de demanda complementar de serviços, assim entendida a oriunda de fatores imprevisíveis ou, quando decorrente de fatores previsíveis, tenha natureza intermitente, periódica ou sazonal (art. 2º).

5.1.2.4. Terceirização nas concessões de serviços públicos

A lei de concessões e permissões de serviços públicos (Lei 8.987/95) permite, no artigo 25, § 1º, que a concessionária contrate com terceiros o desenvolvimento de atividades inerentes, acessórias ou complementares ao serviço concedido.

A Lei nº 9.472/97, que, nos termos da Emenda Constitucional nº 8/95, dispõe sobre a organização dos serviços de telecomunicações, de fato autoriza às empresas concessionárias a contratação de terceiros para a execução de atividades inerentes, acessórias ou complementares aos serviços de telecomunicações, criando, quanto às primeiras, nova hipóteses de terceirização, relacionada à atividade-fim do tomador, *ex vi* do art. 94, II, *in verbis*:

No cumprimento de seus deveres, a concessionária poderá, observadas as condições e limites estabelecidos pela Agência:

> II – contratar com terceiros o desenvolvimento de atividades inerentes, acessórias ou complementares ao serviço, bem como a implementação de projetos associados;

> § 1º. Em qualquer caso, a concessionária continuará sempre responsável perante a Agência e os usuários;
>
> § 2º. Serão regidas pelo direito comum as relações da concessionária com os terceiros, que não terão direitos frente à Agência, observado o disposto no art. 117 desta Lei.

Assim, sempre que a concessionária de serviços de telecomunicações contratar empresas para a execução dos serviços inerentes, acessórios ou complementares à prestação dos serviços de telecomunicações, como instalação e reparo de linhas telefônicas, os trabalhadores utilizados pela prestadora estarão licitamente vinculados a essas empresas, respondendo, no entanto, a empresa contratante, de forma subsidiária, pelo implemento das obrigações trabalhistas.

A hipótese retratada não se confunde com a atuação dessas concessionárias como donas-da-obra. Nestas hipóteses, em que a obra não for destinada à exploração da atividade, mas sim à própria instalação da concessionária, não responderá pelas obrigações dos trabalhadores arregimentados pelas empresas contratadas.

5.1.2.4.1. Empresas de *call centers* e terceirização

Call centers são centrais de atendimento que têm por objetivo fazer a interface entre os clientes e a empresa.

Cuida-se assim de ferramenta utilizada por empresas como canal de comunicação e vendas. Tanto pode destinar-se a atingir clientes por meio da oferta de produtos e serviços, pesquisa de informações de mercado, formação de cadastro e atendimento de consultas de sobre carteira de pedidos, faturamento, crédito e títulos, histórico de compras e disponibilidade de estoque (telemarketing), como versar sobre o teleatendimento, relacionado ao agendamento de serviços ou atendimento de reclamações.

Com base na Lei nº 6.019/1974, desde que observados os requisitos de regularidade da terceirização, esses serviços podem ser contratados junto a terceiros, respondendo a empresa contratante, subsidiariamente, pelos créditos inadimplidos dos trabalhadores.

Nos casos de fraude, responderá a empresa contratante pelo vínculo trabalhista e ambas, a contratante e a contratada, solidariamente, pelas obrigações inadimplidas.

5.1.3. Responsabilidade do dono da obra

O dono da obra não responde, solidária ou subsidiariamente, nos casos em que a obra se destina a aproveitamento próprio.

Assim, se o empregador contrata empresa para a construção, reforma ou ampliação do estabelecimento onde é desenvolvido o seu negócio, não responde pelas obrigações contraídas pelo empreiteiro contratado para o desiderato. No caso, o serviço contratado não é o negócio desenvolvido pelo empregador, para o qual haveria a necessidade permanente de empregados.

Com mais razão, nos casos em que a obra de reforma ou construção, é de natureza residencial.

Nos termos da Orientação Jurisprudencial nº 191, da SBDI1 do TST,

> Diante da inexistência de previsão legal específica, o contrato de empreitada de construção civil entre o dono da obra e o empreiteiro não enseja responsabilidade solidária ou subsidiária nas obrigações trabalhistas contraídas pelo empreiteiro, salvo sendo o dono da obra uma empresa construtora ou incorporadora.

No IRR-190-53.2015.5.03.0090, em julgamento de recursos repetitivos sobre o alcance da OJ, foram aprovadas em 11/05/2017 as seguintes teses jurídicas:

I) A exclusão de responsabilidade solidária ou subsidiária por obrigação trabalhista a que se refere a Orientação Jurisprudencial 191 da SDI-1 do TST não se restringe à pessoa física ou micro e pequenas empresas, compreende igualmente empresas de médio e grande porte e entes públicos (decidido por unanimidade);

II) A excepcional responsabilidade por obrigações trabalhistas prevista na parte final da Orientação Jurisprudencial 191, por aplicação analógica do artigo 455 da CLT, alcança os casos em que o dono da obra de construção civil é construtor ou incorporador e, portanto, desenvolve a mesma atividade econômica do empreiteiro (decidido por unanimidade);

III) Não é compatível com a diretriz sufragada na Orientação Jurisprudencial 191 da SDI-1 do TST jurisprudência de Tribunal Regional do Trabalho que amplia a responsabilidade trabalhista do dono da obra, excepcionando apenas "a pessoa física ou micro e pequenas empresas, na forma da lei, que não exerçam atividade econômica vinculada ao objeto contratado" (decidido por unanimidade);

IV) Exceto ente público da Administração Direta e Indireta, se houver inadimplemento das obrigações trabalhistas contraídas por empreiteiro que contratar, sem idoneidade econômico-financeira, o dono da obra responderá subsidiariamente por tais obrigações, em face de aplicação analógica do artigo 455 da CLT e culpa *in eligendo* (decidido por maioria, vencido o ministro Márcio Eurico Vitral Amaro).

Em Embargos de Declaração, por decisão unânime, foi feita a modulação: a possibilidade de responsabilizar donos de obra sobre questões trabalhistas de empreiteiros terceirizados pode ser aplicada em contratos celebrados depois de 11 de maio de 2017.

5.1.4. Responsabilidade nos consórcios de empregadores

Previsto para o setor rural nas Leis 8.212/91 e 10.256/2001, consórcios de empregadores é a união de produtores rurais pessoas físicas, outorgantes de poderes a um deles para a contratação, gestão e dispensa de trabalhadores para a prestação de serviços exclusivamente aos seus integrantes. São solidariamente responsáveis pelas obrigações previdenciárias. Gera solidariedade passiva dos consorciados, mas também a solidariedade ativa em relação aos empregados, como empregador único. A solidariedade decorre da indivisibilidade do vínculo.

Nada impede a caracterização do consórcio em atividades urbanas.

5.1.5. Cooperativas de trabalho e responsabilidade

Cooperativa é a sociedade em que as pessoas reciprocamente se obrigam a contribuir com bens ou serviços para o exercício de uma atividade econômica, sem objetivo de lucro e para prestar serviços aos associados (Lei nº 5.764/71).

Por meio da cooperativa, os trabalhadores atuam diretamente no mercado, para a oferta de bens (produtos, crédito e mercadorias) aos associados, bem como de serviços, para a obtenção de um preço melhor para os associados na aquisição de coisas ou crédito, ou um preço final sem o custo da intermediação do empresário no trabalho a ser efetuado.

No serviço prestado através de cooperativa de trabalho, o trabalhador exclui a figura do em pregador intermediário na prestação a terceiro (ou seja, exclui a empresa que subordinaria a mão de obra), para vincular-se a outros trabalhadores, visando a oferta organizada pela cooperativa, diretamente ao mercado, para a obtenção de um preço melhor pelo trabalho a ser efetuado.

Nestas condições, as cooperativas não estão sujeitas a falência (Lei nº 5.764/71) e não é de emprego o vínculo entre ela e associados e nem entre estes e os tomadores de serviços da cooperativa (art. 442, parágrafo único, CLT).

É empregado, no entanto, o trabalhador que presta serviços essenciais à cooperativa (atendente, escriturário).

É perfeitamente possível a contratação da cooperativa como prestadora de serviços executados pelos próprios associados e a atuação em atividades que correspondam ao objeto essencial da empresa tomadora (Lei nº 6.019/1974).

É inaplicável o art. 12, "a", da Lei nº 6.019/74, restrito ao trabalho temporário. Os valores remuneratórios serão os fixados pela entidade, que os distribuirá aos associados.

As cooperativas de táxis e de prestação de serviços de informática são exemplos de cooperativas de trabalho.

Conforme art. 7º da Lei nº 12.690, de 19 de julho de 2012, a Cooperativa de Trabalho deve garantir aos sócios os seguintes direitos, além de outros que a Assembleia Geral venha a instituir: retiradas não inferiores ao piso da categoria profissional e, na ausência deste, não inferiores ao salário mínimo, calculadas de forma proporcional às horas trabalhadas ou às atividades desenvolvidas; duração do trabalho normal não superior a 8 (oito) horas diárias e 44 (quarenta e quatro) horas semanais, exceto quando a atividade, por sua natureza, demandar a prestação de trabalho por meio de plantões ou escalas, facultada a compensação de horários; repouso semanal remunerado, preferencialmente aos domingos; repouso anual remunerado; retirada para o trabalho noturno superior à do diurno; adicional sobre a retirada para as atividades insalubres ou perigosas; e seguro de acidente de trabalho.

Nos termos do art. 3º, da Lei nº 12.690, de 19 de julho de 2012, a Cooperativa de Trabalho rege-se pelos seguintes princípios e valores: adesão voluntária e livre; gestão democrática; participação econômica dos membros; autonomia e independência; educação, formação e informação; intercooperação; interesse pela comunidade; preservação dos direitos sociais, do valor social do trabalho e da livre iniciativa; não precarização do trabalho; respeito às decisões de assembleia, observado o disposto nesta Lei; e participação na gestão em todos os níveis de decisão de acordo com o previsto em lei e no Estatuto Social.

Os princípios aplicáveis às cooperativas são, portanto, os seguintes:

a) princípio da dupla qualidade: o cooperado precisa ser cooperado e cliente. A prestação de serviços deve ser feita pela cooperativa diretamente ao associado, que assim aufere as vantagens da dupla qualidade;

b) princípio da retribuição salarial diferenciada: obtenção de retribuição pessoal superior à que obteria se não estivesse associado (não precarização do trabalho). A cooperativa visa eliminar o intermediário (o patrão) na prestação de serviços a terceiros;

c) princípios da livre integração e da plena participação: o cooperado deve livremente integrar a entidade e ser participante de assembleias para discussão das questões da cooperativa enquanto entidade.

A ausência dos referidos princípios leva à utilização da cooperativa como instrumento de fraude à caracterização da relação de emprego, simplesmente precarizando as condições de trabalho.

Com efeito, as verdadeiras cooperativas têm por finalidade afastar o empregador intermediário, proporcionando diretamente ao associado ganhos diferenciados pela prestação de serviços. Tais ganhos, bem como os objetivos, condições da prestação de serviços e problemas do dia a dia, são, com autonomia e liberdade, decididos e enfrentados pelos associados em assembleias da cooperativa. Esse vínculo que os une é denominado de *affectio societatis.*

Logo, a inexistência de reuniões, de pauta, de participação dos associados em torno das questões comuns e a supervisão do trabalho pelo tomador final evidenciam a subordinação, incompatível com o vínculo cooperativo.

Diante de uma reclamação trabalhista de vínculo, caberá ao magistrado verificar se estão presentes os elementos caracterizadores do vínculo associativo ou se, ao contrário, trata-se de falso associado de cooperativa que presta, com subordinação e pessoalidade, serviço essencial ou secundário à atividade do tomador final.

Caracterizada a fraude, deve ser declarada a ineficácia da vinculação associativa para os efeitos da relação de emprego, (art. 9º, da CLT) e, com afastamento do disposto no art. 442, da CLT, o reconhecimento da relação de emprego, formada diretamente com o tomador final, respondendo a entidade de forma solidária pelo ilícito praticado.

Nas hipóteses em que se verificar que a prestação de serviços é realmente cooperativada, nem por isto deixará de ser da Justiça do Trabalho, por força da Emenda Constitucional nº 45, de 31 de dezembro de 2004, a competência para apreciar as questões trabalhistas decorrentes da prestação de serviços.

O contratante da Cooperativa de Trabalho responde solidariamente pelo cumprimento das normas de saúde e segurança do trabalho quando os serviços forem prestados no seu estabelecimento ou em local por ele determinado (art. 9º, da Lei nº 12.690, de 19 de julho de 2012).

5.1.6. Trabalhadores semidependentes, inclusive de aplicativos digitais. Corretores de seguros de previdência complementar e responsabilidade da seguradoras e bancos controladores

Atualmente, é possível identificarmos seis tipos básicos de trabalhadores:

a) os subordinados, ainda que intermitentes, que trabalham pessoalmente, de forma não eventual e assalariada, cumprindo ordens emanadas do empregador;

b) os equiparados (trabalhadores avulsos portuários e os temporários);

c) os autônomos, assim entendidos os prestadores continuados e eventuais, que prestam serviço com autodeterminação. Além da liberdade de organização da atividade, estabelecem o preço e não sofrem ingerência sobre o modo, tempo e lugar da execução; e

d) os parassubordinados ou semidependentes, que atuam de forma coordenada, mas necessitam observar diretrizes e regras invariáveis, impostas pelo tomador;

e) os cooperados da Lei nº 12.690, de 19 de julho de 2012; e

f) os eventuais, geralmente classificados como biscateiros.

Os trabalhadores subordinados e equiparados contam com a proteção integral da lei trabalhista.

Os autônomos e eventuais são regulados pela lei civil (prestação de serviços).

Em relação aos cooperados, a solução protetiva foi a aplicação estendida de alguns direitos trabalhistas.

Quanto aos parassubordinados ou semidependentes, alguns contam com proteção legal, trabalhista, civil ou comercial, e outros, não.

A representação comercial, o agenciamento e a distribuição civis, quando o serviço é executado pessoalmente, são hipóteses de trabalho parassubordinado. O representante comercial, o agenciador e o distribuidor atuam na prestação de serviço de natureza continuada e coordenada, de caráter exclusivamente pessoal, para o atendimento de necessidade ligada à atividade-fim do tomador. O que descaracteriza o vínculo é a ausência de subordinação. Ela é substituída pela de coordenação. Embora siga certas diretrizes do tomador de serviços, o trabalhador parassubordinado conserva a liberdade de organização da própria atividade e assim a autonomia sobre a modalidade, o tempo e o local da execução, podendo trabalhar com ou sem exclusividade.

Como a relação é de coordenação, são inaplicáveis os atos de admoestação, como advertência e suspensão.

Outra hipótese de trabalhador parassubordinado é o corretor. O de seguros de previdência complementar é espécie do gênero.

Nos termos do art. 1º da Lei 4.594, de 29 de dezembro de 1964, que regula a profissão do corretor de seguros, é ele o profissional autônomo (pessoa física) ou a pessoa jurídica que atua como intermediário legalmente autorizado a angariar e promover contratos de seguro entre as sociedades seguradoras e as pessoas físicas ou jurídicas de Direito Privado.

O exercício da profissão de corretor de seguros depende da prévia obtenção do título de habilitação (art. 2º).

Estabelece o art. 17, da Lei 4.594/64, vedação para que os corretores de seguros sejam considerados empregados de sociedades seguradoras, *in verbis*:

> É vedado aos corretores e aos prepostos:
>
> a) aceitarem ou exercerem empregos de pessoas jurídica de direito público inclusive de entidade paraestatal;
>
> b) serem sócios, administradores, procuradores, despachantes ou empregados de empresa de seguros.
>
> Parágrafo único. O impedimento previsto neste artigo é extensivo aos sócios e diretores de empresa de corretagem.

O Código Civil de 2002, ao definir o contrato de corretagem como aquele em que uma pessoa, não ligada a outra em virtude de mandato, de prestação de serviços ou por qualquer relação de dependência, obriga-se a obter para a segunda um ou mais negócios, conforme as instruções recebidas (art. 722, do CC), recepciona a legislação de 64 quanto ao impedimento de manutenção de vínculo de emprego, de prestação de serviços e até de mandato com as empresas seguradoras. Essa independência é indispensável ao relacionamento, eis que o corretor não atua por conta da seguradora e sim, de forma independente, na aproximação do comitente e terceiro, a quem está obrigado a prestar todas as informações, inclusive sobre os riscos do negócio.

Enfim, a lei civil de 2002 sublinha a característica da parassubordinação do corretor ao estabelecer uma obrigação de fazer (obtenção de um ou mais negócios), a alteridade (obtenção para outrem), a coordenação (prestação do serviço de acordo com as instruções recebidas) e a vedação a qualquer relação de dependência (art. 722).

Em se tratando de corretor de seguros de previdência complementar, o chamado supercapitalismo tem propiciado grupos econômicos em que bancos despontam como controladores de seguradores de previdência complementar. Discute-se então a responsabilidade das seguradoras e dos bancos controladores em relação ao trabalho efetuado pelo corretor de seguros.

O trabalho efetuado no interior de agência bancária à qual a empresa seguradora é vinculada, por si só não é capaz de caracterizar vínculo empregatício, de prestação de serviços e de mandato. Afinal, ali está, sem a necessidade de correr mundo para encontrá-lo ou bater de porta em porta, o cliente a ser captado.

Por outro lado, a observância de diretrizes, próprias do contrato, também não é capaz de levar à configuração do vínculo empregatício. Coordenação não se confunde com subordinação. Até mesmo o representante comercial autônomo precisa, por força de lei, prestar contas detalhadas.

Nem mesmo a exclusividade, limitação que pode ser objeto de livre contratação, é elemento configurador de vínculo empregatício. A exclusividade pode se revelar um bom negócio para o corretor que, em troca de ter acesso a toda uma clientela latente e certa à disposição, obriga-se a vender papéis da seguradora ligada ao banco. O que não o impede de procurar outras pessoas fora dali.

Finalmente, estar presente no horário de expediente bancário também não significa nada, porque o cliente a ser captado, quando frequenta o banco o faz exatamente no horário de expediente, sendo de interesse do próprio corretor observá-lo.

Neste sentido, dispõe o art. 442-B, da CLT, que "A contratação do autônomo, cumpridas por este todas as formalidades legais, com ou sem exclusividade, de forma contínua ou não, afasta a qualidade de empregado prevista no art. 3º desta Consolidação".

Assim, tem-se que nas verdadeiras relações de corretagem entre a seguradora e o corretor, aplicável, em termos de responsabilidade, são as normas do Código Civil, complementadas pela legislação especial aplicável. Nesta hipótese, os bancos controladores serão solidariamente responsáveis pelo implemento dos créditos devidos ao corretor. A solidariedade decorre da existência do grupo econômico, em prol de quem o trabalho é executado.

Ocorre que determinadas circunstâncias de fato poderão configurar a fraude das leis civil e trabalhista.

Com efeito, caso venha a ficar demonstrado que o corretor é um mero vendedor de um negócio de corretagem destinado à venda de seguros para uma empresa seguradora, estará configurada a relação de emprego. Nesta hipótese, estaremos diante de corretores de uma corretora informal patrocinada por uma seguradora para, com subordinação, exclusividade e cumprimento supervisionado de horário e metas, fazer vendas de seguros. O que descaracteriza o enquadramento na lei civil e ante o princípio da primazia da realidade, leva à fraude da lei trabalhista, a ensejar a sua aplicação, como tem ocorrido no caso de diversas cooperativas, hipótese em que, nos termos do disposto no art. 9º, da CLT:

"Serão nulos de pleno direito os atos praticados com o objetivo de desvirtuar, impedir ou fraudar a aplicação dos preceitos contidos na presente Consolidação".

A lei veda a vinculação empregatícia para a hipótese que ela prevê, ou seja, a relacionada à intermediação na venda de papéis por pessoas registradas como corretoras e que prestam serviços com autonomia ou mesmo de forma empresarial. É evidente que ela não incide nos casos em que, contrariando o princípio da primazia da realidade, buscam-se subterfúgios fraudulentos para esconder a subordinação na prestação do trabalho.

Verificada a fraude e diante da proibição legal, em caráter indenizatório deverão ser implementados os direitos empregatícios do corretor e a seguradora, juntamente com o banco controlador, responderão solidariamente, quer em razão do grupo econômico, quer em razão do ilícito.

Hipótese mais recente de semidependência encontramos no trabalho prestado por meio de plataformas digitais, a exemplo dos trabalhadores gerenciados por Uber, Loggi, Rappi e outros aplicativos.

Os trabalhadores semidependentes reclamam proteção. Essa proteção foi dada, por exemplo, aos profissionais que exercem as atividades de Cabeleireiro, Barbeiro, Esteticista, Manicure, Pedicure, Depilador e Maquiador e pessoas jurídicas registradas como salão de beleza, conforme Lei nº 13.352, de 27 de outubro de 2016.

Assim também ocorreu em relação ao trabalho avulso urbano e rural de movimentação de cargas, pela Lei nº 12.023, de 27 de agosto de 2009.

Essa proteção pode ser maior ou menor, mediante direitos estendidos do trabalho, conforme a categoria profissional, mas é justificável para efeito de inclusão como trabalhador no regime previdenciário, bem como para evitar abusos de diminuição injustificada de oferta de trabalho como represália a desmandos.

5.1.7. Aspectos processuais da terceirização

5.1.7.1. Responsabilização subsidiária ou solidária: fundamento ou pedido?

Há julgados que extinguem o processo, sem exame do mérito, quando o reclamante não postula, no pedido, a responsabilização subsidiária ou solidária da tomadora, limitando a narrar, na exposição dos fatos, a utilização intermediada do trabalho, pretendendo, por fim, o pagamento, pelas empresas tomadora e prestadora, de parcelas trabalhistas.

Ora, responsabilidade subsidiária ou solidária não é pedido e sim causa de pedir próxima (fundamento jurídico ou direito). Com base nesse tipo de responsabilização, é que o pedido de aviso prévio, férias, gratificação natalina, FGTS e outros devem ser satisfeitos.

No processo do trabalho há, ainda, a peculiaridade de que não precisa o reclamante apresentar, na inicial, o fundamento jurídico, bastando expor o fato do qual decorre o fundamento e formular o pedido. O art. 840, § 1º, da CLT, que nesse particular se distancia do art. 282, do CPC, é expresso a respeito.

Logo, no processo do trabalho basta expor o fato da utilização intermediada e postular o pagamento das parcelas cabíveis, para que o juiz, avaliando as condições da prestação de serviços e a extensão da responsabilidade da tomadora, defira ou indefira as parcelas postuladas.

5.1.7.2. Ajuizamento em face apenas do responsável subsidiário

Ajuizada a causa apenas em face do responsável subsidiário, não está o juiz obrigado a determinar a citação da empresa tomadora, posto que não se cuida da hipótese de formação de litisconsórcio necessário. No processo trabalhista ele é facultativo, nada impedindo, no entanto, com base no princípio da celeridade, que a empresa tomadora, apenas garante dos créditos postulados, denuncie à lide o real empregador.

Não o fazendo, restará ao juiz extinguir o processo, por ilegitimidade de parte. A responsabilidade, na hipótese, é apenas subsidiária ou sucessiva, sendo responsável originário pelos créditos o devedor direto da obrigação, no caso, a empresa prestadora de serviços, contratada pela tomadora acionada.

5.1.7.3. Ajuizamento em face apenas do responsável solidário

Ajuizada a causa apenas em face de um dos responsáveis solidários, não está o juiz obrigado a determinar a citação do outro. Na solidariedade, o credor pode escolher acionar qualquer um dos devedores ou todos.

Por outro lado, nada impede que o devedor acionado chame ao processo o outro devedor acionado, buscando a condenação conjunta.

5.1.7.4. Ajuizamento em face apenas da prestadora de serviços

Nos termos da Súmula nº 331, IV, do TST, dirigindo o acionante a sua ação apenas contra a prestadora de serviços, não pode depois pretender responsabilizar a empresa tomadora, que não participou da relação processual e, portanto, da garantia constitucional do contraditório e sequer foi condenada como garante dos créditos reclamados.

Ocorre que "não há vedação a que o reclamante, de posse do título executivo oponível contra a empresa prestadora, real empregadora, acione a tomadora, pretendendo sua responsabilização subsidiária em ação autônoma". Nestes termos, em decisão, por maioria, proferida no RR-529.078/1999.2, em que sobressaiu o voto condutor da Ministra Maria Cristina Irigoyen Peduzzi, vencido o Ministro João Batista Brito Pereira, a SDI-I, do TST, resolveu tão importante questão, abrindo caminho à responsabilização posterior do garante que não participou da relação processual em que a prestadora foi condenada ao pagamento dos títulos trabalhistas.

5.1.7.5. Matérias que o responsável subsidiário pode arguir em defesa: limites do interesse processual

A jurisprudência tem entendido que o responsável subsidiário, em caso de revelia da empresa contratada, pode realizar a comprovação dos pagamentos ao trabalhador, bem como a defesa em relação às questões de fato e de direito alegadas na inicial.

5.1.7.6. Limitação da responsabilidade

A responsabilidade da tomadora pelos direitos trabalhistas dos trabalhadores da prestadora de serviços fica limitada às obrigações trabalhistas relativas ao período do contrato de terceirização.

Nos termos do art. 5º-A, § 5º, da Lei nº 6.019/1974, "A empresa contratante é subsidiariamente responsável pelas obrigações trabalhistas referentes ao período em que ocorrer a prestação de serviços, e pelo recolhimento das contribuições previdenciárias".

VI

CRITÉRIOS GERAIS DE REPARAÇÃO DO DANO PATRIMONIAL

6.1. Dano patrimonial e sua reparação

Dano patrimonial é o dano decorrente de prejuízo financeiro causado a bem jurídico que compõe o patrimônio de uma pessoa física ou jurídica.

Patrimônio é o conjunto de relações jurídicas de natureza econômica, de titularidade de uma pessoa física, jurídica ou formal.

Apurada e definida a responsabilidade civil, torna-se necessária a fixação da indenização devida ao ofendido em relação ao dano causado (*aestimatio damni*), o que é feito por meio da liquidação do dano, procedimento necessário para estabelecer o valor destinado a recompor o prejuízo causado ao patrimônio do ofendido.

A liquidação do dano visa apurar a diminuição imediata e a mediata ocorridas em razão da ofensa para a recomposição.

A reparação é feita mediante o pagamento em valor equivalente ao bem ofendido, ou, mediante entrega de bem equivalente, se fungível.

A CLT não dispõe de um regramento geral para a reparação dos danos patrimoniais decorrentes das relações de trabalho. As normas sobre indenização são casuísticas, a exemplo dos arts. 487, §§1º e 2º (indenização pelo aviso prévio não concedido), 483 (rescisão indireta), 484 (culpa recíproca) e 496 (conversão da estabilidade em indenização).

Leis especiais também fixam indenizações de forma casuística, *ex vi* da Lei nº 9.029/1995 (indenização por despedida discriminatória).

Logo, o recurso ao Código Civil se impõe, nos exatos termos do art. 8º, § 1º, da CLT, quer para preenchimento das normas gerais sobre responsabilidade patrimonial, quer para sanar omissões referentes a casos como danos patrimoniais decorrentes de acidentes do trabalho, quer quanto às formas de liquidação do dano.

Nos termos do art. 944, *caput*, CC, que consagra o princípio da *restitutio in integrum,* a indenização mede-se pela extensão do dano, de forma a que reparação possa dar-se de forma integral.

Nas indenizações por danos extrapatrimoniais, a extensão do dano é medida pela intensidade, de forma a que se possa apurar valor pecuniário que possa compensar a dor sentimental ou o impedimento causado à vítima.

Nas indenizações por danos patrimoniais, no entanto, a extensão do ano visa apurar valor pecuniário que possa substituir o dano causado ao patrimônio, mediante o critério da equivalência, e sendo o bem atingido fungível, outro bem de iguais características e valor pode servir de recomposição do patrimônio atingido.

Consistindo a indenização em valor pecuniário, envolve o dano emergente, de natureza positiva (o que efetivamente se perde) e o lucro cessante, de natureza negativa (o que direta e imediatamente se deixa de ganhar) em razão do evento danoso (artigos. 402 e 403, CC).

O disposto no parágrafo único do referido dispositivo legal não tem aplicação em se tratando de dano patrimonial. A redução equitativa da indenização de acordo com a gravidade da culpa (cláusula de exceção), somente pode ter aplicação em se cuidando de dano extrapatrimonial, em que se mede o comportamento, seu potencial ofensivo, as circunstâncias e os efeitos.

Em se tratando de dano patrimonial, para a recomposição do patrimônio não importa a gravidade da culpa. Quer se trate de dolo, negligência, imprudência ou imperícia, o dano causado é o mesmo, importando apenas a avaliação do prejuízo.

Dano emergente é o prejuízo imediato, atual, correspondente à perda patrimonial efetiva, envolvendo assim todas as despesas comprovadas, necessárias à recomposição do patrimônio.

Lucro cessante é o prejuízo de efeito futuro direto e imediato previsível, incidente sobre aquilo que patrimonialmente se deixa de ganhar, auferir, lucrar, a exemplo da féria do taxista durante o tempo necessário ao conserto do veículo danificado pelo ofensor, ou dos salários do trabalhador até o total restabelecimento da vítima de acidente imutável ao empregador, ou mesmo da pensão substitutiva da perda laborativa definitiva, parcial ou total, decorrente do referido acidente.

O dano hipotético ou eventual (por exemplo, ficar impossibilitado de jogar na loteria em razão de um acidente de trabalho, que poderia ter levado à premiação) é, em princípio descartável.

Em princípio, porque a perda de uma oportunidade futura (perda de uma chance) admite comprovação. Imagine-se o caso da pessoa que há anos joga na loteria os mesmos números e vem a sofrer um atropelamento exatamente quando se dirigia à casa lotérica para efetuar o seu jogo habitual. E aqueles números vêm a ser sorteados. Ou quando concretamente se promete um emprego a um candidato, que recusa outro emprego em condições iguais ou melhores por se sentir comprometido e ocorre a frustração da promessa, ficando sem os dois empregos. Nessas hipóteses, o dano é ressarcível. Voltaremos ao assunto em item específico.

Nos termos do art. 946, do CC, se a obrigação for indeterminada, e não houver na lei ou no contrato disposição fixando a indenização devida pelo inadimplente, apurar-se-á o valor das perdas e danos na forma que a lei processual determinar.

Se o devedor não puder cumprir a prestação na espécie ajustada, substituir-se-á pelo seu valor, em moeda corrente (art. 947, CC). Como exemplo no Direito do Trabalho, a indenização de aviso prévio não concedido (art. 487, § 1º, da CLT), ou do período estabilitário pelo tempo de afastamento na reintegração, ou substitutivo na reintegração aconselhável ou já finda.

No caso de homicídio, a indenização consiste, sem excluir outras reparações, no pagamento das despesas com o tratamento da vítima, seu funeral e o luto da família e na prestação de alimentos às pessoas a quem o morto os devia, levando-se em conta a duração provável da vida da vítima (art. 948, CC).

No caso de lesão ou outra ofensa à saúde, o ofensor indenizará o ofendido das despesas do tratamento e dos lucros cessantes até ao fim da convalescença, além de algum outro prejuízo que o ofendido prove haver sofrido (art. 949, CC).

Outrossim, se da ofensa resultar defeito pelo qual o ofendido não possa exercer o seu ofício ou profissão, ou se lhe diminua a capacidade de trabalho, a indenização, além das despesas do tratamento e lucros cessantes até ao fim da convalescença, incluirá pensão correspondente à importância do trabalho para que se inabilitou, ou da depreciação que ele sofreu (art. 950, CC), sendo que o prejudicado, se preferir, poderá exigir que a indenização seja arbitrada e paga de uma só vez (par. único).

O disposto nos arts. 946 a 950 são perfeitamente aplicáveis às relações de trabalho, notadamente em relação aos danos patrimoniais decorrentes de acidentes do trabalho.

Nos termos do art. 951, do CC, o disposto nos arts. 948, 949 e 950 aplica-se ainda no caso de indenização devida por aquele que, no exercício de atividade profissional, por negligência, imprudência ou imperícia, causar a morte do paciente, agravar-lhe o mal, causar-lhe lesão, ou inabilitá-lo para o trabalho.

Nas relações de trabalho essa norma deve ser aplicada em conjunto com o art. 21, § 2º, da Lei nº 8.213/1991. Ou seja, como "não é considerada agravação ou complicação de acidente do trabalho a lesão que, resultante de acidente de outra origem, se associe ou se superponha às consequências do anterior", a morte, agravamento do mal, lesão ou inabilitação para o trabalho causada por negligência, imprudência ou imperícia de outrem no exercício de atividade profissional, não compõe o nexo causal originário, sendo independente da do empregador a responsabilidade do terceiro.

Havendo usurpação ou esbulho do alheio, além da restituição da coisa, a indenização consistirá em pagar o valor das suas deteriorações e o devido a título de lucros cessantes; faltando a coisa, dever-se-á reembolsar o seu equivalente ao prejudicado (art. 952, CC).

Assim ocorrerá, por exemplo, na utilização, pelo empregado, sem consentimento, de coisa pertencente ao empregador. E para se restituir o equivalente, quando não exista a própria coisa, estimar-se-á ela pelo seu preço ordinário e pelo de afeição, contanto que este não se avantaje àquele (par. único).

Outro exemplo, responderá o trabalhador que não desocupa o imóvel funcional, mediante indenização consistente em valor correspondente a aluguel de mercado pelo período da ocupação indevida.

A indenização por injúria, difamação ou calúnia consistirá na reparação do dano que delas resulte ao ofendido. Aqui nos limitaremos ao prejuízo material de que trata o par. único. Precisará o empregador ou o empregador, se for o caso, comprovar o prejuízo patrimonial emergente ou cessante, decorrente, como perda de negócio, perda de emprego, diminuição de clientela etc., cabendo arbitramento (art. 953, *caput* e par. único, CC).

A indenização por ofensa à liberdade pessoal consistirá no pagamento das perdas e danos que sobrevierem ao ofendido, e se este não puder provar prejuízo, tem aplicação o disposto no parágrafo único do artigo antecedente.

Consideram-se ofensivos da liberdade pessoal o cárcere privado; a prisão por queixa ou denúncia falsa e de má-fé; a prisão ilegal (art. 954, *caput* e incisos I a III, do CC). Aqui podemos incluir a segregação do trabalhador em razão de trabalho análogo ao de escravo.

A liquidação pode dar-se de forma legal, convencional e judicial, conforme estabelecida pela própria lei os critérios para a apuração do valor da indenização (a exemplo do disposto no art. 954, Cód. Civil), por consenso das partes ou judicialmente, esta apurável por cálculos, arbitramento ou artigos.

Nas obrigações contratuais, a existência de cláusula penal compensatória ou moratória exclui a necessidade de comprovação do dano (art. 927, do Cód. Civil), sendo a primeira uma alternativa em favor do credor (art. 410, CC), conferindo a outra o arbítrio de cobrança juntamente com o valor da obrigação principal (art. 411, CC).

A culpa concorrente contribui para a redução do valor indenizatório (art. 945, CC), enquanto a culpa comum exclui a indenização, via compensação.

Nos casos em que a liquidação consiste no pagamento de prestações periódicas, admite-se a revisão, quando destinada ao restabelecimento do equilíbrio causador de onerosidade excessiva para uma das partes.

São garantias de indenização a hipoteca legal sobre os bens do ofensor e o seguro obrigatório da responsabilidade civil, sendo exemplo o seguro contra acidentes de trabalho (ou de vida e acidentes pessoais).

A reparação do dano patrimonial nas diversas hipóteses decorrentes das relações de trabalho, será estudada no capítulo seguinte.

VII

INDENIZAÇÕES POR DANOS PATRIMONIAIS NAS RELAÇÕES DE TRABALHO

7.1. Indenização por supressão de benefícios em virtude de alteração de norma regulamentar

Regulamento de empresa consiste num conjunto de normas estabelecedoras de condições gerais de trabalho, da disciplina interna da empresa e da organização e distribuição das atividades. Pode ser unilateral, quando originado do empregador, e bilateral, quando resulta de negociação entre empregados e empregador.

Os regulamentos de empresa podem normatizar a obrigatoriedade de utilização de uniformes, condições para utilização da internet e e-mails no horário de trabalho, condições para a incidência indenizações por danos causados culpa do trabalhador, regras de tratamento, regras sobre faltas, atrasos e compensações, condições de aquisição de adicionais por tempo de serviço, prêmios e gratificações, regras sobre punição e despedida do trabalhador, quadro de carreira, com regras sobre promoções, garantias de emprego, complementação de aposentadoria, participação nos lucros e resultados.

As cláusulas pertinentes às condições de trabalho aderem aos contratos e prevalecerão, quando mais benéficas, sobre as normas do contrato, sentença normativa, convenção ou acordo coletivo de trabalho.

Nos termos da Súmula 51, I, do TST, as cláusulas regulamentares, que revoguem ou alterem vantagens deferidas anteriormente, só atingirão os trabalhadores admitidos após a revogação ou alteração do regulamento, razão pela qual os empregados preteridos têm direito à composição do prejuízo patrimonial causado pelo descumprimento da norma vigente à época do regulamento anterior. A norma decorre do disposto no art. 468, da CLT e a eventual adesão pode revelar-se assim de nenhuma eficácia, caso venha a se verificar prejudicial ao trabalhador.

Todavia, coexistindo dois regulamentos de empresa, a opção do empregado por um deles tem efeito jurídico de renúncia às regras do sistema do outro (Súmula nº 51, II, TST).

Nula é a punição de empregado se não precedida de inquérito ou sindicância internos a que se obrigou a empresa por norma regulamentar (Súmula nº 77, TST).

A estabilidade contratual ou a derivada de regulamento de empresa são compatíveis com o regime do FGTS. Diversamente ocorre com a estabilidade legal (decenal, art. 492 da CLT), que é renunciada com a opção pelo FGTS (Súmula nº 98, II, TST).

Fere o princípio da isonomia instituir vantagem mediante acordo coletivo ou norma regulamentar que condiciona a percepção da parcela participação nos lucros e resultados ao fato de estar o contrato de trabalho em vigor na data prevista para a distribuição nos lucros. Assim, inclusive na rescisão contratual antecipada, é devido o pagamento da parcela de forma proporcional aos meses trabalhados, pois o ex-empregado concorreu para os resultados positivos da empresa (Súmula nº 451, TST).

Instituída complementação de aposentadoria por ato da empresa, expressamente dependente de regulamentação, as condições respectivas devem ser observadas como parte integrante da norma (Súmula 97, do TST), igualmente com composição dos prejuízos causados pela inobservância.

Para surtir o efeito previsto no art. 477-B, o plano de desligamento voluntário ou incentivado precisa ter previsão em acordo coletivo ou convenção coletiva de trabalho, *in verbis*:

Art. 477-B. Plano de Demissão Voluntária ou Incentivada, para dispensa individual, plúrima ou coletiva, previsto em convenção coletiva ou acordo coletivo de trabalho, enseja quitação plena e irrevogável dos direitos decorrentes da relação empregatícia, salvo disposição em contrário estipulada entre as partes.

7.2. Indenizações na greve

O direito de greve é assegurado pela Constituição (art. 9º).

Nos termos da Lei º 7.783, de 28 de junho de 1989, que a regulamenta, é a suspensão coletiva, temporária e pacífica, total ou parcial, da prestação pessoal de serviços a empregador (art. 2º).

O exercício legítimo do direito de greve está condicionado à observância dos procedimentos previstas na lei específica, supra referida.

A participação em greve suspende o contrato de trabalho, podendo configurar a hipótese de interrupção quando o empregador pagar, espontaneamente, os salários do período ou assim restar assegurado em norma coletiva.

Responde o empregador por conduta antissindical quando despede o trabalhador que participa de greve ou o impede de dela participar. Pode importar em rescisão indireta do contrato de trabalho, sem prejuízo dos danos extrapatrimoniais que da conduta patronal podem advir.

A advertência, a suspensão disciplinar e a despedida por justa causa podem decorrer do exercício abusivo da greve, como piquetes impeditivos do trabalho, ofensas físicas ou morais e atos de vandalismo, sem prejuízo do ressarcimento dos danos materiais e morais cabíveis. Os dias parados, relacionados à greve abusiva, poderão ser descontados, cabendo ao acordo, convenção, laudo arbitral ou decisão da Justiça do Trabalho a determinação quanto ao período correspondente da greve não abusiva (art. 7º, *caput*, da Lei de Greve).

É obrigação do sindicato manter em atividade equipes de empregados, com o propósito de assegurar os serviços cuja paralisação resulte em prejuízo irreparável, pela deterioração irreversível de bens, máquinas e equipamentos, bem como a manutenção daqueles essenciais à retomada das atividades da empresa quando da cessação do movimento. Isto sem prejuízo, não havendo acordo com a entidade patronal a respeito da questão, da contratação direta, enquanto perdurar a greve, dos serviços necessários (art. 9º, da lei de greve).

Nas atividades essenciais, com possibilidade de lesão do interesse público, o Ministério Público poderá ajuizar dissídio coletivo (art. 114, § 3º, da CRFB). Nos demais casos, a legitimidade será do empregador ou do sindicato da categoria econômica correspondente à atividade.

O sindicato responderá pelas perdas e danos causados pelo exercício abusivo da greve ou por atos de vandalismo. Nos termos do art. 15 da Lei 7783/89, a responsabilidade pelos atos praticados no curso da greve será trabalhista, civil ou penal, conforme o caso.

7.3. Indenização pela exploração econômica da imagem do artista ou desportista. Direito de imagem e direito de arena

O direito à participação na exploração econômica da imagem do artista e do atleta está assegurado no art. 5º, XXVIII, a, da CRFB. Ambos gozam da proteção jurídica contra a exposição de suas imagens como pessoas públicas que são, podendo se insurgir contra a reprodução desautorizada ou contra a comercialização ou associação a alguma propaganda, sem o seu consenso (art. 20, do CC).

Em se tratando de artistas, a disciplina infraconstitucional do direito está prevista na Lei 6.533, de 24 de maio de 1978, arts. 1º e 27 e no tocante aos atletas profissionais de futebol, quanto ao direito de cessão da imagem, na Leis nº. 9.615, de 24 de março de 1998, art. 87-A.

Os atletas profissionais têm ainda direito a 5% (cinco por cento) da receita proveniente da exploração de direitos desportivos audiovisuais, pela participação no espetáculo, como parcela de natureza civil (direito de arena – art. 42, da Lei Pelé), portanto, indenizatória.

O contrato de trabalho do atleta profissional terá prazo determinado e obedecerá a modelo padrão, com vigência nunca inferior a três meses (art. 30) e não poderá ser superior a cinco anos (art. 30, da Lei nº 9.615/98).

Poderá o atleta considerar resolvido o contrato com a entidade de prática desportiva empregadora que estiver com o pagamento de salário ou de contrato de direito de imagem em atraso, no todo ou em parte, por período igual ou superior a três meses, sem prejuízo dos haveres pendentes e a título de indenização, da cláusula compensatória desportiva (art. 31, *caput*), sendo inclusive lícito ao atleta recusar-se a competir por entidade de prática desportiva quando os seus salários, no todo ou em parte, estiverem atrasados em dois ou mais meses (art. 32) e ou transferir-se para qualquer outra entidade de prática desportiva de mesma modalidade, nacional ou internacional (art. 31, *caput*).

Diferente do direito de arena, ligado à exibição da imagem profissional do desportista em eventos desportivos pela agremiação contratante do atleta, com as cores e símbolos da associação desportiva, é o de exploração de sua imagem pessoal para efeito de publicidade, por meio de contrato civil paralelo ao de emprego. O atleta tem o direito de contratar com o empregador ou terceiros o recebimento de parcelas de propaganda (nome ou retrato em bonés, tênis, roupas) ou de uso da imagem (por exemplo, em figurinhas), ou de impedir que ele ocorra.

Logo, podem ser invocadas duas situações distintas:

a) o aproveitamento econômico, pelo próprio empregador, com repasse do valor combinado com o atleta, de publicidade feita com utilização da imagem do empregado;

b) o aproveitamento, unicamente pelo empregado, de contrato feito com terceiros, para a utilização de sua imagem pessoal.

É possível "a contratação da representação pessoal do atleta por seu clube para associá-la, por exemplo, aos produtos e serviços dos patrocinadores deste", mediante contrato de licença de uso de imagem.[1] Mas a exploração pela associação desportiva, sem a aquiescência do atleta, de sua imagem pessoal para fins econômicos, resulta no direito à compensação pelos danos morais e patrimoniais. Os danos morais decorrem da falta de autorização, atentatória da liberdade e independem de distorção ou caráter ofensivo da reprodução da imagem, que somente faria aumentar o tamanho da ofensa e o valor da indenização compensatória.

---

1. SOARES, Jorge Miguel Acosta. *Direito de Imagem e Direito de Arena no Contrato de Trabalho do Atleta Profissional.* São Paulo: LTR, 2008. p. 83.

Quando houver, por parte do atleta, a cessão de direitos ao uso de sua imagem para a entidade de prática desportiva detentora do contrato especial de trabalho desportivo, o valor correspondente ao uso da imagem não poderá ultrapassar 40% (quarenta por cento) da remuneração total paga ao atleta, composta pela soma do salário e dos valores pagos pelo direito ao uso da imagem. Ou seja, presume-se a fraude, que pode ser elidida por comprovação em contrário.

O direito à exploração da imagem pessoal por meio de contratos de cessão feitos diretamente pelo atleta com terceiros não tem natureza remuneratória, assim não se integrando ao salário (art. 84-A).

Nos termos do art. 1º da Lei 6.533, de 24 de maio de 1978, artista é o profissional que cria, interpreta ou executa obra de caráter cultural de qualquer natureza, para efeito de exibição ou divulgação pública, através de meios de comunicação de massa ou em locais onde se realizam espetáculos de diversão pública.

O contrato de trabalho do artista é formal, devendo conter as informações constantes do art. 10 da referida lei, sendo que a cláusula de exclusividade não impedirá o artista de prestar serviços a outro empregador em atividade diversa da ajustada no contrato de trabalho, desde que em outro meio de comunicação e sem que se caracterize prejuízo para o contratante com o qual foi assinada a cláusula de exclusividade (art. 11).

No que concerne ao direito de imagem pessoal, o artista pode contratar com terceiros mesmo para exibição da propaganda em veículo de comunicação concorrente. Pode também contratar com o próprio empregador a representação para a exploração da imagem pessoal.

Pensamos que por analogia ao atleta, essa parcela não integra o salário e nem a remuneração.

7.4. Indenização dos direitos intelectuais

Nos termos do art. 454, da CLT,

> Na vigência do contrato de trabalho, as invenções do empregado, quando decorrentes de sua contribuição pessoal e da instalação ou equipamento fornecidos pelo empregador, serão de propriedade comum, em partes iguais, salvo se o contrato de trabalho tiver por objeto, implícita ou explicitamente, pesquisa científica.

Complementa o dispositivo, no parágrafo único, que "Ao empregador caberá a exploração do invento, ficando obrigado a promovê-la no prazo de um ano da data da concessão da patente, sob pena de reverter em favor do empregado da plena propriedade desse invento".

Daí decorre que se o invento e o modelo de utilidade forem objeto do contrato, como resultado de pesquisa científica, será de propriedade exclusiva do empregador e a retribuição pelo trabalho limitar-se-á ao salário ajustado, cabendo ao empregador, com exclusividade, o direito de exploração (Lei nº 9.279, de 1996, art. 66, *caput* e § 1º c/c art. 454, da CLT).

Poderá o empregador, por meio de participação desvinculada do salário e que tome por base o ganho proporcionado ao empregador sobre o invento, incentivar o empregado à busca de avanços tecnológicos que racionalizem ou aperfeiçoem os métodos de produção (art. 5º, XXIX, 218, § 4º, da CRFB e 89, par. único, da Lei 9279/96); caso contrário, a nada terá o empregado direito, a não ser:

a) quando o empregado chega ao invento sem auxílio do empregador, hipótese em que será o titular e poderá comercializá-lo (art. 90);

b) quando, inexistindo cláusula contratual, o invento resulte da contribuição pessoal do empregado e de recursos, dados, meios, materiais, instalações ou equipamentos do empregador, hipótese em que a propriedade do invento será comum, podendo o empregador explorá-lo, mediante ajuste da participação obreira (art. 91).

O empregado faz jus à reparação do dano patrimonial decorrente da utilização do invento obtido sem auxílio do empregador, ou sem ajuste da participação obreira nos resultados da exploração, quando decorrentes de sua contribuição pessoal e da instalação ou equipamento fornecidos pelo empregador, quando o contrato não tiver por objeto a pesquisa científica.

A criação de obras literárias e científicas e o relacionamento entre empregador e empregado a respeito dos direitos autorais é regulada pela Lei nº 9.610/98. Quanto à criação ou utilização de software, pela Lei nº 9.609/98.

As mesmas diretrizes da Lei nº 9.279, de 96, podem ser invocadas: se a criação é objeto do contrato, o titular da obra ou do software será o empregador e poderá comercializá-la; quando cria a obra ou software sem auxílio do empregador, o titular será o empregado e poderá comercializá-lo; quando resulte da contribuição pessoal do empregado e de recursos, dados, meios, materiais, instalações ou equipamentos do empregador, a propriedade será comum, podendo o empregador explorar a obra ou software, mediante ajuste da participação obreira.

Finalmente, podem as partes ajustar, com desvinculação salarial, direitos autorais além do salário.

A respeito, observa MAURICIO GODINHO DELGADO que:

> [...] as parcelas com natureza de direito intelectual são pagas também diretamente pelo empregador ao obreiro, mas em decorrência de um direito específico adquirido pelo trabalhador ao longo do contrato, com fundamento, estrutura e dinâmica jurídicas próprias. Tal direito não se comunica com o salário obreiro, preservando natureza jurídica própria. Trata-se dos direitos resultantes da propriedade intelectual em sentido amplo, em que se englobam os direitos do autor (art. 5º, incisos XXVII e XXVIII, Carta Constitucional de 1988 e Lei 9.610, de 1988), os direitos de propriedade industrial (art. 5º, XXIX, CF/88 e Lei n. 9.279, de 1996) e ainda os direitos intelectuais relativos à criação de software (dispositivos constitucionais citados e Lei n. 9.609, de 1998).[2]

7.5. Indenização pelo trabalho em dia de descanso

Nos termos do art. 7º, XV, da CF, é direito dos trabalhadores urbanos e rurais repouso semanal remunerado, preferencialmente aos domingos.

Repouso semanal remunerado corresponde ao direito ao descanso semanal e assalariado do trabalhador urbano ou rural. É fixado infraconstitucionalmente em vinte e quatro horas consecutivas, sem prejuízo das onze horas do intervalo entrejornadas (arts. 66 e 67 da CLT c/c art. 1º da Lei nº 605/49).

Conforme estabelecido no art. 67, *caput*, *in fine*, da CLT, só não recairá no dia de domingo, no todo ou em parte, por motivo de conveniência pública ou de necessidade imperiosa do serviço.

2. *Curso de Direito do Trabalho*. 3. ed. São Paulo: LTR. p. 698.

Necessidade imperiosa diz respeito ao funcionamento regular imprescindível e inerente à atividade do empregador em dia de domingo (alto forno e hospitais, por exemplo) ou para atendimento de necessidade eventual, igualmente imprescindível (desabamento de encosta, conclusão de serviço inadiável).

Conveniência pública diz respeito às atividades patronais autorizadas ao regular funcionamento aos domingos, para atendimento da comunidade.

Estabelece o art. 1º da Portaria nº 604 da Secretaria Especial de Previdência e Trabalho do Ministério da Economia, a concessão, em caráter permanente, de autorização para o trabalho aos domingos e feriados nas seguintes atividades:

> I – INDÚSTRIA
>
> 1) Laticínios; excluídos os serviços de escritório.
>
> 2) Frio industrial, fabricação e distribuição de gelo; excluídos os serviços de escritório.
>
> 3) Purificação e distribuição de água (usinas e filtros); excluídos os serviços de escritório.
>
> 4) Produção e distribuição de energia elétrica; excluídos os serviços de escritório.
>
> 5) Produção e distribuição de gás; excluídos os serviços de escritório.
>
> 6) Serviços de esgotos, excluídos os serviços de escritórios.
>
> 7) Confecção de coroas de flores naturais.
>
> 8) Pastelaria, confeitaria e panificação em geral.
>
> 9) Indústria do malte; excluídos os serviços de escritório.
>
> 10) Indústria do cobre eletrolítico, de ferro (metalúrgica) e do vidro; excluídos os serviços de escritório.
>
> 11) Turmas de emergência nas empresas industriais, instaladoras e conservadoras de elevadores e cabos aéreos.
>
> 12) Trabalhos em curtumes; excluídos os serviços de escritório.
>
> 13) Alimentação de animais destinados à realização de pesquisas para preparo de soro e outros produtos farmacêuticos.
>
> 14) Siderurgia, fundição, forjaria, usinagem (fornos acesos permanentemente); excluídos os serviços de escritório.

15) Lubrificação e reparos do aparelhamento industrial (turma de emergência).

16) Indústria moageira; excluídos os serviços escritório.

17) Usinas de açúcar e de álcool; excluídos oficinas e escritório.

18) Indústria do papel de imprensa; excluídos os serviços de escritório.

19) Indústria de vidro; excluídos os serviços de escritório.

20) Indústria de cimento em geral; excluídos os serviços de escritório.

21) Indústria de acumuladores elétricos, porém unicamente nos setores referentes a carga de baterias, moinho e cabine elétrica; excluídos todos os demais serviços.

22) Indústria da cerveja; excluídos os serviços de escritório.

23) Indústria do refino do petróleo.

24) Indústria Petroquímica; excluídos os serviços de escritório.

25) Indústria de extração de óleos vegetais comestíveis; excluídos os serviços de escritório.

26) processamento de hortaliças, legumes e frutas.

27) indústria de extração de óleos vegetais e indústria de biodiesel, excluídos os serviços de escritório.

28) Indústria do Vinho, do Mosto de Uva, dos Vinagres e Bebidas Derivados da Uva e do Vinho, excluídos os serviços de escritório;

29) Indústria aeroespacial.

II – COMÉRCIO

1) Varejistas de peixe.

2) Varejistas de carnes frescas e caça.

3) Venda de pão e biscoitos.

4) Varejistas de frutas e verduras.

5) Varejistas de aves e ovos.

6) Varejistas de produtos farmacêuticos (farmácias, inclusive manipulação de receituário).

7) Flores e coroas.

8) Barbearias, quando funcionando em recinto fechado ou fazendo parte do complexo do estabelecimento ou atividade, mediante acordo expresso com os empregados.

9) Entrepostos de combustíveis, lubrificantes e acessórios para automóveis (postos de gasolina).

10) Locadores de bicicletas e similares.

11) Hotéis e similares (restaurantes, pensões, bares, cafés, confeitarias, leiterias, sorveterias e bombonerias).

12) Hospitais, clínicas, casas de saúde e ambulatórios.

13) Casas de diversões; inclusive estabelecimentos esportivos em que o ingresso seja pago.

14) Limpeza e alimentação de animais em estabelecimentos de avicultura.

15) Feiras-livres e mercados, comércio varejista de supermercados e de hipermercados, cuja atividade preponderante seja a venda de alimentos, inclusive os transportes a eles inerentes.

16) Porteiros e cabineiros de edifícios residenciais.

17) Serviços de propaganda dominical.

18) Comércio de artigos regionais nas estâncias hidrominerais.

19) Comércio em portos, aeroportos, estradas, estações rodoviárias e ferroviárias.

20) Comércio em hotéis.

21) Agências de turismo, locadoras de veículos e embarcações.

22) Comércio em postos de combustíveis.

23) Comércio em feiras e exposições.

24) Comércio em geral.

25) Estabelecimentos destinados ao turismo em geral.

III – TRANSPORTES

1) Serviços portuários.

2) Navegação, inclusive escritório, unicamente para atender a serviço de navios.

3) Trânsito marítimo de passageiros; excluídos os serviços de escritório.

4) Serviço propriamente de transportes; excluídos os transportes de carga urbanos e os escritórios e oficinas, salvo as de emergência.

5) Serviço de transportes aéreos; excluídos os departamentos não ligados diretamente ao tráfego aéreo.

6) Transporte interestadual rodoviário, inclusive limpeza e lubrificação dos veículos.

7) Transporte de passageiros por elevadores e cabos aéreos.

8) Serviços de manutenção aeroespacial.

IV – COMUNICAÇÕES E PUBLICIDADE

1) Empresa de comunicação telegráficas, radiotelegráficas e telefônicas; excluídos os serviços de escritório e oficinas, salvos as de emergência.

2) Empresas de radiodifusão, televisão, de jornais e revistas; excluídos os serviços de escritório.

3) Distribuidores e vendedores de jornais e revistas (bancas e ambulantes).

4) Anúncios em bondes e outros veículos (turma de emergência).

V – EDUCAÇÃO E CULTURA

1) Estabelecimentos de ensino (internatos); excluídos os serviços de escritório e magistério.

2) Empresas teatrais; excluídos os serviços de escritório.

3) Biblioteca; excluídos os serviços de escritório.

4) Museu; excluídos de serviços de escritório.

5) Empresas exibidoras cinematográficas; excluídos de serviços de escritório.

6) Empresa de orquestras.

7) Cultura física; excluídos de serviços de escritório.

8) Instituições de culto religioso.

VI – SERVIÇOS FUNERÁRIOS

1) Estabelecimentos e entidades que executem serviços funerários.

VII – AGRICULTURA E PECUÁRIA

1) Limpeza e alimentação de animais em propriedades agropecuárias.

2) Execução de serviços especificados nos itens anteriores desta relação.

3) Colheita, beneficiamento, lavagem e transporte de hortaliças, legumes e frutas.

Caso ocorra trabalho em dia de domingo por necessidade imperiosa ou por conveniência para a comunidade, o repouso remunerado deverá, conforme escala, coincidir com o domingo pelo menos uma vez a cada sete semanas (Portaria nº 417/1966, art. 2º, b).

Contudo, essa escala não se aplica, por óbvio, aos elencos teatrais, porque normalmente se apresentam exatamente nos fins de semana (par. único do art. 67, CLT).

Esclarece a Súmula nº 146, do TST, que o trabalho prestado em domingos, caso não compensado, deve ser pago em dobro, sem prejuízo da remuneração relativa ao repouso semanal.

Note-se, todavia, que o pagamento em dobro é uma reparação indenizatória, que não dispensa o cumprimento da lei ou a aplicação de multa por irregularidades no seu cumprimento.

Outrossim, esclarece a OJ nº 410, da SBDI-1, do TST, que a concessão do repouso semanal remunerado não pode ultrapassar o sétimo dia consecutivo de trabalho, importando no seu pagamento em dobro, independentemente da concessão de folga compensatória.

Não será devida a remuneração quando, sem motivo justificado, o empregado não tiver trabalhado durante toda a semana anterior, cumprindo integralmente o seu horário de trabalho (art. 6º, *caput*, da Lei nº 605/1949).

Portanto, a aquisição do repouso depende de cumprimento integral do horário de trabalho da semana, pelo que faltas injustificadas e atrasos ou saídas antecipadas poderão levar à respectiva perda, não importando a forma de pagamento, semanal ou mensal.

Nos limites das exigências técnicas das empresas, os trabalhadores também fazem jus ao descanso nos feriados civis e religiosos, de acordo com a tradição local (art. 1º, 2ª parte, da Lei nº 605/1949).

São exigências técnicas as que, pelas condições peculiares às atividades da empresa, ou em razão do interesse público, tornem indispensável a continuidade do serviço (parágrafo único do art. 5º, da Lei nº 605/1949).

Na verificação das exigências técnicas, ter-se-ão em vista as de ordem econômica, permanentes ou ocasionais, bem como as peculiaridades locais (art. 10).

Nas atividades em que não for possível, em virtude das exigências técnicas das empresas, a suspensão do trabalho, nos dias feriados civis e religiosos, a remuneração será paga em dobro, salvo se o empregador determinar outro dia de folga (art. 9º).

A diferença de tratamento é justificada pelos motivos que levam ao descanso semanal e ao descanso em dias feriados, que são distintos são distintos. O descanso semanal é de natureza biológica, para reposição de energias, lazer e interação familiar e social. Já o dia feriado corresponde a dia comemorativo, de natureza histórica ou religiosa.

Em exceção ao disposto no art. 59 da CLT, é facultado às partes, mediante acordo individual escrito, convenção coletiva ou acordo coletivo de trabalho, estabelecer horário de trabalho de doze horas seguidas por trinta e seis horas ininterruptas de descanso, observados ou indenizados os intervalos para repouso e alimentação (art. 59-A, da CLT).

A remuneração mensal pactuada pelo horário supra, abrange os pagamentos devidos pelo descanso semanal remunerado e pelo descanso em feriados, e serão considerados compensados os feriados e as prorrogações de trabalho noturno, quando houver, de que tratam o art. 70 e o § 5º do art. 73 desta Consolidação (parágrafo único do art. 59-A).

Enfim, a reparação patrimonial pelo dano causado pela não concessão do descanso aos domingos e feriados é o pagamento em dobro das horas trabalhadas, *ex vi* da Súmula nº 146, do TST.

Essa reparação não ilide eventual dano moral ou existencial pela supressão contínua, reiterada e injustificada dos referidos descansos, mormente sem compensação.

7.6. Indenização de licença-maternidade não concedida

A gestante é detentora de garantia de emprego desde a confirmação da gravidez até cinco meses após o parto, bastando assim para a caracterização do direito a comprovação da gravidez.

A empregada gestante tem direito a licença-maternidade de cento e vinte dias, sem prejuízo do emprego e do salário, devendo notificar o empregador da data do início do afastamento do emprego, que poderá ocorrer entre o 28º dia antes do parto e a ocorrência desde (art. 392, *caput* e § 1º, da CLT).

Nos termos da Lei nº 11.770, de 9 de setembro de 2008, foi instituído o Programa Empresa Cidadã, destinado a prorrogar por sessenta dias a duração da licença-maternidade. Essa prorrogação é garantida à empregada da pessoa jurídica ou da administração pública direta, indireta ou fundacional que aderir ao Programa, desde que a empregada gestante, adotante ou detentora de guarda judicial a requeira até o final do primeiro mês após o parto, para concessão imediatamente após a fruição da licença-maternidade constitucionalmente prevista.

Durante o período de prorrogação da licença-maternidade, a empregada terá direito à remuneração integral, que poderá ser integralmente deduzida do imposto de renda.

Para ter direito à referida prorrogação, a empregada não poderá exercer qualquer atividade remunerada e a criança não poderá ser mantida em creche ou organização similar.

Em caso de parto antecipado, a mulher terá direito aos 120 dias de licença-maternidade (§ 3º do art. 392, da CLT).

Durante a gravidez, a gestante tem direito à transferência de função, quando as condições de saúde o exigirem (art. 392, I) e até mesmo ao rompimento do contrato, se prejudicial à gestação (art. 394).

Nos termos do art. 25 da Lei Complementar nº 150/2015, a empregada doméstica gestante tem direito a licença-maternidade de 120 (cento e vinte) dias, sem prejuízo do emprego e do salário.

A confirmação do estado de gravidez durante o curso do contrato de trabalho, ainda que durante o prazo do aviso prévio trabalhado ou indenizado, garante à empregada gestante a estabilidade provisória prevista na alínea "b" do inciso II do art. 10 do Ato das Disposições Constitucionais Transitórias (par. único do art. 25, da LC nº 150/2015).

No caso da doméstica, a licença estará situada entre o 28º dia anterior e o 92º dia posterior ao parto, sendo que o pagamento correspondente à licença será feito, diretamente, pelo órgão previdenciário oficial (art. 73, Lei nº 8.213, de 24 de julho de 1991).

Quando a gestante apresenta a documentação necessária à obtenção da licença-maternidade e a empresa obsta o gozo do benefício, fazendo-a trabalhar, total ou parcialmente, nos períodos em que deveria repousar, "terá direito ao salário a que fez jus e mais a uma indenização correspondente ao período em que trabalhou e que estava compreendido no de repouso".[3]

7.7. Indenização por horas extras impagas e intervalos suprimidos

Para evitar fadiga, a lei estabelece uma limitação para a prestação diária do trabalho. Normalmente, é de oito horas diárias, com limitação

3. SAAD, Eduardo Gabriel. *Consolidação das Leis do Trabalho comentada*. 37. ed. São Paulo: Ltr, 2004. p. 271. nota 3.

a quarenta e quatro semanais, existindo categorias, como a dos bancários (seis horas diárias), que estão sujeitas a outros limites.

Permite a lei que por acordo ou por necessidade imperiosa a jornada possa sofrer prorrogação. Nos termos da Lei, art. 61, *caput* e §§, da CLT, por necessidade imperiosa, pode ocorrer nas hipóteses de força maior (6 horas), recuperação do tempo perdido com paralisação (2 horas e por período não superior a 45 dias) ou para a conclusão de serviços inadiáveis (4 horas). Por acordo escrito entre empregado e empregador, ou mediante acordo ou convenção coletiva de trabalho, não podem superar o limite de duas horas diárias, admitida, por acordo ou convenção coletiva, a compensação, de maneira que não excedam, no período máximo de um ano, à soma das jornadas semanais de trabalho previstas (art. 59, *caput* e § 2º, da CLT).

O banco de horas poderá ser pactuado por acordo individual escrito, desde que a compensação ocorra no período máximo de seis meses (§ 5º).

É lícito o regime de compensação de jornada estabelecido por acordo individual, tácito ou escrito, para a compensação no mesmo mês (§ 6º).

O não atendimento das exigências legais para compensação de jornada, inclusive quando estabelecida mediante acordo tácito, não implica a repetição do pagamento das horas excedentes à jornada normal diária, se não ultrapassada a duração máxima semanal, sendo devido apenas o respectivo adicional (art. 59-B).

A prestação de horas extras habituais não descaracteriza o acordo de compensação de jornada e o banco de horas (par. único do art. 59-B).

Adicional de horas extras é a parcela destinada a retribuir o trabalho extraordinário.

Quando contratadas, as horas extras têm natureza salarial, mas quando são unilateralmente exigidas, têm caráter indenizatório, ainda que venha a ocorrer a integração da parcela na remuneração ou no salário, por força do princípio da integralidade da indenização, contido no art. 944, *caput*, do Código Civil.

Responde o empregador, patrimonial e administrativamente, pelo dano causado ao empregado, quando suprime o intervalo intrajornada. Sem prejuízo das sanções administrativas aplicáveis, a não concessão ou a concessão parcial do intervalo intrajornada mínimo, para repouso e alimentação, a empregados urbanos e rurais, implica o pagamento, de natureza indenizatória, apenas do período suprimido, com acréscimo de 50% (cinquenta por cento) sobre o valor da remuneração da hora normal de trabalho (art. 71, § 4º, da CLT).

Em se tratando de serviço que exija movimentos repetitivos, o valor precisará ser pago em dobro, por se cuidar de inobservância de intervalo definido por lei como remunerado (art. 72, CLT). Aplica-se aqui o mesmo tratamento dispensado ao trabalho em domingos e feriados não compensados, que são descansos remunerados.

Os empregados que exercem atividade externa incompatível com a fixação de horário de trabalho e os gerentes e demais exercentes de cargos de gestão que percebam salário em patamar 40% superior ao do cargo efetivo não fazem jus à percepção de horas extras (art. 62, I e II, da CLT).

A Súmula nº 291, TST, interpreta que a supressão de horas extras de empregado que as tenha prestado por longo tempo enseja o pagamento de indenização correspondente a 1 (hum) mês por cada ano ou fração superior a 6 meses, observando-se a média numérica dos últimos 12 meses multiplicada pelo valor da hora extra do dia da supressão.

Entendemos que nada justifica essa indenização. Suprimidas as horas extras, o trabalhador faz jus apenas à integração dos valores recebidos nas parcelas do período até a supressão.

7.8. Indenização patrimonial nos acidentes do trabalho

Nos acidentes do trabalho, o dano patrimonial pode resultar da morte, perda ou redução da capacidade laborativa, com efeitos distintos.

Quanto ao dano patrimonial sem morte, cabe ao ofensor indenizar as despesas do tratamento e dos lucros cessantes até a convalescença, além de algum outro prejuízo que o ofendido prove ter sofrido (art. 949, CC).

Se da ofensa resultar defeito inabilitador do exercício do ofício ou profissão, ou diminuição da capacidade de trabalho, também fará jus a pensão correspondente à importância do trabalho que não poderá mais efetuar, ou da depreciação sofrida (art. 950, CC), calculada pelo tempo estimado de sobrevida.

O prejudicado pode preferir o arbitramento e pagamento da indenização de uma só vez (parágrafo único).

No caso de morte do trabalhador, a indenização incluirá o pagamento das despesas com o tratamento da vítima, seu funeral e o luto da família, bem como na prestação de alimentos às pessoas a quem o morto os devia, levando-se em conta a duração provável da vida da vítima (art. 948).

A competência para a fixação da indenização é da Justiça do Trabalho, tendo as pessoas que dependiam do trabalho do falecido ação própria para a postulação, em ricochete.

No caso de pagamento de pensão de uma só vez (parágrafo único do art. 950), incidirá redutor, que a jurisprudência tem fixado em até 30%.

No caso de culpa concorrente do trabalhador e do empregador, a indenização será fixada levando-se em conta a proporcionalidade de sua culpa em confronto com a do ofensor, para efeito de redução da indenização (art. 945, CC).

Ocorrendo concausa por fatores externos, com dano autônomo em relação ao fato gerador originário do acidente, a responsabilidade do empregador fica limitada aos efeitos decorrentes do fato originário, cabendo ao ofensor superveniente a responsabilidade pelos danos acrescidos (art. 21, § 2º da Lei nº 8.213/1991.

7.9. Indenização por mora salarial

Salário é o complexo de parcelas devidas e pagas diretamente pelo empregador, em retribuição aos vários aspectos do trabalho.

Assim, além do salário básico, abrangem o complexo salarial adicionais destinados a retribuir certas condições de prestação do trabalho: em razão de transferência provisória; em virtude de prestação de horas extras; em decorrência da prestação noturna do trabalho; em virtude do tempo de serviço, se assim ajustado etc. Esses adicionais, conforme o caso, legais ou convencionais, pela natureza retributiva do trabalho prestado ao empregador, têm caráter salarial.

Alguns empregados, pela natureza do trabalho, caso dos vendedores, podem receber exclusivamente ou além do salário básico, comissões ou percentagens, que nessas condições constituem modalidade de salário.

Há quem conceitue remuneração como sinônimo de salário; quem a entenda como retribuição de terceiros, decorrente do contrato de trabalho e quem a considere como o complexo das parcelas recebidas em virtude do contrato, advindas do empregador ou de terceiros, ou seja, gênero, do qual o salário seria espécie.

Como há parcelas que são calculadas apenas sobre o salário base acrescido de adicionais de caráter salarial e não sobre a remuneração, caso do aviso prévio, das horas extras, do adicional noturno e do repouso remunerado (vide Súmula nº 354, do TST), a conceituação globalizante de remuneração como total de ganhos não se justifica.

À luz do disposto no art. 457, *caput* e § 1º, da CLT, remuneração corresponde à soma dos salários recebidos diretamente do empregador a título de retribuição pelo trabalho com os valores recebidos de terceiros, sem natureza civil ou indenizatória, proporcionados pelo contrato de trabalho, limitados às gorjetas e gueltas.[4]A gratificação natalina e os depósitos do FGTS são calculados com base na remuneração do trabalhador, ou seja, com integração das parcelas de natureza salarial e das gorjetas e gueltas.

Há utilidades que são ajustadas entre as partes com natureza contraprestacional do trabalho, como moradia, alimentação e outras parcelas concedidas *in natura*, que têm natureza salarial. Ou seja, são devidas pelo trabalho.

Há outras, no entanto, como educação, transporte, assistência médica, hospitalar e odontológica, seguros de vida e de acidentes pessoais, previdência privada (art. 458, § 2º, I a VIII, da CLT), premiações (art. 457, §§ 2º e 4º, da CLT), participação vinculada aos lucros ou resultados (art. 7º, XI, CRFB, regulamentado pela Lei 10.101, de 2000), uniformes, equipamentos, automóveis e outros acessórios que são concedidas como

4. As gueltas, pagas com habitualidade a título de incentivo, mesmo que sejam pagas por terceiros, por meio do empregador, integram a remuneração pela oportunidade proporcionada pelo empregador para que sejam auferidas.

instrumentos ou como incentivos sociais de viabilização do trabalho. Não têm caráter salarial e nem remuneratório. A natureza dessas parcelas é indenizatória.

Também têm natureza indenizatória as ajudas de custo e diárias para viagens. São igualmente instrumentos de trabalho. São despesas devidas pelo empregador em prol do serviço, realizadas diretamente ou pelo trabalhador no interesse do serviço, nesta hipótese sujeitas a prestação de contas (art. 457, § 2º, CLT).

Finalmente, há parcelas que não têm natureza trabalhista. São parcelas de natureza civil, embora proporcionadas pelo contrato de trabalho, mas que com ele não têm vinculação, a exemplo da cessão de imagem e do direito de arena (arts. 42 e 87-A, da Lei nº 9.615/1998). Por essa razão não integram o salário e nem a remuneração do trabalhador.

O pagamento dos salários deverá ser feito em dia útil e dentro do expediente normal de serviço ou mediante depósito bancário (art. 465, CLT).

Somente os descontos legais e os convencionados, decorrentes do contrato, podem ser efetuados (art. 462, CLT).

O salário mensal deverá ser pago até o 5º dia útil do mês subsequente ao vencido (art. 459, § 1º, CLT), mas para o pagamento estipulado por semana ou por quinzena, será observado o limite do 5º dia seguinte ao vencimento e não o 5º dia útil.

Qualquer que seja a modalidade de trabalho, não poderá o salário ser pago com periodicidade superior a um mês, salvo quanto a comissões, percentagens e gratificações (art. 459, *caput*).

Quanto ao pagamento por comissões deverá ser feito mensalmente com expedição de conta com cópias ou relatório das faturas correspondentes aos negócios concluídos. É facultado o estabelecimento de prazo superior, não excedente de três meses contado da aceitação do negócio (artigo 4º, da Lei 3.207/57).

No concernente ao lugar do pagamento, deverá ser efetuado no local de trabalho ou em agência bancária próxima, em dia útil e durante o horário de trabalho ou imediatamente após o encerramento (art. 465, da CLT).

A mora eventual não enseja a resolução do contrato e sim a mora contumaz. O empregador responderá pela mora contumaz, inclusive com decretação de "rescisão indireta" (resolução culposa).

Nos termos do Dec.-lei nº 368, de 19 de dezembro de 1968, art. 2º, § 1º, a mora contumaz se configura quando o atraso no pagamento for igual ou superior a 3 meses.

Assim também estabelece a Lei nº 9.615/1998, art. 31: "A entidade de prática desportiva empregadora que estiver com pagamento de salário ou de contrato de direito de imagem de atleta profissional em atraso, no todo ou em parte, por período igual ou superior a três meses, terá o contrato especial de trabalho desportivo daquele atleta rescindido, ficando o atleta livre para transferir-se para qualquer outra entidade de prática desportiva de mesma modalidade, nacional ou internacional, e exigir a cláusula compensatória desportiva e os haveres devidos".

O atraso culposo no pagamento do salário caracteriza a mora do empregador, assim também o pagamento efetuado por meio ilícito, podendo o credor optar pela cobrança judicial do salário devido ou, em caso de reiteração ou conforme as circunstâncias, postular a decretação da resolução culposa do contrato, sem prejuízo da cobrança dos salários em atraso.

Assim o é, porque, nos termos do art. 483, da CLT, "O empregado poderá considerar rescindido o contrato e pleitear a devida indenização quando: d) não cumprir o empregador as obrigações do contrato", acrescentando o § 3º que dispõe: "Nas hipóteses das letras 'd' e 'g', poderá o empregado pleitear a rescisão de seu contrato de trabalho e o pagamento das respectivas indenizações, permanecendo ou não no serviço até final decisão do processo".

Conforme art. 467, da CLT, "Em caso de rescisão de contrato de trabalho, havendo controvérsia sobre o montante das verbas rescisórias, o empregador é obrigado a pagar ao trabalhador, à data do comparecimento à Justiça do Trabalho, a parte incontroversa dessas verbas, sob pena de pagá-las acrescidas de cinquenta por cento". Essa indenização é devida, se o empregador não purgar a mora na data limite estabelecida pelo legislador.

O pagamento dos salários atrasados em audiência não elide a mora capaz de decretar a resolução contratual, evitando apenas a incidência da dobra.

Nos casos de recusa obreira quanto ao recebimento do salário, caberá ao empregador promover a consignação do pagamento, para evitar a mora *debitoris*.

7.10. Indenização pelo inadimplemento de adicional de transferência

Adicional de transferência é a parcela salarial destinada a retribuir o trabalho prestado pelo empregado provisoriamente transferido, sendo devido à razão de 25% do salário enquanto durar a transferência (art. 469, CLT). A sucessão de transferências não propicia a cumulação de adicionais.

O adicional não é devido:

a) aos empregados cujos contratos contenham cláusula implícita da transferibilidade (art. 469, § 1º, CLT);

b) quando houver extinção do estabelecimento (art. 469, § 2º);

c) quando a transferência for definitiva (art. 469, § 3º, *in fine*, CLT).

Nos termos da lei, é devido o adicional enquanto durar a transferência, daí entendendo-se ser devido, salvo ajuste tácito ou expresso em contrário, apenas quando é provisória ou temporária (art. 469, § 3º, *in fine*).

No exercício do *jus variandi* o empregador poderá transferir o empregado de confiança e o empregado cujo contrato implícita ou explicitamente autorize a transferência, mediante o pagamento do adicional, desde que por real necessidade do serviço (art. 469, §§1º e 3º, da CLT).

Assim, tanto os diretores ou gerentes poderão ser transferidos em virtude de necessidade do serviço, como o encarregado de reformas nas unidades estaduais de uma empresa, ou o piloto de aeronaves admitido com a cláusula de transferência para Los Angeles, quando em cumprimento da rota Los Angeles-Tóquio. Trata-se de condição inerente à natureza da função, que exige ou pode exigir transferências, pelo que a admissão com cláusula explícita permitirá a transferência.

Fora desses casos, somente com a anuência do empregado poderá ocorrer a transferência.

Nos termos da Súmula 43, do TST, presume-se abusiva a transferência que não decorra de real necessidade do serviço mesmo em relação ao empregado de confiança e ao empregado cujo contrato explicitamente autorize a transferência.

O empregador não pode transferir de forma definitiva o empregado, sem o respectivo consentimento, salvo em caso de extinção do estabelecimento (artigo 469, § 3º, CLT), mas se for detentor de estabilidade, poderá o trabalhador considerar rescindido o contrato com a indenização cabível (art. 498, da CLT).

Transferência é o deslocamento do empregado de uma para outra localidade, desde que tal importe em mudança do domicílio obreiro (ainda que provisória), quando, por exemplo, o empregado é removido da filial do Rio de Janeiro para a filial de São Paulo, não ocorrendo quando o obreiro for removido da filial do centro da cidade do Rio de Janeiro para a filial de Jacarepaguá, embora faça jus às despesas acrescidas de transporte.

A mera remoção para lugar mais distante da residência do empregado importará apenas em concessão de acréscimo destinado a cobrir despesas maiores de transporte (Súmula nº 29 do TST).

A transferência é a remoção com um *plus*, a mudança de domicílio do empregado (e não do local de trabalho). Não deve ser confundida com as viagens do vendedor, do plataformista, do motorista de ônibus interestadual ou do instalador regional. Estão compreendidas no *jus variandi* e podem ocorrer independentemente de consentimento, desde que por necessidade do serviço, devendo o empregador custear as despesas correspondentes.

A transferência é caracterizada como provisória ou temporária quando importe em mudança de domicílio e não exceda o prazo de três anos, presumindo-se a provisoriedade em relação aos cargos de confiança em que ela faz parte dos requisitos de progressão funcional do trabalhador na empresa. Esse prazo de três anos é aplicado por analogia (art. 8º, *caput*,

CLT) às transferências internacionais previstas na Lei nº 7.064/1982 (art. 7º, parágrafo único, alínea "a").

Evidentemente, a presunção da caracterização da transferência como provisória admite prova em contrário, como ocorre nas transferências a pedido do trabalhador ou quando ele, transferido, vende o imóvel que detinha no lugar de origem.

Enfim, em caso de real necessidade do serviço, pode ocorrer a transferência, ficando o empregador, enquanto ela durar (portanto, provisória), obrigado a pagar ao empregado adicional de 25% do seu salário. Esse adicional, pela natureza salarial, compõe o salário para efeito de projeção no FGTS, gratificação natalina, horas extras e demais parcelas. Cessada a transferência, cessa a obrigação de pagar o adicional.

Se o empregado for despedido quando da percepção do adicional, as parcelas decorrentes da terminação do contrato e as indenizatórias serão pagas com consideração desse adicional.

Além do adicional de transferência, aplicável somente às transferências provisórias (posto que as definitivas não dão direito ao referido adicional), o empregador é obrigado a custear as despesas de remoção, inclusive mudança, se for o caso ou de hotel ou equivalente, se for a hipótese.

7.11. Indenização compensatória de alterações na zona de trabalho do vendedor comissionista ou alterações na carteira de clientes de outros intermediários

O trabalho de intermediação do trabalhador pode revelar-se de várias formas: agência e distribuição, representação comercial autônoma, corretagem, mandato. Quando o trabalhador o faz de forma subordinada, é empregado, como ocorre com o promotor de vendas e o vendedor empregado.

O trabalho do vendedor está disciplinado na Lei nº 3.205/57, contendo a CLT algumas normas de caráter geral a respeito da incidência de comissões e percentagens, como as contidas no art. 459 e 466, aplicáveis a quaisquer trabalhadores que recebam do empregador essas parcelas.

O empregador pode ampliar a zona de trabalho do vendedor, reduzi-la ou substituí-la, mas deverá compensar o prejuízo patrimonial decorrente, garantindo ao obreiro a média de comissões dos 12 (doze) últimos meses (art. 2°, § 2º da 3.207/57).

Assim, se o empregador, no exercício do *jus variandi*, remover o vendedor de produtos químicos ou o agente funerário de uma zona de trabalho para outra, deverá garantir-lhe a média de comissões dos 12 (doze) últimos meses. Caso assim não proceda, deverá indenizar o trabalhador pelos prejuízos causados, por meio da recomposição da remuneração, conforme a média acima referida, com os reflexos pertinentes.

A mesma solução deve ser dada à hipótese de redução ou mudança de carteira de clientes de empregado que não seja vendedor típico, mas receba comissões pela intermediação de venda de produtos, como certos bancários.

Comissão é modalidade de salário por produção, correspondendo ao salário variável devido em percentagem ou valor e, em se tratando de vendedor, incide sobre o *quantum* da venda onde o negócio for concluído por intermédio do trabalhador (Lei 3.207/57 e artigo 466, CLT).

São devidos os repousos semanais remunerados sobre as comissões auferidas (Súmula 27, TST).

O comissionista pode estar ou não vinculado a horário de trabalho e ser ou não comissionista puro. De qualquer sorte, tem o comissionista puro direito ao salário garantido correspondente ao mínimo ou piso profissional caso o volume de vendas não atinja tais valores.

Caso o comissionista esteja vinculado a horário, são devidas as horas extras correspondentes às comissões auferidas no horário suplementar (Súmula 340, TST).

O pagamento das comissões somente é exigível depois de ultimada a transação a que se refere.

Entende-se por transação ultimada a aceitação do negócio pelo comprador, nas bases propostas e desde que a proposta não seja recusada pela empresa, por escrito, em 10 (dez) dias ou em 90 (noventa) dias em se tratando de empresa estabelecida fora do Estado-Membro ou no exterior.

A quitação da comissão deve ser efetuada mensalmente ou, mediante prévio ajuste, em até três meses da aceitação do negócio (arts. 3º e 4º da Lei 3.207/57).

Nas vendas a prazo, o pagamento será efetuado na medida em que ocorrerem os recebimentos (art. 5º), pelo que o inadimplemento afasta o direito à percepção das comissões, regra coerente com o estorno das comissões pagas nas vendas realizadas para pagamento à vista.

A cessação do contrato não interrompe o direito às comissões já obtidas.

Não se confunde insolvência com inadimplemento, pelo que só a constatação judicial da impossibilidade de pagamento poderá gerar o estorno (art. 7º). Trata-se de hipótese em que, excepcionalmente, o risco da atividade repercute na paga obreira.

Questão discutível é se a desistência do consumidor, no prazo legal, dá direito ao estorno, eis que a lei fala em insolvência e não em desistência, fato novo, gerado pela Lei do Consumidor.

O vendedor que inspeciona ou fiscaliza o serviço tem direito a adicional de 1/10 da remuneração a ele atribuída.

Se ajustada for a exclusividade de zona de trabalho, todas as comissões incidentes pelas vendas nela ocorridas – ultimadas por ele, pela empresa ou por outro vendedor – serão devidas ao vendedor beneficiado pela exclusividade (art. 2º).

7.11.1. Indenização baseada na cláusula star del credere

A cláusula *star del credere,* utilizada em contratos de comissão mercantil e que torna o comissário solidariamente responsável junto ao comitente pelo inadimplemento da obrigação pelo cliente, é incompatível com o disposto no art. 2º, *caput,* da CLT, que atribui ao empregador a responsabilidade pelo risco do negócio.

Note-se que essa cláusula é nula, por força de lei, até mesmo na representação comercial autônoma.

Assim, se o empregador vier a realizar descontos com base na referida cláusula, deverá indenizar o empregado no valor correspondente, excetuadas apenas as hipóteses previstas no art. 7º da Lei 3.207/57, acima referida e os danos causados por dolo, a que se refere o art. 462, da CLT. Nesta última hipótese, é cabível o empregador cobrar do empregado o prejuízo pelos danos causados.

7.12. Indenização compensatória da diminuição da carga horária de professor e da dispensa ao término do ano letivo ou no curso das férias escolares

O trabalho do professor está disciplinado nos artigos 317 a 323, da CLT.

Nos termos da lei, o professor não poderá, num mesmo estabelecimento de ensino, dar, por dia, mais do que quatro aulas consecutivas e nem mais de seis intercaladas, sendo-lhe vedado, aos domingos, a regência de aulas e o trabalho em exames.

A remuneração dos professores será fixada pelo número de aulas semanais, na conformidade dos horários.

O pagamento far-se-á mensalmente, considerando-se para este efeito cada mês constituído de quatro semanas e meia.

O professor deverá ser remunerado pelas aulas excedentes, sendo-lhe assegurado, no período de exames e no de férias escolares o pagamento, na mesma periodicidade contratual, da remuneração por ele percebida, na conformidade dos horários correspondentes ao período de aulas.

A dispensa sem justa causa, ao término do ano letivo ou no curso das férias escolares assegurará ao professor, a título de indenização tarifada em lei pelos danos causados, o pagamento da remuneração por ele percebida no período de aulas (Súmula 10, do TST).

Na hipótese de diminuição de carga horária de professor por culpa da instituição de ensino, deve ser o prejuízo patrimonial composto através da diferença entre a média de ganhos anterior e a prejudicial, com os reflexos pertinentes, independentemente do restabelecimento da carga horária.

A diminuição da entrada de alunos e do número de turmas justifica a redução da carga horária, devendo, contudo, ser comprovada (OJ SDI1 nº 244).

7.13. Indenização compensatória da supressão de gratificações e prêmios. *Stock options*, "bicho", gueltas e luvas

Gratificações são retribuições pagas pelo empregador ao empregado, geralmente em virtude de determinado fato, considerado relevante pela lei ou pelo empregador (festas de fim de ano, lucro excepcional). Portanto, têm natureza salarial.

A gratificação, legal ou convencional, decorre de fato que independe da conduta do empregado, enquanto prêmio é liberalidade destinada a recompensar a conduta do empregado ou incentivá-lo à produção (assiduidade, desempenho, zelo). Quando essas parcelas passam a ser pagas periodicamente e de maneira uniforme, ficam incorporadas ao contrato, subentendendo-se o ajuste tácito.

A percepção da gratificação pode ser voluntária (gratificação espontânea, por exemplo, pela passagem dos 20 anos de existência da empresa) e obrigatória (gratificação natalina). Pode ser convencional (ajustada tácita ou expressamente) e legal. Pode ser autônoma (fixada por vontade das partes, nos planos individual e coletivo) e heterônoma (fixada por lei). Pode ser fixa e variável. Pode estar condicionada a determinado fato (exercício de cargo de confiança), época (gratificação legal natalina) ou a determinado tempo (liberalidade de duração limitada).

Cuidando-se de parcela condicional ou concedida a termo, somente será devida se implementada a condição prevista ou até o advento do termo final.

A todo empregado é devida uma gratificação salarial, independentemente da remuneração a que fizer jus, correspondente a 1/12 avos da remuneração devida em dezembro, por mês de serviço, em duas parcelas, a primeira, adiantada entre os meses de fevereiro e novembro e a segunda, até o dia 20 de dezembro do ano correspondente.

A fração igual ou superior a 15 (quinze) dias de trabalho será havida como mês integral.

Ocorrendo a extinção do contrato de trabalho antes do pagamento total que seria devido em dezembro total, o empregador poderá compensar o adiantamento mencionado e, se não bastar, com outro crédito de natureza trabalhista que possua o respectivo empregado.

Consideram-se prêmios as liberalidades concedidas pelo empregador em forma de bens, serviços ou valor em dinheiro a empregado ou a grupo de empregados, em razão de desempenho superior ao ordinariamente esperado no exercício de suas atividades (art. 457, § 4º, CLT).

Os prêmios não integram a remuneração do empregado, não se incorporam ao contrato de trabalho e não constituem base de incidência de qualquer encargo trabalhista e previdenciário (art. 457, § 2º, CLT).

O "bicho", aplicável no futebol profissional, tem a natureza de prêmio, destinado a compensar e estimular a atuação da equipe. Sua natureza é, portanto, de liberalidade indenizatória.

As "luvas" pagas ao atleta pela assinatura ou renovação do contrato, integram a remuneração, incidindo apenas sobre o FGTS, dada a sua natureza de parcela de trato não sucessivo (art. 31, § 1º, da Lei 9615, de 98).[5]

As *stock options* se caracterizam pela opção dada ao empregado, de aquisição de ações da empresa, por preço previamente ajustado.

Essa opção é dada em relação a sociedade anônima, de capital aberto, para a qual trabalham os empregados ou grupo econômico a que a referida sociedade integra.

Embora tenham por fim estimular o empregado, em razão da possibilidade de obtenção de lucro quando o valor da ação ultrapassa o preço de compra, esse eventual ganho não tem caráter de premiação e assim não constituem salário e sim investimento, com caráter oneroso e, inclusive, com possibilidade de perda, pelo adquirente.

Guelta é corruptela da palavra "Geld". Em alemão, precedida do prenome "Wechsel", significa troco ("Wechselgeld").

A origem da guelta remonta ao mercado farmacêutico da década de 1960, em que a título de bonificação os balconistas recebiam uma comissão do laboratório farmacêutico por quantidade de remédio vendido em substituição a outro, cujo nome constasse da receita.

Atualmente, a prática de incentivar a venda de certos produtos pelos vendedores é usual nos vários ramos de comércio: frentistas de

5. BARROS, Alice Monteiro de. *Curso de Direito do Trabalho*. São Paulo: LTR. pp. 762-3.

postos de gasolina sem bandeira fixa, que recomendam o uso de aditivos e lubrificantes de certa marca, a recebem; fabricantes que concedem prêmios aos vendedores de lojas de eletrodomésticos que induzem o cliente à compra de determinada marca de televisor, em detrimento ao do concorrente, também exposto na mesma loja; gerentes de bancos que indicam ao correntista uma bandeira de cartão de crédito em vez de outra; empregados de hotéis que a recebem de restaurantes e lojas, pela indicação ao turista.

Essas parcelas, pagas por terceiros em meio ao desenvolvimento da relação de emprego são exatamente as "gueltas", que assim podem ser definidas como valores variáveis, pagos por terceiros ao empregado, a título de incentivo pela venda de produtos e serviços.

Feita a caracterização, tem-se que as gueltas integram a remuneração do trabalhador, a exemplo do disposto no art. 457, da CLT, que dispõe que "compreendem-se na remuneração do empregado, para todos os efeitos legais, além do salário devido e pago diretamente pelo empregador, como contraprestação do serviço, as gorjetas que receber".

Quanto aos critérios de integração, segue a orientação da Súmula nº 354, do TST.

Os falsos prêmios e gratificações, destinados a mascarar a natureza de salário básico, horas extras ou outra parcela, terão a natureza da parcela que visam dissimular, com os respectivos efeitos.

As gratificações integram o salário para efeito de FGTS, férias e demais parcelas e, se habituais, se incorporam ao contrato de trabalho, pelo que a supressão importará em indenização destinada a compensar o prejuízo patrimonial experimentado pelo trabalhador, refletido no valor da parcela suprida e no seu reflexo nas parcelas mencionadas.

Na hipótese de resolução do contrato por culpa recíproca ou por motivo de força maior, a gratificação natalina será devida no importe de 50% (Súmula nº 14, do TST e art. 502, II, da CLT).

Na resolução do contrato por culpa do empregado, será indevida, inclusive como forma de compensar o empregador pelo prejuízo causado pelo rompimento (Súmula nº 14, do TST).

7.14. Indenização por quebra de caixa

Conforme Eduardo Gabriel Saad, a gratificação de quebra de caixa "destina-se a cobrir eventuais diferenças as quais ocorrem com frequência com os empregados incumbidos dos recebimentos e dos pagamentos de interesse da empresa».[6]

A referida parcela corresponde à diferença entre a quantia em caixa e o que realmente deveria existir nela. Verifica-se pelas notas de controle, a qual, até determinado *quantum*, é relevada como gratificação ao empregado responsável.

A parcela paga a título de quebra de caixa, aplicável às categorias que lidam com o manuseio constante de dinheiro, destinada à reposição das diferenças decorrentes dos erros de contagem, não terá natureza salarial se houver a contratação da possibilidade de desconto salarial dessas diferenças. Sem a prévia avença, não poderá o empregador proceder aos descontos, exceto se ocasionados por dolo do empregado (art. 462, § 1º, da CLT), e então a verba paga na qualidade de quebra de caixa integrará o salário do trabalhador.

É como vem decidindo o TST, nos termos da Súmula nº 247, *in verbis*:

"A parcela paga aos bancários sob a denominação quebra-de-caixa possui natureza salarial, integrando o salário do prestador dos serviços, para todos os efeitos legais".

Enfim, se contratada a possibilidade de desconto, a parcela terá natureza indenizatória; caso contrário, integrará o salário, podendo o empregador, exceto nos casos de diferenças causadas por dolo, haver indenização pelos prejuízos causados pelo desconto indevido.

Evidentemente, a contratação da parcela não poderá servir como artifício empresarial para a redução do salário do trabalhador, no intuito da transferência dos riscos da atividade econômica. Se ficar constatada a fraude, a parcela será considerada de natureza salarial, ainda que contratada.

---

6. *CLT Comentada*. 35. ed. São Paulo: LTR, 2002. p. 290.

7.15. Indenização compensatória de despesas de custeio de curso ou viagem para estudos. Cláusulas de permanência e de não concorrência. Ajuda de custo e diárias para viagens

O custeio de viagem para efeito de estágio de empregado em outro país não é salário-utilidade: é investimento profissional feito com a finalidade de utilização futura dos novos conhecimentos no serviço, cuidando-se assim de instrumento de trabalho.

Logo, entendemos lícito o ajuste de cláusula de permanência por prazo determinado, para compensação do investimento.

Como corolário, não pode o empregado, retornando, pedir demissão, sem indenizar o empregador em relação ao investimento feito.

Desde que exista prévio ajuste entre as partes, estabelecendo uma razoável carência após o retorno, o rompimento do contrato ocorra por infundada iniciativa obreira, possibilita ao empregador cobrar as despesas realizadas.

Aliás, o art. 462, 480 e 487, da CLT, preveem hipóteses em que o empregador pode cobrar do empregado o ressarcimento de dano: quando, por dolo, causa prejuízo à empresa; quando rompe antecipadamente contrato por prazo determinado e quando, rompendo o contrato sem justo motivo, não concede aviso prévio ao empregador.

De igual sorte, poderá o empregador cobrar do empregado o investimento feito, quando a devolução respectiva, em trabalho, é condição do custeio de curso, no país ou no exterior.

Também nos parece lícita a cláusula de não concorrência por determinado prazo após a extinção do contrato de trabalho, desde que ajustada indenização compensatória da restrição de liberdade de trabalho.

Nos termos do art. 457, § 2º, CLT, as importâncias, ainda que habituais, pagas a título de ajuda de custo, auxílio-alimentação, vedado seu pagamento em dinheiro, diárias para viagem, prêmios e abonos não integram a remuneração do empregado, não se incorporam ao contrato de trabalho e não constituem base de incidência de qualquer encargo trabalhista e previdenciário.

As diárias para viagens (hospedagem, alimentação, passagens, despesas do serviço) e as ajudas de custo (entre outras, valor de mudança para transferência) são despesas feitas pelo empregado em viagens ou para o serviço, não tendo caráter salarial ou remuneratório. São indenizações.

Evidentemente, estão sujeitas a prestações de contas, sob pena de caracterização de salário indireto.

7.16. Indenização compensatória da aquisição obreira de instrumento de trabalho para utilização no serviço ou pelo induzimento à aquisição de produtos, mercadorias ou serviços. O ajuste quanto à aquisição de equipamentos e sua manutenção no teletrabalho

Nos termos do art. 458, I, da CLT, cabe ao empregador fornecer ao empregado os vestuários, equipamentos e outros acessórios destinados à utilização no local de trabalho para a prestação do serviço.

Daí decorre que o empregador que só contrata empregado que possui automóvel próprio ou motocicleta para a prestação do serviço, está descumprindo obrigação essencial do contrato, que é a de fornecer os instrumentos necessários à realização do trabalho. Além de praticar ato de discriminação na contratação do obreiro, por cujo dano moral deve responder.

Quando o empregador contrata o vendedor ou o entregador para utilizar veículo do obreiro na realização do trabalho, a real intenção é a de transferir para o empregado o risco de negócio, o que é vedado pelo art. 2º, *caput*, da CLT.

Com efeito, é ilegal fazer com que o empregado assuma, pessoalmente, a responsabilidade pelos danos causados na condução do veículo para o exercício do trabalho. O correto é fornecer o instrumento de trabalho e a ajuda de custo para a mantença. Assim não fosse, o empregador não precisaria investir em ter frota própria e se o veículo do empregado fosse furtado, este ficaria inclusive sem condições de prestar o serviço.

Não age de forma diferente o empregador que oferece ao empregado condições especiais de financiamento para a aquisição de automóvel destinado à realização do trabalho. Na prática, o empregador sujeita o empregado à aquisição, com o próprio salário, de automóvel destinado à utilização no interesse do empregador.

Assim, além do ressarcimento das despesas de desgaste e manutenção do veículo, responderá o próprio empregador pelos danos causados pelo empregado a terceiros (cabendo-lhe, se for o caso, agir regressivamente contra o empregado), sem prejuízo do dano moral atentatório da dignidade do trabalhador.

Infelizmente, normas coletivas tradicionalmente acolhem essa prática, mediante pagamento de aluguel ao trabalhador pelo uso de veículo próprio e ressarcimento de despesas com combustível, quilômetros rodados, gasto de pneus etc., o que, no nosso entender, não tem amparo legal ou lógico, regulando a utilização, pelo empregador, de veículo do empregado.

Por outro lado, é vedado à empresa exercer coação ou induzimento para que os empregados adquiram produtos, mercadorias ou serviços de que disponham, quer se trate de seguro de vida, automóvel, roupas ou sapatos. Assim, o empregador que obriga o empregado de loja a adquirir mercadorias (roupas, sapatos) para utilização no trabalho descumpre o disposto no art. 458, I e 462, § 2º, da CLT, devendo indenizar o trabalhador em quantia correspondente ao gasto indevidamente feito.

Em relação ao teletrabalho, dispõe o art. 75-D, que *"As disposições relativas à responsabilidade pela aquisição, manutenção ou fornecimento dos equipamentos tecnológicos e da infraestrutura necessária e adequada à prestação do trabalho remoto, bem como ao reembolso de despesas arcadas pelo empregado, serão previstas em contrato escrito."*

Aqui temos uma situação diferente. Pode ser que o empregado já possua os equipamentos adequados e prefira ajustar com o empregador a forma de cessão. De qualquer sorte, precisará o empregador assumir ou contribuir (pode ocorrer do trabalhador prestar serviços para mais de um empregador) no custeio da manutenção do equipamento (energia, provedor etc.).

Caso o trabalhador não possua o equipamento, precisará o empregador provê-lo.

7.17. Indenização compensatória da inobservância da equiparação salarial

O direito à igualdade está caracterizado no princípio da isonomia, consubstanciado no art. 5º, *caput*, da CRFB, que veda as práticas discriminatórias.

Nos termos do art. 5º, da CLT, recepcionado pela norma constitucional, a todo trabalho de igual valor corresponderá salário igual, sem distinção de sexo.

Também não se pode fazer distinção entre o trabalho realizado no estabelecimento do empregador e o executado no domicílio do empregado (art. 6º, da CLT), muito menos entre o trabalho intelectual, técnico e manual (art. 3º, par. único, da CLT).

Para efeito de garantir a isonomia de tratamento salarial, a CLT estabelece que se a empresa não tiver quadro organizado de carreira ou não adotar, por meio de norma interna da empresa ou de negociação coletiva, plano de cargos e salários para efeito de promoções (§ 2º, do art. 461, CLT), deverá, por equiparação, conceder o mesmo salário aos que desempenham as mesmas tarefas com igual produtividade e com a mesma perfeição técnica, entre pessoas cuja diferença de tempo de serviço para o mesmo empregador não seja superior a quatro anos e a diferença de tempo na função não seja superior a dois anos (art. 461, § 1º, da CLT). Esclarece também que na falta de estipulação do salário ou não havendo prova sobre a importância ajustada, o empregado terá direito a perceber salário igual ao daquele que, na mesma empresa, fizer serviço equivalente, ou do que for habitualmente pago para serviço semelhante (art. 460). E ainda concede ao substituto, nas substituições temporárias, salário igual ao do substituído.

Equiparação salarial é o direito que possui o empregado que desempenha, simultânea e comparativamente com outro trabalhador, em relação ao qual não possui diferença de tempo de serviço na função superior a dois anos, no mesmo estabelecimento empresarial, tarefas iguais para o mesmo empregador, na mesma localidade, com a mesma produtividade e perfeição técnica.

Não importa a nomenclatura dada ao cargo: se as tarefas são as mesmas, impõe-se a igualdade salarial.

Função corresponde ao conjunto de tarefas e atribuições do empregado.

Produtividade corresponde ao volume de produção ocorrido em certo espaço de tempo, enquanto perfeição técnica corresponde à qualidade do serviço.

No caso do salário por tarefa, diz-se que nada justifica a diferença salarial unitária, já que o empregador terminará não pagando aos comparados o mesmo, o que não é verdadeiro, posto que a assim considerar apenas o volume de produção e não a qualidade do serviço ou a antiguidade no cargo serão consideradas, o mesmo podendo ser dito quanto ao percentual ou valor unitário de comissões.

O quadro organizado de carreiras exclui o direito à equiparação, assim também quando o comparado é empregado readaptado em nova função em virtude de redução da capacidade laborativa, caso em que o maior salário decorrente do cargo de origem não dá aos demais empregados direito de equiparação (art. 461, § 4º, CLT).

Nos casos em que a existência de quadro de carreira é meramente formal, de fato não estabelecendo mecanismo impessoal de promoções, inexiste óbice à comparação via equiparação.

Não mais se admite a distinção entre nacional e estrangeiro para efeito de obstar a equiparação (art. 5º *caput*, CRFB revogador do art. 358, da CLT), muito menos por motivo de idade, sexo, raça, cor, religião ou outro parâmetro discriminatório (arts. 5º, *caput* e 461, *caput*, CLT).

No caso de comprovada discriminação por motivo de sexo ou etnia, o juízo determinará, além do pagamento das diferenças salariais devidas, multa, em favor do empregado discriminado, no valor de 50% (cinquenta por cento) do limite máximo dos benefícios do Regime Geral de Previdência Social (art. 461, § 6º, CLT).

A equiparação salarial só será possível entre empregados contemporâneos no cargo ou na função, ficando vedada a indicação de paradigmas remotos, ainda que o paradigma contemporâneo tenha obtido a vantagem em ação judicial própria. Para efeito de comparação temporal, a diferença de tempo de serviço para o mesmo empregador não pode ultrapassar de quatro anos e a diferença de tempo na função não pode ultrapassar de dois anos.

A maior qualificação técnico-profissional decorrente de cursos, maior experiência anterior e títulos, apenas fazem presumir a maior perfeição técnica.

Nada justifica a alegada impossibilidade de comparação quanto a exercentes de cargos de confiança ou de empregados que executam trabalhos científicos ou artísticos, desde que, formalmente, seja possível estabelecer a igualdade de produtividade, de perfeição técnica e do conjunto de tarefas, não importando assim a diversidade de conteúdo (Súmula nº 6, VII, do TST).

O paragonado tem direito apenas ao mesmo salário do paradigma, excluídas assim as vantagens personalíssimas como adicional de tempo de serviço, prêmio, etc. (artigo 461, *caput* e § 1º, CLT).

Todavia, presentes os pressupostos do art. 461, da CLT, é irrelevante a circunstância de que o desnível salarial tenha origem em decisão judicial que beneficiou o paradigma, exceto se decorrente de vantagem pessoal, como incorporação personalíssima de horas extras ou de tese jurídica superada pelo TST (Súmula nº 6, VI, TST).

Por outro lado, o empregado readaptado por motivo de acidente do trabalho típico ou doença profissional não serve de paradigma para efeito de equiparação.

Nos termos da Súmula 6, V, do TST, a cessão de empregados não exclui a equiparação, embora exercida a função em órgão governamental estranho à cedente, se esta responde pelos salários do paradigma e do reclamante.

O fato constitutivo da igualdade funcional pode ser comprovado por qualquer meio, cabendo ao empregador o ônus do comprovar os fatos impeditivos (diferença de tempo de serviço na função superior a dois anos, diferença de produtividade, diferença de perfeição técnica, ocupação do cargo, pelo paradigma, em virtude de readaptação por redução da capacidade laborativa), modificativos ou extintivos da equiparação.

A inobservância do salário devido ao paragonado enseja a recomposição do prejuízo patrimonial, por meio da diferença entre o valor devido e o pago, com os reflexos pertinentes desde a verificação da diferença até a cessação do fato ou a terminação do contrato.

Note-se que o empregador não está obrigado a conceder gratificação ou salário na mesma importância ao empregado que vier a substituir outro que anteriormente ocupava a função (Súmula nº 159, do TST).

7.18. Indenização compensatória da inobservância da isonomia entre trabalhador temporário e trabalhador permanente da empresa tomadora

Em se tratando de trabalhador temporário, somente o requisito da idêntica função incidirá, nos termos do art. 12, da Lei nº 6.019/74. Sendo idêntica a função, o trabalhador temporário receberá remuneração igual ao do empregado da empresa, exercente da mesma função.

7.19. Indenização compensatória da inobservância do quadro de carreira

O mecanismo de distribuição de cargos e funções em carreiras com promoções garantidas por critérios alternados de merecimento e por antiguidade, ou por apenas um destes critérios, dentro de cada categoria profissional, é denominado de quadro de carreira.

Para efeitos de promoções, a empresa pode ainda adotar plano de cargos e salários por meio de norma interna da empresa ou de negociação coletiva (§ 2º do art. 461, CLT).

Neste caso, o salário aplicável será o previsto no quadro para cada nível funcional do cargo na carreira. Como tal sistema garante a evolução funcional do trabalhador mediante a definição de critérios objetivos e gerais para o acesso ao nível mais alto, quer antecipadamente, por merecimento, quer pelo decurso do tempo, ou por apenas um destes critérios, o quadro de carreira exclui o direito à equiparação salarial, ficando o salário ligado ao cargo ou profissão ou ao nível (categoria ou classe) funcional e não à igualdade de produtividade ou de perfeição técnica. E muito menos requer a simultaneidade de exercício do trabalho.

Cuida-se da aplicação do salário do cargo e não do salário por comparação de trabalho.

O estabelecimento de exigências formais para a ascensão funcional, como cursos e nível de escolaridade, desde que razoáveis para a progressão, não constituem práticas discriminatórias.

O quadro de carreira, para a respectiva validade, não necessita de homologação administrativa.

As reclamações aplicáveis dizem respeito ao cumprimento do quadro: preterição, incorreto enquadramento ou incorreta classificação, por exemplo, do empregado que foi preterido ou que não foi promovido por antiguidade na época prevista ou que não está a receber o salário do cargo que, efetivamente, está a exercer, de nível superior.

Independentemente do reconhecimento do cargo, função ou nível funcional a que faz jus o empregado, a inobservância do salário devido enseja a recomposição do prejuízo patrimonial, por meio da diferença entre o valor devido e o pago, com os reflexos pertinentes desde a verificação da diferença até a cessação do fato ou a terminação do contrato.

7.20. Indenização compensatória do acúmulo ou desvio de função

O desvio de função resulta da alteração, pelo empregador, das tarefas originalmente atribuídas ao empregado.

O empregador deve compor o prejuízo causado ao empregado, decorrente do acúmulo não remunerado de funções ou do desvio, sem a devida contraprestação suplementar, em se tratando de alteração para o exercício de função mais complexa e melhor remunerada.

Sempre que o empregado é contratado para um certo trabalho ou para uma certa quantidade de serviço e o empregador passa a lhe exigir outro, diferente ou a realização de tarefas sobrepostas ao serviço para o qual foi contratado, tem o empregado direito à cobrança do valor correspondente às tarefas acrescidas ou mais valiosas, ou a dar por resolvido o contrato, pleiteando a devida indenização, quer a referente ao contrato rompido, quer a correspondente aos prejuízos causados pelo pagamento, a menor, da contraprestação efetivamente devida (art. 483, a, da CLT).

JOSÉ AFFONSO DALLEGRAVE NETO observa, com propriedade, que o fundamento para a cobrança da indenização pelo prejuízo causado está no art. 884, do Código Civil, que autoriza a indenização pelo locupletamento, consistente na utilização do empregado em tarefas de maior complexidade, sem a devida compensação salarial.[7]

Nos termos do parágrafo único do art. 456, da CLT, "à falta de prova ou inexistindo cláusula expressa a tal respeito, entender-se-á que o empregado se obrigou a todo e qualquer serviço compatível com a sua condição pessoal", mas, na hipótese, conforme ficha de registro e CTPS, havia cláusula contratual expressa fixando a específica função de vendedor, pelo que foi dado parcial provimento ao recurso para o deferimento da complementação salarial no valor de um salário mínimo pelo exercício da função de cobrador.

Os empregados de sociedades de economia mista e empresas públicas, desviados de função, têm direito à percepção de indenização compositiva do dano patrimonial causado, decorrente do tempo de exercício na função de maior remuneração, embora não façam jus ao reenquadramento, que dependeria de concurso público.

Nas atividades privadas, existindo quadro organizado em carreiras, em princípio o simples desvio funcional do empregado não gera direito a novo enquadramento, mas apenas às diferenças salariais respectivas (Orientação Jurisprudencial nº 125, da SDI-1, do TST).

Em princípio, porque se o quadro não é reiteradamente observado pelo empregador, será nulo e as regras aplicáveis serão as da equiparação salarial.

A ação destinada à correção de desvio funcional está sujeita à prescrição parcial (Súmula nº 275, do TST).

7. *Responsabilidade Civil no Direito do Trabalho*. São Paulo: LTR. p. 137.

7.21. Indenização compensatória da substituição temporária

Substituição é a ocupação do cargo de outrem, para a realização das tarefas a ele inerentes.

A substituição eventual, por exemplo, que dura um dia ou que no espaço de tempo de um ano ocorreu esporadicamente, é irrelevante para efeitos salariais, porque não é capaz *de gerar estabilização contratual minimamente necessária para propiciar efeitos salariais diferenciados em benefício do trabalhador.*[8]

Todavia, a substituição provisória que não seja meramente eventual, por exemplo, a destinada a cobrir férias, licença, doença ou acidente de trabalho por mais de 15 (quinze) dias, a servir de quebra-galho até a obtenção de profissional capacitado, dá ao substituto direito ao salário do cargo, não importando assim a simultaneidade da prestação de serviços, muito menos a total coincidência de tarefas.

A respeito, dispõe o art. 450, da CLT: "Ao empregado chamado a ocupar, em comissão, interinamente, ou em substituição eventual ou temporária, cargo diverso do que exercer na empresa, serão garantidas a contagem do tempo naquele serviço, bem como a volta ao cargo anterior".

Interpretando a norma, esclarece o TST que: "Enquanto perdurar a substituição que não tenha caráter meramente eventual, inclusive nas férias, o empregado substituto fará jus ao salário contratual do substituído" (Súmula nº 159).

Observa Mauricio Godinho Delgado, quando a substituição não tem caráter eventual, o intento é o de assegurar ao trabalhador substituto, nas substituições provisórias ou interinas, o padrão salarial do colega substituído,[9] ou seja, o locupletamento derivado do pagamento a menor pela realização do mesmo trabalho.

No caso da substituição provisória, o empregador tem o direito de retornar o empregado ao cargo de origem, o que ao substituído também é garantido em sua volta.

8. DELGADO, Mauricio Godinho. *Curso de Direito do Trabalho*. 5. ed. São Paulo: LTR. p. 801.
9. Ibidem. p. 801.

Em se tratando de substituição definitiva seguida à substituição provisória ou de ocupação de cargo vago, o passado referente ao empregado substituído não se incorpora no empregado substituto, pelo que indevida é a igualdade de tratamento salarial.

Note-se que a justificativa da igualdade salarial na substituição provisória está na retribuição do dever de colaboração, que leva o substituto à realização de tarefas inabituais ou ao acúmulo das tarefas do substituído com as suas, tudo a justificar, como compensação, o pagamento do salário do substituído, se superior ao do substituto.

A inobservância do salário devido ao substituto, durante o período em que perdurar a substituição enseja a recomposição do prejuízo patrimonial, com os reflexos pertinentes.

O fundamento para a cobrança da indenização está no mesmo art. 884, do Código Civil, anteriormente citado, que autoriza a indenização pelo locupletamento, consistente na utilização do empregado em tarefas de maior complexidade, sem a devida compensação salarial.

Se a solução dada para a substituição temporária ou interina é a atribuição, ao substituto, do salário do substituído, que solução deve ser dada à ocupação definitiva ou permanente de cargo vago? Depende. Se o substituto antes ocupou o cargo em caráter interino, fará jus ao salário do ocupante do cargo anterior; caso contrário, o provimento do cargo vago mediante contraprestação menor não importará em discriminação, exceto quando houver fixação, por norma coletiva ou interna, do valor do salário.

7.22. Indenização compensatória do inadimplemento de ajuda de custo e diárias para viagens

O empregado faz jus à composição dos gastos feitos por necessidade do serviço, pelo que as diárias e ajudas de custo destinam-se a cobrir gastos do trabalhador na execução de serviços para o empregador. São indenizações pagas antecipadamente, sujeitas a prestação de contas futura.

Indenização não significa apenas reparação de dano, mas também ressarcimento de despesa.

As diárias para viagens (hospedagem, alimentação, passagens, despesas do serviço) têm por fim cobrir, especificamente, as despesas de viagens (a mando ou no interesse do empregador), enquanto as ajudas de custo têm por fim cobrir outros gastos feitos por necessidade do serviço, geralmente de deslocamento, por exemplo, despesas de condução, cópias reprográficas, transferência, incluindo passagem, mudança e aluguel de imóvel (art. 470, CLT), gasto com combustível e pneus de automóvel funcional do vendedor pracista etc.

Conforme art. 457, § 2º, CLT, as diárias para viagens e as ajudas de custo não se incorporam ao contrato de trabalho e não constituem base de incidência de qualquer encargo trabalhista e previdenciário.

Há quem faça a distinção entre diárias para viagens e despesas de viagens, entendendo que estas, ao contrário daquelas, não estão sujeitas a prestação de contas. Não vislumbramos amparo legal na distinção. Ambas estão sujeitas a comprovação, cuidando-se de mera variação sobre o mesmo tema.

As diárias fraudulentas integram o salário pelo valor total (Súmula nº 101, TST); de igual sorte, as falsas ajudas de custo.

Explica-se: sempre que a ajuda de custo e as diárias para viagens tiverem por finalidade simular a retribuição pela prestação de serviços, terão caráter salarial. Assim ocorre quando os valores forem desproporcionais ao gasto ou desvinculados das despesas por conta do serviço efetuado.

7.23. Indenização compensatória do não cadastramento no PIS

A falta de cadastramento do empregado no PIS gera indenização.

A Súmula nº 300 do TST, repercutindo a majoritária jurisprudência da Justiça do Trabalho, reconhece à Especializada a competência para conhecer e julgar demandas que envolvam a inscrição do empregado no Programa de Integração Social (PIS).

Este programa, criado pela Lei Complementar nº 7 de 07.09.1970, buscando a integração do empregado do setor privado com o desenvolvimento da empresa.

Alterações foram introduzidas pela Lei Complementar nº 26 de 11.09.1975, que unificou os fundos constituídos com recursos do Programa de Integração Social – PIS e do Programa de Formação do Patrimônio do Servidor Público – PASEP.

Até 04/10/1988 os empregadores fizeram contribuições recebidas pelo Fundo de Participação PIS/PASEP, que então distribuía valores aos empregados na forma de cotas proporcionais ao salário e tempo de serviço, mediante arrecadação para contas individuais. O art. 239 da Constituição Federal alterou a destinação dos recursos provenientes das contribuições para o PIS e para o PASEP, que passaram a ser alocados ao Fundo de Amparo ao Trabalhador – FAT, para o custeio do Programa do Seguro-Desemprego, do Abono Salarial e ao financiamento de Programas de Desenvolvimento Econômico pelo Banco Nacional de Desenvolvimento Econômico e Social – BNDES.

Em face do que dispõe o art. 9º da Lei nº 7.998 de 11.01.1990, foi definida a percepção de um abono salarial de um salário mínimo anual, aos empregados que tenham percebido até 2 (dois) salários mínimos médios no período trabalhado, de empregador contribuinte do PIS, conforme calendário anual estabelecido pelo CODEFAT.

Com a Lei 13.134/15, o referido abono passou a ter valor proporcional ao tempo de serviço do trabalhador no ano-base em questão. O cálculo do valor do benefício corresponde ao número de meses trabalhados no ano-base multiplicado por 1/12 do valor do salário mínimo vigente na data do pagamento.

O trabalhador deverá ter trabalhado no mínimo 30 dias com carteira assinada por empresa no ano-base, requisito para ter o direito ao Abono Salarial, e cada mês trabalhado equivale a 1/12 de salário mínimo no valor do benefício, sendo que o período igual ou superior a 15 dias contará como mês integral.

Resta claro, portanto, que a não inclusão do nome do empregado na RAIS, gera o prejuízo da não percepção do abono anual previsto na legislação em vigor.

Ora se compete à Justiça do Trabalho dirimir controvérsias que decorram da relação de trabalho e a ela compete julgar demandas envolvendo a inscrição do empregado no PIS, com mais razão a ela também compete analisar os pleitos de indenização compensatória dos prejuízos materiais causados pela não inscrição tempestiva dos empregados naquele Programa, *ex vi* do art. 186 do Código Civil. Este é, inclusive, o entendimento do TST, como se pode verificar no RR-498.812/1998, da lavra do Min. João Oreste Dalazen, publicado no DJ em 09.05.2003, onde se lê:

> Compete à Justiça do Trabalho, não somente processar e julgar as reclamações trabalhistas em que se busca compelir o empregador [...] obrigação de fazer o cadastramento no PIS, como também as que visam [...] indenização compensatória pelo descumprimento dessa obrigação legal. É o que resulta da Lei Complementar nº 07, de 07.09.1970, art. 10, e da aplicação extensiva da Súmula nº 300 do TST.

7.24. Indenização por abuso do direito

Nos termos do art. 187, do Código Civil, também comete ato ilícito o titular de um direito que, ao exercê-lo, excede manifestamente os limites impostos pelo seu fim econômico ou social, pela boa-fé ou pelos bons costumes.

No exercício do poder disciplinar, decorrente do poder de comando, poderá o empregador advertir ou suspender o empregado pelo descumprimento das obrigações pactuadas.

O exercício do poder disciplinar é, contudo, um direito que deve ser exercido nos seus exatos limites, ou seja, com razoabilidade. Sempre que o empregador exorbitar, estará cometendo abuso do direito.

Também pode cometer abuso de direito o trabalhador, por exemplo, quando injustificadamente estende o horário de intervalo.

O abuso do direito difere da fraude à lei, que consiste na utilização de modelo legal para a obtenção de finalidade vedada pelo Direito, por exemplo, a contratação de um empregado por meio de um contrato de prestação autônoma de serviços[10] ou a utilização de trabalhadores terceirizados fora das hipóteses admissíveis.

10. Idem, ibidem, p. 166.

Tem-se, portanto, que a suspensão do empregado em virtude de um atraso eventual é incompatível com o ponderado exercício do poder disciplinar.

Contudo, se a infração for grave ou decorrer de reiteração de atitude pela qual foi o empregado anteriormente advertido, pode o empregador suspendê-lo ou até despedi-lo, por justa causa, conforme as circunstâncias.

Todavia, para a hipótese de suspensão, a lei estabelece um prazo máximo: se o empregador suspender o empregado por mais de 30 (trinta) dias, estará abusando do direito de penalizar e o empregado poderá *optar* pela resolução culposa do contrato, pela desconstituição da medida ou pela redução do prazo (art. 474, da CLT).

Há quem entenda que a suspensão por período superior a 30 (trinta) dias não pode ser reduzida e que, constatado o abuso, deverá ser desconstituída.

Não concordamos.

Poderá o juiz, quando verificada a abusividade, reduzir, proporcionalmente, a penalidade, quer ela seja superior, igual ou inferior a 30 dias.

A respeito, estabelece o Código Civil no art. 944, parágrafo único, subsidiariamente aplicável à CLT por força do art. 8º, par. único, que: "Se houver excessiva desproporção entre a gravidade da culpa e o dano, poderá o juiz reduzir, equitativamente, a indenização".

Também poderá o juiz, verificando ser de mera advertência uma suspensão, dar-lhe aquele caráter e determinar o pagamento dos dias descontados.

Caracterizarão ainda abuso do direito, com possibilidade de o empregado dar por resolvido o contrato e pleitear indenização as hipóteses em que o empregador:

- exigir serviços superiores às forças do trabalhador, defesos por lei, contrários aos bons costumes ou alheios ao contrato;
- tratar o empregado com rigor excessivo;
- expuser o trabalhador a perigo manifesto de mal considerável;
- não cumprir as obrigações do contrato;

- praticar contra o trabalhador ou pessoas de sua família ato lesivo da honra e boa fama;
- ofender fisicamente o trabalhador;
- reduzir o trabalho do obreiro, quando o salário respectivo for aferível por peça ou tarefa.

Entra na categoria de serviços superiores às forças do trabalhador ou não exigíveis, a determinação de prestação de serviços quando o empregado está doente, de férias ou sem possibilidade de trabalhar, por exemplo, em virtude de casamento, de falecimento do cônjuge ou em licença-maternidade ou paternidade.

7.25. Indenização compensatória de férias inteiras ou proporcionais

As férias constituem o descanso anual do trabalhador. Cuida-se de um repouso remunerado computado no tempo de serviço (art. 129, da CLT).

As férias têm como finalidade a reposição plena, física e psicológica da força de trabalho do trabalhador subordinado, o incentivo ao lazer e atribuição de tempo disponível para a resolução de questões distintas do cotidiano das tarefas de trabalho. Têm assim razões biológicas, familiais e sociais, além do que o descanso diminui os riscos de doenças e acidentes do trabalho a que o empregado fica mais suscetível, se fatigado.

As férias são de 30 dias corridos. O trabalhador temporário faz jus a férias proporcionais indenizadas.

É vedado o desconto direto das faltas no período de gozo: as injustificadas, ocorridas no período aquisitivo, importam em redução proporcional. Por exemplo, se o trabalhador tiver até 05 faltas no período aquisitivo, nenhuma dedução poderá ser feita; se tiver 14 faltas, o período de fruição ficará reduzido para 24 dias (art. 130).

Metade da gratificação natalina que o empregador deve antecipar até novembro, deverá ser paga quando das férias, se o empregado assim requerer em janeiro. Isto porque, se a antecipação de metade do 13º salário pode ser feita a partir de fevereiro, deve o empregador ficar avisado com antecedência, de que o empregado deseja recebê-la por ocasião de suas férias, desde que elas se deem entre os meses de fevereiro e novembro (dia 20); neste, já existe a obrigação de pagar, vencendo a 2ª parcela em 15 de dezembro (Leis 4.090/64 e 4749/65).

Para o empregador, as férias constituem uma obrigação de fazer, de conceder o descanso. Daí porque pode ser compelido, por meio de astreintes, a concedê-las (art. 137 § 2º). Constituem também uma obrigação de dar: a remuneração; para o empregado, trata-se de um direito e de uma obrigação de não fazer (a de abster-se de trabalhar durante as férias).

Férias coletivas correspondem ao descanso remunerado concedido pelo empregador aos seus empregados, coletiva ou conjuntamente na mesma época, por estabelecimento ou setores (art. 139, *caput*, da CLT); férias individuais significam o exercício de um direito de descanso em que o empregado não depende da fruição em conjunto com os demais do seu estabelecimento ou setor (art. 129, *caput*, da CLT).

Férias inteiras são as de fruição em um só período (art. 134, *caput*) enquanto fracionadas são o descanso cujo gozo é dividido em dois períodos distintos (arts. 139, § 1º e 134, § 1º).

As férias fracionadas constituem a regra das férias coletivas (art. 139 § 1º), ao passo que as férias inteiras são a regra das individuais (art. 134, § 1º). Daí que somente com a concordância do trabalhador pode dar-se o fracionamento das férias individuais.

Desde que haja concordância do empregado, as férias poderão ser usufruídas em até três períodos, sendo que um deles não poderá ser inferior a quatorze dias corridos e os demais não poderão ser inferiores a cinco dias corridos, cada um (art. 134, § 1º, da CLT).

O fracionamento das férias coletivas deve se limitar a dois períodos anuais, nenhum deles inferior a 10 dias corridos nas coletivas (arts. 139, § 1º, CLT).

Férias integrais correspondem ao direito adquirido após 12 meses de tempo de serviço; férias proporcionais são as gozadas ou mesmo indenizadas proporcionalmente ao tempo de serviço prestado num determinado período aquisitivo não completado.

Como as férias coletivas admitem fracionamento, a regra de ouro em relação a elas é a de que os empregados contratados há menos de doze meses, gozarão de férias proporcionais ao tempo de serviço, descartando-se o período já decorrido no período aquisitivo decorrente, e iniciando-se outro (art. 140).

Férias gozadas correspondem ao descanso fruído; férias indenizadas correspondem a uma indenização substitutiva do direito já adquirido ou do período incompleto de férias nas hipóteses cabíveis (arts. 146 e 147, da CLT).

Férias vencidas significam o direito não concedido em tempo hábil, distinguindo-se das férias simplesmente adquiridas e ainda não vencidas, porque não ultrapassado o prazo para a respectiva concessão, que é de 12 meses posteriores **à** aquisição.

Férias simples são as remuneradas pelo valor normal; férias em dobro são as que devem ser remuneradas com esse acréscimo, como penalidade pela não concessão em tempo hábil.

Período aquisitivo corresponde aos 12 meses de trabalho após os quais o empregado adquire o direito às férias. Daí dizer-se que as férias são anuais, anuais no sentido de corresponderem ao descanso devido por cada ano ou período de 12 meses de trabalho.

Não adquire o direito a férias o empregado que, no curso do período aquisitivo: a) houver tido mais de 32 faltas ao serviço; b) por conta própria deixar o emprego e não for readmitido em 60 dias contados de sua saída; c) permanecer em gozo de licença, com percepção de salários, por mais de 30 dias; d) deixar de trabalhar, com percepção de salário, por mais de 30 dias em virtude de paralisação parcial ou total dos serviços da empresa; e) tiver percebido auxílio acidentário, ou auxílio-doença, junto à Previdência Social, por mais de 6 meses, ainda que descontínuos.

As faltas referidas na alínea a são as injustificadas e não perdoadas. O perdão, ainda que tácito, será tido como falta justificada pela empresa, assim entendida a que não tiver determinado o desconto do correspondente salário (art. 131, IV, CLT).

Deixar o emprego é no sentido de pedir demissão. Como quem assim age com menos de 12 meses não tem direito de ser indenizado pelo período incompleto de férias (férias proporcionais), entende o legislador que aquele período fica em aberto; caso o empregado seja readmitido dentro de 60 dias de sua saída, o período decorrido no contrato anterior é somado ao posterior para o cômputo dos 12 meses necessários à aquisição das férias. A regra do art. 133, I, CLT, deve ser conjugada com a norma contida no parágrafo único do art. 146, da CLT.

Entende o legislador que o empregado que permanece, por mais de 30 dias, em gozo de licença com remuneração, ou seja, recebendo sem trabalhar, frui antecipadamente as suas férias.

Contudo, observa-se que deve ultrapassar 30 dias, e que deve ser contínua. A ressalva da descontinuidade foi feita somente no inc. IV (daí não ser possível somar a licença-paternidade de 5 dias ocorrida numa determinada época, com outras licenças ocorridas em épocas distintas, ainda que, somadas, ultrapassem 30 dias).

Hipótese possível de fazer incidir a regra seria a da gestante, de 120 dias. Uma outra, a licença com vencimentos pedida pelo empregado e aceita pelo empregador. Também assim a licença remunerada para complementar os 30 dias, em se cuidando de férias coletivas, quanto aos empregados com menos de 12 meses de tempo de serviço.

Casos como o da gestante (licença-maternidade), do pai (licença--paternidade) e os demais referidos nos artigos 473 e 131 não são considerados licença para os efeitos da incidência da norma ora comentada, o que é dedutível dos termos do último dispositivo legal supramencionado.

A paralisação, parcial ou total, a que se refere a alínea "a", por mais de 30 dias contínuos, é aquela devida a obra pública, incêndio e outros casos de força maior, assim mesmo se não tiver havido recuperação do tempo perdido, por meio da prestação de horas extras (art. 61 § 3º).

Nas hipóteses referidas nas alíneas a, e c a e, iniciar-se-á novo período aquisitivo quando, após o implemento daquelas condições, o empregado retornar ao serviço (§ 2º do art. 133).

São diminutivas da duração as faltas injustificadas havidas no curso do período aquisitivo. Assim, contando com mais de 5 faltas e até 13, ficam reduzidas a 24 dias corridos; de 15 a 23, 18 dias; e, de 24 a 32, 12 dias, tudo preceituado no art. 130, I/IV.

As faltas suprarreferidas corresponderão às de jornadas normais inteiras, facultada a soma de jornadas normais parciais (atrasos na entrada ou saídas antecipadas).

Os arts. 131, II/VI e 473, § 1º, da CLT, arrolam as hipóteses em que as faltas tidas pelo empregado são legalmente justificáveis, impedindo a redução ou extinção do direito ao gozo de férias.

Além delas, há de se acrescentar outras hipóteses, tais como o comparecimento em Juízo, como testemunha ou parte, a participação como jurado etc.

Em se tratando de salário variável, apurar-se-á a média dos últimos 12 (doze) meses, para a extração da remuneração das férias, que deve ser paga antecipadamente ao gozo (até 02 dias do início – art. 142) e com o acréscimo de 1/3. Quando se cuidar de remuneração composta de salário fixo e variável, a das férias corresponderá à parte fixa, mais a média da parte variável, devidamente atualizada e com o acréscimo de 1/3.

Se se tratar de férias concedidas no prazo, tal remuneração será devida de forma simples, caso contrário em dobro, sem prejuízo do gozo (Súmula nº 81, do TST).

Em ocorrendo a extinção do contrato, deverá o empregador quitar as férias já adquiridas, mas ainda não vencidas, de forma simples, caso contrário, em dobro. E as do período aquisitivo incompleto, de forma proporcional (art. 147, CLT). Na despedida, por justa causa, serão devidas apenas as já adquiridas. Também serão devidas, em razão do término do contrato a prazo, as proporcionais.

É facultado ao empregado, desde que o requeira até 15 dias antes do término do período aquisitivo, converter 1/3 das férias em abono pecuniário.

O direito aquisitivo a férias anuais forma-se a cada 12 meses, então iniciando-se o período no qual devem elas ser concedidas e que se refere aos 12 meses subsequentes à aquisição, em conformidade com o disposto no art. 134, da CLT.

O poder de escolha do período de gozo, compreendido no período concessivo, e que pertine ao período em que o empregado frui as férias é, via de regra, do empregador, conforme seus interesses (art. 136, *caput*); por exceção, é do empregado estudante, menor de 18 anos, o direito de escolha, se desejar fazê-las coincidir com as escolares (art. 136, § 2º, da CLT).

Assim, a legitimidade para a comunicação do período de gozo de férias é, por regra, do empregador, que deverá fazê-la mediante notificação, por escrito, com antecedência mínima de 30 dias; por exceção, é do empregado estudante, menor de 18 anos, que deverá, por analogia, fazer tal comunicação ao empregador, por escrito, em igual prazo, do contrário, subentende-se que deixou ao empregador o direito de escolha.

O empregador ficará sujeito ao pagamento em dobro, sem prejuízo do gozo, pelo empregado, se conceder férias após o prazo legal (art. 137, *caput*). Outrossim, vencido o prazo, tem o empregado direito à fixação do respectivo período, sem prejuízo da aplicação ao infrator das astreintes de 5% do salário mínimo até o efetivo cumprimento.

As férias adquiridas e não concedidas no prazo legal são devidas em dobro, e de forma simples em caso de despedida de empregado, por inteiro ou proporcionais, em se tratando das férias do período incompleto.

O dano material a ser composto pela indenização correspondente decorre da despedida causada pelo empregador.

No tocante a férias proporcionais de empregado que pede demissão, o valor correspondente é devido independentemente de prejuízo, por força de lei (responsabilidade objetiva, integral). Essa parcela, no entanto, não é devida ao empregado despedido por justa causa, pelo dano causado ao empregador.

7.26. Indenização por descumprimento de cláusula de norma coletiva

Muito comuns em normas coletivas são as impropriamente denominadas multas por descumprimento. Elas têm, na verdade, natureza de cláusula penal.

Cláusula penal ou pena convencional é o pacto acessório ou adjeto a uma obrigação, por meio do qual as partes convencionam, originariamente ou em ato posterior, uma pena para qualquer delas que incida em mora, ou venha a inadimplir a prestação ou alguma das cláusulas especiais de um contrato. Pode ser estipulada conjuntamente com a obrigação ou em ato posterior (art. 409, do CC).

A cláusula penal pode ser moratória, ou compensatória. Na primeira hipótese, visa apenar ao fato do atraso culposo no cumprimento da obrigação; na segunda, tem por fim compensar os efeitos do descumprimento da obrigação. De qualquer sorte, pode ser exigida independentemente de prova de prejuízo, bastando o fato do atraso ou do inadimplemento, conforme o caso.

Em havendo prazo estipulado, a cláusula penal incide de pleno direito no vencimento da obrigação, independentemente de interpelação: mora *ex re*, sendo que o dia do vencimento da obrigação interpela pelo homem (*dies interpellat pro homine*), *ex vi* do art. 408, 1ª parte, do CC; inexistindo prazo convencionado para o cumprimento da obrigação principal, uma vez constituído em mora *ex persona* o devedor, também incidirá na cláusula penal de forma automática, independentemente de prévia interpelação (art. 408, 2ª parte).

O juiz pode reduzir, proporcionalmente, a pena convencional na hipótese de cumprimento parcial da obrigação; da mesma forma, se ela exceder o valor da obrigação (art. 413, do CC). Nulificar a cláusula penal em face do excesso seria agredir a vontade das partes, que desejaram estabelecê-la.

A cláusula penal distingue-se das astreintes, da indenização e da multa: a primeira é convencional, a segunda é judicial, a terceira é, geralmente, legal (podendo ser convencional ou mesmo arbitrada) e a quarta é administrativa.

Não se deve ficar impressionado com o uso indiscriminado dessas expressões na legislação ou nos contratos: é comum o legislador ou o contratante se referirem a uma, quando querem, na verdade, designar outra.

Por exemplo, fala-se de multa de um salário (art. 477, § 8º, da CLT) por descumprimento do prazo para a feitura da "rescisão", quando o legislador, na verdade, quis se referir a indenização; fala-se em multa diária de 5% do salário-mínimo até a fixação para a concessão da época das férias individuais não concedidas, oportuno *tempore*, pelo empregador, quando o legislador pretendeu referir-se a astreintes; nos termos de conciliação trabalhista, fala-se de multa, quando a hipótese é de cláusula penal moratória, de estabelecimento das partes.

Multa é ato de natureza administrativa, geralmente de aplicação pelo Estado no exercício de seu poder de polícia e tem aplicação restrita;[11] cláusula penal é a pena, moratória ou compensatória do descumprimento, parcial ou total de uma obrigação, seja para compelir o devedor a cumpri-la no prazo, seja para prefixar as perdas e danos; astreintes constituem a cominação judicial, determinada de ofício, mediante previsão legal (art. 137, § 2º, da CLT), ou a requerimento do interessado (art. 644, do CPC), destinada a compelir o devedor a cumprir uma obrigação de fazer ou de não fazer ou de entrega de coisa (art. 287, do CPC); indenização é a reparação das perdas e danos (por exemplo, do automóvel do empregador, avariado por dolo do empregado), ou o ressarcimento de despesas (por exemplo, do combustível custeado pelo empregado, a serviço do empregador), sendo a cláusula penal compensatória apenas uma das modalidades de indenização previamente convencionada.

A cláusula penal não pode exceder de 100% do valor da obrigação principal; a multa corresponde ao valor legalmente fixado; as astreintes não têm limitação legal, embora não devam ser desarrazoadas e a indenização deve ser a suficiente para reparar o dano emergente e o lucro cessante, ou ressarcir as despesas feitas.

Uma vez estabelecidas em normas coletivas, as cláusulas penais são exigíveis sempre que configurada a hipótese nelas prevista: atraso salarial, mora ou inadimplemento das parcelas resilitórias, descumprimento de cláusula normativa etc.

Nos termos da Orientação Jurisprudencial nº 54 do C. TST, o valor da multa estipulada em cláusula penal, ainda que diária, não poderá ser superior à obrigação principal corrigida, conforme artigo 412 do Código Civil de 2002.

A OJ não se aplica à hipótese prevista no art. 846, § 2º, da CLT, eis que, em se tratando de acordo judicial, poderá ser estabelecida cláusula

11. Na verdade, as "multas" fixadas pelo Poder Judiciário têm, via de regra, natureza de *indenização*, aproveitando à parte contrária (por exemplo, arts. 538, par. único e 601, *caput*, do CPC) ou de imposição de *astreintes* (arts. 137, § 2º, CLT e 461, parágrafos 2º e 4º, do CPC).

de ficar a parte que não cumprir o acordo obrigada a satisfazer integralmente o pedido, pelo que, nessa hipótese, o valor do pedido contido na petição inicial poderá superar o valor do acordo descumprido.

Em se tratando de obrigações como devolução de ferramentas de trabalho, a incidência das astreintes ocorre a partir da citação, em execução, para a restituição e por se tratar de comando judicial, também não incide a OJ, mas converte-se a obrigação em indenização pelo equivalente, em espécie, a partir de prazo razoável.

Não concordamos com a afirmação de que a obrigação de devolução de CTPS não possa sofrer a incidência de astreintes, por se tratar de prestação que pode ser cumprida pelo juiz ou pela secretaria da Vara. Até pela autoridade e efeito pedagógico que a coisa julgada deve ter para conduzir ao cumprimento espontâneo ou coercitivo da obrigação, cabe compelir o devedor inadimplente ao cumprimento da obrigação, mediante astreintes. Caso não o faça em prazo razoável, aí sim o equivalente prático (assinatura da CTPS pelo órgão substitutivo) incidirá, sem prejuízo da cobrança das astreintes acumuladas.

7.27. Indenização compensatória por diferença de recolhimentos fiscais não efetuados na época própria

A incidência do imposto de renda ocorre na época do pagamento, mas se comprovado restar prejuízo ao empregado em virtude da mudança de faixa de incidência em decorrência do acúmulo de valores num só momento, resultante de débito por culpa do empregador, a diferença é devida ao obreiro, se postulada nessa qualidade *e com caráter indenizatório*.

7.28. Responsabilidade por demanda antecipada de dívida ou de dívida já paga

Salvo nos casos especificados, o ordenamento veda a cobrança de dívida antes do seu vencimento. Autoriza, por exemplo, em caso de falência ou quando as partes convencionam que o inadimplemento de uma das parcelas induz a exigibilidade da dívida por inteiro.

Nos termos do art. 939, do Cód. Civil, o credor que, injustificadamente, demandar o devedor antes do vencimento da dívida, ficará obrigado a esperar o tempo que faltava para o vencimento e a descontar os juros correspondentes. Por outro lado, prossegue o legislador civil, o credor que demandar por dívida já paga, no todo ou em parte, sem ressalvar as parcelas já recebidas, responderá pelo dobro do que houver cobrado (art. 940, mesmo diploma).

Finalmente, o credor que fizer cobrança excessiva, superior ao valor efetivamente devido, responderá pelo equivalente ao que foi exigido do devedor (art. 940, do Cód. Civil).

As normas supra incidirão quando o empregador fizer descontos ou cobranças antecipadas, descontos ou cobranças por dívidas já pagas ou em valores superiores aos devidos.

A falta crônica de documentos por parte do empregado, a hipossuficiência, a ambiguidade na interpretação inerente a certas condições do contrato e muitas vezes até mesmo a ignorância, têm levado a um abrandamento dos referidos dispositivos na área trabalhista em relação ao trabalhador.

7.29. Indenização compensatória da despedida arbitrária ou sem justa causa

7.29.1. Estabilidade, garantia de emprego, dispensa discriminatória e proteção geral à despedida arbitrária ou sem justa causa: distinção

Estabilidade e garantia de emprego são proteções especiais à conservação do emprego, ligadas a fatos específicos, que a justificam.

A proteção geral à despedida arbitrária ou sem justa causa, prevista no art. 7º, I, da CF e a proteção à despedida discriminatória são de caráter geral.

Estabilidade no emprego é o direito subjetivo de permanência do trabalhador no emprego por força de lei, norma regulamentar, cláusula contratual ou norma coletiva.

Ao tempo em que a lei previa a estabilidade decenal (por tempo de serviço, art. 492, CLT), fazia-se a distinção entre estabilidade permanente e estabilidade provisória ou temporária.

A estabilidade legal por tempo de serviço (decenal) foi suprimida pela Constituição da República, respeitados os direitos adquiridos. Agora, somente por contrato particular ou norma coletiva pode ser instituída.

Atualmente, as estabilidades são absolutas (estabilidades propriamente ditas) e relativas (garantias de emprego ou estabilidades impróprias). Mas todas elas são provisórias ou temporárias, decorrendo de circunstâncias específicas e episódicas e tendo por fonte geradora a lei, o contrato, cláusula regulamentar ou norma coletiva.

Estabilidade absoluta consiste no direito, concedido por lei, norma regulamentar, cláusula contratual ou norma coletiva, do trabalhador só ter o contrato rompido em virtude de força maior ou de falta grave apurável em inquérito. Todas as estabilidades absolutas decorrem do exercício de mandato de representação de trabalhadores nos mais variados âmbitos. O que não significa que o exercício de mandato de representação necessariamente gere estabilidade absoluta. O cipeiro, por exemplo, tem apenas garantia de emprego.

A estabilidade absoluta difere, portanto, da garantia de emprego, que consiste no direito, concedido ao trabalhador por lei, norma regulamentar, cláusula contratual ou norma coletiva, de somente ter o contrato rompido por motivos técnicos, econômicos, financeiros e disciplinares, sem a necessidade de inquérito e embasamento em rol de possibilidades mais exaustivo do que o da estabilidade absoluta. De qualquer sorte, tal como ocorre na despedida arbitrária de empregado estável, pode ensejar a reintegração no emprego.

As garantias de emprego podem decorrer de representação de trabalhadores, gravidez, pré-aposentadoria e ajuste em norma contratual, regulamentar e coletiva.

A estabilidade absoluta e a garantia de emprego não se confundem com a proteção geral à despedida arbitrária ou sem justa causa. Previsto no art. 7º, I, CF, mas ainda não regulamentado, é o direito concedido aos trabalhadores em geral (e não apenas em caso de representação de trabalhadores, gravidez, pré-aposentadoria), de somente poderem ser despedidos mediante motivação para o desligamento. Ou seja, não está ligada a fatos específicos ensejadores da proteção especial consistente na estabilidade ou na garantia de emprego.

A proteção à despedida retaliativa e à despedida discriminatória (Lei nº 9.029/2005) não são hipóteses de estabilidade, de garantia de emprego ou de proteção geral à despedida arbitrária ou sem justa causa. Derivam, direta e respectivamente, das garantias constitucionais de liberdade de ação e de não discriminação. Ou seja, são de caráter geral e não decorrem de nenhuma proteção específica, como nas estabilidades ou garantias de emprego, ou de necessidade de motivação para o despedimento.

O Decreto Legislativo nº 62.150, de 19.1.68, ratificou a Convenção nº 111, concernente à discriminação em matéria de emprego e profissão, observando que o termo discriminação compreende toda distinção, exclusão ou preferência fundada na raça, cor, sexo, religião, opinião política, ascendência nacional ou origem social que tenha por efeito destruir ou alterar a igualdade de oportunidades ou de tratamento em matéria de emprego ou profissão, bem como qualquer outra distinção, exclusão ou preferência que tenha por efeito destruir ou alterar a igualdade de oportunidades ou tratamento em matéria de emprego ou profissão.

A Lei nº 9.029/95 proíbe a exigência de atestado de gravidez e outras práticas discriminatórias nas relações de trabalho, autorizando a reintegração ou indenização dobrada, conforme opção do trabalhador arbitrariamente despedido.

Atenta a tais valores e normas, a jurisprudência trabalhista tem procurado concretizar a Constituição, vedando, por exemplo, a dispensa arbitrária do empregado portador de doença grave, ou seja, a dispensa fundada em estigma ou preconceito. Em outras palavras, a dispensa discriminatória, que atenta contra o objetivo fundamental da República Federativa do Brasil, de construção de uma sociedade solidária (art. 3º, I, CF), em que o ser humano está no centro das atenções.

Daí a Súmula nº 443, do TST, que presume discriminatória a despedida de empregado portador do vírus HIV ou de outra doença grave que suscite estigma ou preconceito. Inválido o ato, o empregado tem direito à reintegração no emprego.

Entre os empregados portadores de doenças graves, estão, entre outros, o empregado acometido de câncer, lúpus e vírus do HIV.

A soropositividade, o câncer, o lúpus e outras doenças graves não são fatores impedientes da relação de emprego, pelo que a negativa de acesso ao trabalho ou a despedida das pessoas acometidas desses males podem constituir discriminação pela condição de saúde do trabalhador.

No caso do vírus do HIV, incide ainda um outro tipo de preconceito, por atingir, com maior incidência, os homossexuais.

O problema é tão sensível que a ordem jurídica permite o levantamento do FGTS diante da constatação da soropositividade.

A legislação também permite o levantamento do FGTS às pessoas acometidas de neoplasia maligna (câncer), observando-se na jurisprudência o mesmo tratamento protetivo às despedidas arbitrárias.

As razões que orientam essas duas situações devem também orientar outros casos de doenças graves, como o lúpus, uma doença autoimune que elimina as defesas orgânicas, causando uma série de doenças consequentes.

Fundamentam a proibição da despedida arbitrária desses trabalhadores o art. 7º, *caput* (melhoria das condições sociais dos trabalhadores) e inciso I (relação de empregado protegida contra a despedida arbitrária) c/c 3º, IV, a Convenção nº 111, da OIT, ratificada pelo Decreto Legislativo n. 62.150, de 19.1.68 (que proíbe exclusão ou preferência fundada na raça, cor, sexo, religião, opinião política, ascendência nacional ou origem social que tenha por efeito destruir ou alterar a igualdade de oportunidades ou de tratamento em matéria de emprego ou profissão, bem como qualquer outra distinção, exclusão ou preferência que tenha por efeito destruir ou alterar a igualdade de oportunidades ou tratamento em matéria de emprego ou profissão) e a Lei nº 9.029/95, que proíbe práticas discriminatórias nas relações de trabalho, autorizando a reintegração do trabalhador ou indenização dobrada.

Discriminação é o tratamento desigual, por motivo desqualificante, pelo que a existência de motivo razoável para o tratamento desigual pode descaracterizá-la.

Logo, a presunção de discriminação é relativa. Havendo prova, cujo ônus é do empregador, de que a despedida decorre de outros fatores, como falta grave, extinção do estabelecimento, supressão de setor ou necessidade de redução de pessoal por motivos econômicos, a despedida pode ser promovida.

Nas demais hipóteses de discriminação (idade, sexo, deficiência) adota-se a mesma solução (vide Lei nº 9.029/95).

A Lei nº 9.029/95 permite ao próprio trabalhador, despedido por ato discriminatório, optar pela reintegração ou ela indenização dobrada (art. 4º).

Quanto aos estáveis e detentores de garantia de emprego, fazem jus à reintegração em caso de despedida arbitrária ou sem justa causa, com indenização refletida no valor dos salários e demais vantagens do período de afastamento, ou indenização substitutiva, caso esgotado o período estabilitário durante a tramitação do processo.

São os seguintes os casos de estabilidades absolutas:

- decenal (art. 492, CLT);
- do servidor público (art. 41, CF);
- contratual e regulamentar;
- do dirigente sindical (art. 8º, VIII, CF);
- dos diretores de sociedades cooperativas (art. 55, Lei nº 5.764, de 1971 e OJ 253, SDI TST);
- dos representantes dos empregados no Conselho de Previdência Social (art. 3º, § 7º, da Lei nº 8.213/91);
- dos representantes dos empregados no Conselho Curador do FGTS (art. 3º, § 9º, Lei 8.036/90);
- dos representantes dos empregados em Comissão de Conciliação Prévia (art. 625-B, § 1º, da CLT).

São os seguintes os casos de garantias provisórias de emprego (estabilidades relativas):

- do dirigente de CIPA (art. 10, II, a, ADCT);
- da gestante (art. 10, II, b, ADCT);
- do empregado acidentado (art. 118, Lei 8.213/91);
- do representante dos empregados nas empresas (art. 510-D, § 3º, CLT);

- do representante dos empregados nos Conselhos de Administração das empresas públicas e sociedades de economia mista;
- do servidor público e empregados de empresas públicas e de economia mista em período eleitoral (art. 15 da Lei nº 7.773/89, art. 73, da Lei 9.504/97 e OJ nº 51, da SBDI-1, TST);
- do empregado às vésperas da obtenção de aposentadoria.

7.29.2. Estabilidades

7.29.2.1. Estabilidades decenal, contratual, regulamentar e normativa

A estabilidade legal por tempo de serviço (decenal) foi suprimida pela Constituição da República, respeitados os direitos adquiridos.

Em seu lugar, foi constitucionalmente prevista a proteção à despedida arbitrária ou sem justa causa mediante motivação, que está pendente de regulamentação e até que venha, a proteção ocorre mediante encarecimento econômico da despedida (indenização compensatória de 40%, incidente sobre o FGTS). A normatividade da estabilidade legal consta dos artigos 492 a 500, da CLT, aplicáveis, analogicamente, no que cabível, aos demais casos de estabilidade.

As estabilidades contratual e a prevista em regulamento empresarial terão o efeito de impedir a despedida arbitrária ou sem justa causa, observados os pressupostos de aquisição e os limites de exercício do direito, conforme a normatividade prevista pelas partes ou pelo empregador concedente.

Para a verificação da extensão do direito, ou seja, se se trata de estabilidade ou de mera garantia de emprego, a cláusula de concessão dependerá de interpretação. Por exemplo, se a possibilidade de a despedida ficar limitada à falta grave e motivo de força maior, indubitavelmente tratar-se-á de estabilidade, mas se a cláusula contratual ou regulamentar apenas impuser motivação disciplinar, econômica, técnica ou financeira para possibilitar a despedida, tratar-se-á de garantia de emprego.

Não sendo caso de mera garantia de emprego e sim de estabilidade, como as demais estabilidades, ensejarão inquérito para possibilitar a despedida.

As estabilidades previstas em norma coletiva seguem a mesma orientação, com a nuance de que, salvo ajuste em contrário, têm vigência por tempo limitado, ou seja, no prazo previsto em acordo ou convenção coletiva.

7.29.2.2. Estabilidade do servidor público

Os servidores públicos podem ser estatutários, celetistas e temporários, estes contratados por tempo determinado para atender à necessidade temporária de excepcional interesse público (art. 37, IX, da Constituição).

Servidor celetista é o lotado em cargo público de provimento efetivo na administração direta, da União, Estados, Municípios, Distrito Federal e suas autarquias e fundações públicas.

Conforme Item I da Súmula 390, do TST, o servidor público celetista da administração direta, autárquica ou fundacional é beneficiário da estabilidade prevista no art. 41 da CF/1988: são estáveis após três anos de efetivo exercício e somente perderão o cargo em virtude de sentença judicial transitada em julgado, decisão em processo administrativo em que assegurada ampla defesa e como resultado de avaliação periódica de desempenho, igualmente assegurada ampla defesa.

Mesmo durante o estágio probatório o servidor tem proteção, eis que é preciso motivar a razão da demissão.

Não adquirem estabilidade os servidores lotados em cargos de provimento em comissão. Isto porque não são efetivos e o preenchimento do cargo não ocorre por meio de concurso público.

A Súmula nº 363, do TST, deixa claro o óbice do art. 37, II e § 2º à contratação de servidor público, sem prévia aprovação em concurso público. Tem direito apenas ao pagamento da contraprestação pactuada e dos valores referentes aos depósitos do FGTS.

Quanto aos empregados de empresas públicas, sociedades de economia mista e congêneres, decisão do STF, em composição plenária (RE 589.998), reafirmou que os empregados da ECT não têm direito à estabilidade prevista no art. 41, da CF/1988, como interpreta o item II da Súmula nº 390, do TST. Mas deixou assente que é obrigatória a motivação da dispensa unilateral, pelo que será nula a despedida imotivada, porque inconstitucional. Essa decisão poderá ser estendida às demais empresas públicas e sociedades de economia mista.

7.29.2.3. Estabilidade em período eleitoral

Estabilidade do servidor em período eleitoral: alcança os servidores celetistas da administração pública direta e autárquica, bem como os empregados das empresas públicas e sociedades de economia mista (OJ nº 51, da SBDI-1, do TST).

O art. 15 da Lei nº 7.773/89 estabelece a nulidade dos atos que importarem em nomeação, admissão, contratação, exoneração *ex officio*, demissão, dispensa, transferência ou supressão de vantagens de qualquer espécie de servidor público, estatutário ou não, da administração pública direta ou indireta e fundações instituídas e mantidas pelo Poder Público da União, dos Estados, do Distrito Federal, dos municípios e dos territórios, nos seis meses que antecedem o término do mandato do Presidente da República.

Por sua vez, o art. 73, da Lei 9.504/97 com os §§ 5º e 11 a 13 alterados pela Lei nº 12.034/2009, estabelece a proibição aos agentes públicos, servidores ou não, de nomear, contratar ou de qualquer forma admitir, demitir sem justa causa, suprimir ou readaptar vantagens ou por outros meios dificultar ou impedir o exercício funcional e, ainda, *ex officio*, remover, transferir ou exonerar servidor público, na circunscrição do pleito, nos três meses que antecedem o pleito e até a posse dos eleitos, sob pena de nulidade de pleno direito.

7.29.2.4. Estabilidade dos membros do Conselho Curador do FGTS

Conforme art. 3º, § 9º, da Lei 8.036/90 e art. 65, § 8º do Regulamento do FGTS (Dec. 99.684/90), aos membros eleitos do Conselho Curador, representantes dos trabalhadores, efetivos e suplentes, é assegurada a estabilidade no emprego, da nomeação até um ano após o término do mandato, somente podendo ser dispensados por motivo de falta grave, regularmente comprovada.

A Lei nº 8.036/90 alude a processo "sindical" (na verdade, judicial), enquanto o Regulamento faz menção a comprovação regular. Essa comprovação deve ser feita por meio do inquérito para a apuração de falta grave, previsto no art. 853, da CLT, dada a natureza absoluta da estabilidade.

7.29.2.5. Estabilidade dos representantes dos empregados no Conselho de Previdência Social

Conforme o art. 3º, § 7º, da Lei nº 8.213/91, os representantes dos trabalhadores, titulares e suplente, têm estabilidade desde a nomeação até um ano após o término do mandato, exceto em caso de falta grave, comprovada por meio de processo judicial (inquérito para a apuração de falta grave, art. 853, CLT).

Mais uma vez a hipótese é de estabilidade absoluta, porque admissível a dispensa somente na ocorrência de falta grave.

7.29.2.6. Estabilidade dos representantes dos trabalhadores nas CCP

Estabelece o art. 625-B, § 1º, da CLT, que é vedada a dispensa dos representantes titulares e suplentes dos empregados membros de Comissão de Conciliação Prévia constituída no âmbito da empresa, até um ano após o final do mandato (permitida uma recondução), salvo se cometerem falta grave.

Aqui também a hipótese é de estabilidade absoluta, porque admissível a dispensa somente na ocorrência de falta grave.

A lei não exige inquérito, mas por analogia às demais hipóteses restritivas de dispensa nos casos de estabilidade absoluta, ele é indispensável à validade do ato de apuração.

7.29.2.7. Estabilidade dos diretores de cooperativas

A Lei nº 5.764, de 1971 garante estabilidade aos empregados eleitos diretores de sociedades cooperativas por eles criadas, desde o registro da candidatura e, se eleitos, até um ano após o término do mandato (art. 55).

Só podem ser despedidos por falta grave, mediante apuração em inquérito, dada a natureza absoluta da estabilidade.

A lei busca, com essa garantia, impedir a interferência do empregador na sua existência e funcionamento da cooperativa, que, no entanto, deve guardar correspondência com a categoria profissional para o qual foram eleitos dirigentes.

São beneficiários da estabilidade os membros componentes da Diretoria ou do Conselho de Administração, excluídos os do Conselho Fiscal (OJ nº 365, da SBDI-1, do TST). E, nos termos da OJ nº 253, da SBDI-1, TST, essa estabilidade não abrange os membros suplentes.

7.29.2.8. Estabilidade do dirigente sindical

O dirigente sindical, porque representante das reivindicações dos trabalhadores no plano coletivo detém imunidade sindical: estabilidade (art. 8º, VIII, CF) e inamovibilidade (art. 543, *caput*, *in fine*, CLT).

A estabilidade do dirigente sindical está prevista na Constituição Federal, cuidando-se, portanto, de direito fundamental (art. 8º, VIII, CF). Sem ela, haveria o risco de despedida na atuação em prol dos trabalhadores por ele representados.

A proteção ao dirigente sindical segue as diretrizes das Convenções 87, 98 e 135, da OIT e se destina a imunizar o trabalhador contra a hostilização do trabalhador frente à representação da categoria nas reivindicações que, invariavelmente, contraria os interesses econômicos do empregador. O exercício das funções de sindicalista muitas vezes coloca o trabalhador em confronto com os interesses do empregador. A estabilidade visa garantir o desempenho isento e sem receio de represálias, além de assegurar a independência dos sindicatos da categoria profissional, impedindo a interferência do empregador na sua existência e funcionamento.

Nos termos do já referido art. 8º, VIII, CF, é vedada a dispensa do empregado sindicalizado a partir do registro da candidatura a cargo de direção ou representação sindical e, se eleito, ainda que suplente, até um ano após o final do mandato, salvo se cometer falta grave. Esclarece a Súmula nº 379, do TST, que essa falta grave deve ser apurada mediante inquérito. Lógico. Afinal, trata-se de estabilidade absoluta.

A Súmula nº 369, item I, do TST, esclarece que a estabilidade do dirigente sindical é assegurada mesmo que a comunicação do registro da candidatura ou da eleição e da posse seja realizada fora do prazo de vinte e quatro horas previsto no § 5º do art. 543, da CLT, desde que a ciência do empregador, por qualquer meio, ocorra na vigência do contrato de trabalho.

Outrossim, esclarece ainda que o registro da candidatura do empregado a cargo de dirigente sindical durante o período de aviso prévio, ainda que indenizado, não lhe assegura estabilidade (Súmula nº 369, V, TST). Parte o TST do pressuposto de que não se pode garantir estabilidade a empregado cujo contrato já estava por findar, quando sobrevém a candidatura.

Evidentemente, é inaplicável quando a empresa despede o trabalhador sem prévio aviso ou quando lhe concede aviso prévio visando dar fim à relação, sabedora da intenção do trabalhador em se candidatar. Neste caso, aplica-se o disposto na parte final do item I da Súmula, por força do art. 9º, da CLT.

Para gozar da estabilidade constitucional, o empregado deve ser sindicalizado, ou seja, estar associado a sindicato há mais de 06 (seis) meses, gozando dos benefícios e garantias oferecidas pela entidade de representação classista e registrar a sua candidatura para pleitear a função representativa a cargo de direção sindical.

Uma vez eleito, os períodos de tempo em que tiver de se ausentar para o desempenho de suas atribuições sindical será considerado licença não remunerada. Nada impede que a empresa concorde em remunerar o período correspondente ou se houver, em contrário, cláusula contratualmente ajustada.

A CF/88, em seu art. 8º, permite ao trabalhador a livre associação sindical, estabelecendo alguns condicionamentos. Quanto aos servidores públicos, o art. 37 trata em seu inciso VI de assegurar a esses a livre associação sindical, aplicando-se tal inciso aos servidores da administração direta e indireta, conforme dispõe o *caput* do mencionado art. 37, que não impõe restrição ou condicionamento à livre associação sindical, muito menos em relação à estabilidade do representante sindical.

O empregado de categoria diferenciada eleito dirigente sindical só goza de estabilidade se exercer na empresa atividade pertinente à categoria profissional do sindicato para o qual foi eleito dirigente (SUM-369, III).

Por sua vez, o art. 543, da CLT, veda a transferência para lugar ou mister que lhe dificulte ou torne impossível o desempenho das atribuições sindicais. Mas é lícita a transferência quando ocorrer extinção do estabelecimento (art. 469, § 2º, CLT).

Embora a lei se refira apenas à falta grave como motivo ensejador da despedida, em ocorrendo extinção da atividade empresarial no âmbito da base territorial do sindicato, a estabilidade não subsiste (Súmula nº 369, IV) e o dirigente pode ser despedido (inteligência do art. 498, CLT).

Contra a transferência ilegal (sem consentimento do trabalhador ou do dirigente sindical) ou abusiva (do exercente de cargo de confiança ou quando a transferência for condição implícita ou explícita, mas sem necessidade do serviço), poderá o empregado valer-se de medida liminar impeditiva (art. 659, IX, da CLT).

O art. 659, X, da CLT, autoriza a concessão de medida liminar, até decisão final do processo, em reclamações trabalhistas que visem reintegração no emprego de dirigente sindical afastado, suspenso ou dispensado pelo empregador. A expressão "afastado" ou "suspenso", só pode dizer respeito à apuração da falta grave por meio do inquérito previsto no art. 494, da CLT.

Ocorrendo a suspensão do trabalhador para efeito de ajuizamento do inquérito, o prazo para o desiderato é decadencial, de trinta dias, contado a partir da suspensão (Súmula nº 403, do STF).

Corroborando o que foi dito, esclarecem:

- Súmula 197 do STF: "ESTABILIDADE – DIRIGENTE SINDICAL. O empregado com representação sindical só pode ser despedido mediante inquérito em que se apure falta grave".
- a Súmula nº 379, do TST, que: "O dirigente sindical somente poderá ser dispensado por falta grave mediante a apuração em inquérito judicial, inteligência dos arts. 494 e 543, § 3º, da CLT."
- a OJ nº 64 da SBDI-2, do TST, que: "Não fere direito líquido e certo a concessão de tutela antecipada para reintegração de empregado protegido por estabilidade provisória decorrente de lei ou norma coletiva". E essa tutela, para o dirigente sindical, está prevista no art. 659, X, da CLT.

Observe-se, no entanto, conforme OJ nº 137, da SBDI-2, do TST, que "Constitui direito líquido e certo do empregador a suspensão do empregado, ainda que detentor de estabilidade sindical, até a decisão final do inquérito em que se apure a falta grave a ele imputada, na forma do art. 494, *caput* e parágrafo único, da CLT".

Todavia, a transferência voluntária (solicitada ou livremente aceita) do dirigente sindical importa na perda da estabilidade (art. 543, § 2º, da CLT).

De igual sorte, poderá ser unilateralmente efetuada na hipótese de extinção do estabelecimento em que o empregado trabalhar (§ 2º do art. 469).

Nos termos da Súmula nº 221 do STF, a transferência de estabelecimento ou a sua extinção parcial, por motivo que não seja de força maior, não justifica a transferência de empregado estável.

Não são dirigentes sindicais: membro do Conselho Fiscal (OJ 365), delegado sindical (OJ 369), diretores de cooperativas (OJ 253), representantes nas empresas (PN 86), delegados sindicais e dirigentes de associações profissionais (SUM-222, cancelada).

O membro do Conselho Fiscal não tem estabilidade porque a sua atuação é burocrática, de fiscalização financeira do sindicato, não atuando na defesa dos interesses reivindicatórios da categoria (OJ nº 365, da SBDI-1).

Como as associações profissionais não detém a representação dos trabalhadores das categorias profissionais, não participando da negociação coletiva e da celebração de acordos e convenções coletivas, os seus dirigentes não exercem atividade que ponham em risco o emprego, não necessitando assim de estabilidade que o assegure.

Portanto, a CF assegura tal estabilidade exclusivamente aos dirigentes sindicais, pelo que a Súmula 222 foi cancelada.

Quanto aos delegados sindicais, não são eleitos e sim nomeados pela diretoria do sindicato, para fiscalização do cumprimento dos acordos, convenções coletivas e condições de trabalho. Não atuam como representantes nas reivindicações sindicais, pelo que não gozam de estabilidade.

A Súmula nº 369, II, do TST interpreta que o art. 522, da CLT foi recepcionado pela CF de 1988, ficando assim limitada a sete dirigentes sindicais e igual número de suplentes a representação dos trabalhadores. Ou seja, somente eles têm estabilidade.

Nos termos da OJ nº 399, da SBDI-1, do TST,

> O ajuizamento de ação trabalhista após decorrido o período de garantia de emprego não configura abuso do exercício do direito de ação, pois este está submetido apenas ao prazo prescricional inscrito no art. 7º, XXIX, da CF/1988, sendo devida a indenização desde a dispensa até a data do término do período estabilitário.

O item I da Súmula 396 do TST deixa claro que, exaurido o período de estabilidade durante a tramitação do processo, são devidos ao empregado apenas os salários do período compreendido entre a data da despedida e o final do período de estabilidade. Evidentemente, o período de estabilidade integra-se ao tempo de serviço para todos os efeitos legais, importando em majoração do valor das parcelas rescisórias.

Para evitar-se o exaurimento do período estabilitário, convém à parte requerer, liminarmente, a reintegração, que será concedida se o direito invocado for plausível, estando implícito o perigo na demora (fim da estabilidade). Para a concessão dessa liminar poderá o juiz, inclusive, realizar audiência de justificação.

Note-se que, em se tratando de transferência de dirigente sindical, a lei prevê, expressamente, a concessão dessa liminar (art. 659, X, CLT), mas, de forma análoga, com base no art. 461, do CPC, poderá ser concedida também em se tratando de gestante, cipeiro, empregado prestes a adquirir aposentadoria e demais casos de estabilidade provisória.

O item II da Súmula 396 esclarece que não configura julgamento extrapetita a decisão que converte a reintegração em indenização, posto ser do juiz a faculdade dessa conversão na hipótese prevista no art. 496, da CLT.

7.29.3. Garantias de emprego

7.29.3.1. Garantia de emprego dos dirigentes da CIPA

Nos termos do art. 7º, XXII, da CF, é direito dos trabalhadores a redução dos riscos inerentes ao trabalho, por meio de normas e saúde, higiene e segurança.

Regulamentando a prevenção contra os riscos de acidentes do trabalho e doenças profissionais, a CLT limita a duração das horas de trabalho, impõe intervalos intrajornada e entre jornadas, férias para descanso anual e nos arts. 154 a 201 estabelece normas específicas visando a proteção à saúde, higiene e segurança do trabalho, além de autorizar a expedição de Normas Regulamentares (NRs) pelo Ministério do Trabalho e Emprego (hoje Secretaria de Trabalho), de orientações e observância de procedimentos obrigatórios relacionados à segurança e medicina do trabalho.

O art. 163, *caput* da CLT, determina a constituição obrigatória de Comissão Interna de Prevenção de Acidentes do Trabalho (CIPA).

A NR-15 (Norma Regulamentar) do Ministério do Trabalho e Emprego regulamenta a matéria. O item 5.2 determina a constituição de CIPA por estabelecimento nas empresas privadas e públicas, sociedades de economia mista, órgãos da administração direta e indireta, instituições beneficentes, associações recreativas, cooperativas e outras instituições que admitam trabalhadores como empregados.

A CIPA, que tem por finalidade a discussão de métodos e procedimentos destinados à prevenção de acidentes e doenças decorrentes do exercício do trabalho conforme a realidade do estabelecimento, é composta de representantes designados pelo empregador (art. 164, § 1º, da CLT) e por representantes dos empregados, titulares e suplentes, eleitos em escrutínio secreto, independentemente de filiação sindical (art. 164, § 2º).

Para que o trabalhador possa exercer, sem receios de represália do empregador as suas atribuições na CIPA, o art. 165, da CLT, veda a despedida arbitrária ou sem justa causa dos titulares da representação dos trabalhadores na CIPA. Como é da competência do cipeiro relatar área e situações de risco, com solicitação das medidas necessárias à prevenção de acidentes e doenças ocupacionais, fica suscetível a represálias, daí a necessidade da garantia de emprego, para que tenha autonomia no exercício do seu mister.

Composta de representantes dos trabalhadores e do empregador, tem-se que a garantia de emprego está restrita aos representantes eleitos, os dos trabalhadores e não ao representante nomeado pelo empregador (que preside a comissão).

A NR-15, item 5.8, esclarece que essa vedação, que caracteriza garantia temporária de emprego ou estabilidade provisória, tem início a partir do registro da candidatura do empregado eleito e vigora até um ano após o final de seu mandato. O art. 10, II, da ADCT da CF elevou essa garantia a nível constitucional.

O art. 165, da CLT, veda a despedida arbitrária ou sem justa causa dos titulares da representação dos trabalhadores na CIPA. O art. 10, II, a, da ADCT da CF de 88 não esclarece se a garantia de emprego abrange os suplentes da representação dos trabalhadores, daí surgindo a primeira questão relacionada à garantia de emprego conferida aos cipeiros, ou seja, se está restrita aos titulares da representação ou se também abrange os suplentes.

Resolvendo-a, esclarece o item I da Súmula nº 339, do TST, de que o suplente da CIPA goza da garantia de emprego prevista no art. 10, II, "a", do ADCT a partir da promulgação da Constituição Federal de 1988.

A interpretação dada pelo TST à norma contida no art. 10, II, "a", do ADCT da CF resulta do fato de que: a) os suplentes são eleitos pelos trabalhadores e substituem os titulares da representação nas ausências; b) tal qual os titulares, os suplentes ficam igualmente expostos a represálias dos empregadores, pelo qual merecem igual proteção; c) o item 5.8 da NR-15 regulamenta o art. 165, da CLT e a própria Constituição, ao vedar a despedida arbitrária ou sem justa causa do empregado eleito para cargo de direção de Comissões Internas de Prevenção de Acidentes desde o registro de sua candidatura até um ano após o final de seu mandato, não fazendo assim distinção entre representante titular e suplente.

Ainda a respeito, esclarece a OJ nº 6, da SBDI-2, do TST, que "Rescinde-se o julgado que nega estabilidade a membro suplente de CIPA, representante de empregado, por ofensa ao art. 10, II, 'a', do ADCT da CF/88, ainda que se cuide de decisão anterior à Súmula nº 339 do TST. Incidência da Súmula nº 83 do TST".

A segunda questão referente aos cipeiros diz respeito à necessidade ou não de inquérito prévio à despedida. O inquérito diria respeito somente à apuração de falta grave, procedimento desnecessário, porque não é imposto pelas normas constitucional e infraconstitucional.

A terceira questão referente aos cipeiros diz respeitos aos motivos que autorizam a despedida. Sendo a Constituição que instituiu a garantia omissa a respeito, aplica-se o art. 165, da CLT: está autorizada a despedida por motivação disciplinar, técnica, econômica ou financeira.

A despedida do cipeiro por motivo econômico ou financeiro, pode dizer respeito à empresa, em particular ou situação econômica geral que importe em despedida coletiva, ainda que proveniente de força maior.

A despedida do cipeiro por motivo disciplinar não está condicionada à apuração em inquérito, mas a sua nulidade importará em reintegração, com pagamento dos salários do período de afastamento (parágrafo único do art. 165, da CLT).

Quanto à extinção do estabelecimento, de natureza técnica, a garantia de emprego conferida aos titulares da representação dos empregados na CIPA serve para a prevenção de acidentes e doenças decorrentes do exercício do trabalho no estabelecimento. Logo, se extinto, a garantia perde a sua razão. Ainda que a empresa possua outros estabelecimentos, como a CIPA deve ser formada por estabelecimento, lá existirão outros componentes, não estando a empresa obrigada a deslocar o trabalhador para manter a garantia de emprego. Cuida-se, portanto, de garantia para a proteção dos interesses da categoria, e não de vantagem pessoal do trabalhador. Daí a orientação contida no item II da Súmula 339, de que "A estabilidade provisória do cipeiro não constitui vantagem pessoal, mas garantia para as atividades dos membros da CIPA, que somente tem razão de ser quando em atividade a empresa. Extinto o estabelecimento, não se verifica a despedida arbitrária, sendo impossível a reintegração e indevida a indenização do período estabilitário".

No mesmo sentido, a Súmula nº 369, IV, do TST, relacionada ao dirigente sindical: "Havendo extinção da atividade empresarial no âmbito da base territorial do sindicato, não há razão para subsistir a estabilidade".

A quarta questão referente aos cipeiros decorre do fato de que a garantia celetista de emprego tinha como termo final o término do mandato e o ADCT da Constituição a estendeu até um ano após o final do mandato para o empregado eleito para cargo de direção desde o registro de sua candidatura. A respeito, a jurisprudência firmou-se no sentido de que tanto os dirigentes como os demais representantes eleitos foram beneficiados pela garantia constitucional.

Nos termos da Súmula nº 28, do TST, "No caso de se converter a reintegração em indenização dobrada, o direito aos salários é assegurado até a data da primeira decisão que determinou essa conversão".

A súmula aplica-se não apenas às hipóteses em que o trabalhador é detentor de estabilidade decenal e é cabível a reintegração, por ter sido arbitrariamente despedido, mas também quando a dispensa tem por fundamento ato discriminatório (nas duas hipóteses a indenização é dobrada).

A súmula não se aplica aos trabalhadores detentores de garantia de emprego (dirigente de CIPA, dirigente sindical, grávida etc.), porque essa garantia está limitada no tempo e eventual indenização substitutiva cobre os salários do respectivo período, não havendo necessidade de estabelecimento de um marco final já fixado por lei. E é devida de forma simples, exceto se fundada em ato discriminatório.

Nos termos da OJ nº 399, da SBDI-1, do TST,

> O ajuizamento de ação trabalhista após decorrido o período de garantia de emprego não configura abuso do exercício do direito de ação, pois este está submetido apenas ao prazo prescricional inscrito no art. 7º, XXIX, da CF/1988, sendo devida a indenização desde a dispensa até a data do término do período estabilitário.

Uma última questão relacionada aos cipeiros, aliás, aplicável a todos os demais casos de estabilidade temporária ou garantia de emprego: a despedida em razão da condição estabilitária do trabalhador faz incidir a Lei nº 9.029/95, que visa coibir a discriminação, com opção de escolha do trabalhador entre a reintegração e a indenização, não sendo assim aplicável o art. 496, da CLT. Se o trabalhador optar pela indenização e for o caso de sua concessão, será dobrada, nos termos da lei e computada até a data da primeira decisão que a deferir (vide Súmula nº 28, do TST).

7.29.3.2. Garantia de emprego da gestante

Conforme art. 10, II, b, da ADCT, é vedada a dispensa arbitrária ou sem justa causa da empregada gestante, desde a confirmação da gravidez até cinco meses após o parto, superior à proteção prevista na Convenção nº 183, da OIT, não ratificada pelo Brasil.

Sobre a despedida discriminatória da mulher, vide a Convenções 111, da OIT.

Com base na Teoria do Risco Social, o fato objetivo da gravidez independe do conhecimento do empregador e da própria trabalhadora. A proteção constitucional é à gestação e não ao conhecimento do empregador quanto ao fato da gravidez. Confirmação é a certeza do fato, não tendo o legislador exigido a comunicação. Basta que ela esteja grávida enquanto vigorar o contrato (no momento da dispensa ou no período do aviso prévio cumprido ou indenizado) para ter direito à indenização do período estabilitário. É a interpretação do art. 10, II, b, do ADCT da Constituição Federal, realizada pelo TST, contida no item I da Súmula nº 244. Daí o disposto no artigo 391-A, da CLT, no sentido de que a confirmação do estado de gravidez advindo no curso do contrato de trabalho, ainda que durante o prazo do aviso prévio trabalhado ou indenizado, garante à empregada gestante a estabilidade provisória prevista na alínea b do inciso II do art. 10 do Ato das Disposições Constitucionais Transitórias.

É certo que o objetivo da Constituição Federal é conceder garantia de emprego à gestante, cujo exercício pode ser exigido até mesmo liminarmente, e não uma indenização substitutiva dessa garantia. Mas, uma vez despedida, pode optar pelo pagamento de indenização reparatória da estabilidade obstada pelo empregador.

A garantia de emprego da gestante vai desde a confirmação da gravidez até cinco meses após o parto, direito estendido à empregada doméstica por força da Lei nº 11.324, de 19 de julho de 2006. Esse prazo, em relação à gestante, pode ser ampliado em 60 dias, por adesão ao Programa Empresa Cidadã.

O prazo de garantia não se confunde com o salário maternidade correspondente aos 120 dias de afastamento, embora compreendido no período estabilitário.

Observe-se que nos termos da OJ nº 44, da SBDI-1, do TST, "É devido o salário maternidade, de 120 dias, desde a promulgação da CF/1988, ficando a cargo do empregador o pagamento do período acrescido pela Carta".

A licença maternidade é estendida à empregada adotante ou à que obtiver guarda judicial para fins de adoção de criança (art. 392-A, da CLT).

O item II da Súmula 244 esclarece que a garantia de emprego conferida à gestante só autoriza a reintegração se esta se der durante o período de estabilidade. Do contrário, restringe-se aos salários e demais direitos correspondentes, reparatórios do período estabilitário obstado pelo empregador. É o que esclarece o item II do verbete sumulado.

Esclarece a OJ nº 30, da SDC do TST:

> Nos termos do art. 10, II, "b", do ADCT, a proteção à maternidade foi erigida à hierarquia constitucional, pois retirou do âmbito do direito potestativo do empregador a possibilidade de despedir arbitrariamente a empregada em estado gravídico. Portanto, a teor do artigo 9º da CLT, torna-se nula de pleno direito a cláusula que estabelece a possibilidade de renúncia ou transação, pela gestante, das garantias referentes à manutenção do emprego e salário.

Note-se, contudo, que uma vez despedida, cabe à gestante a escolha do pedido de reintegração ou de indenização substitutiva. A proteção à maternidade é bem jurídico que supera os interesses empresariais, pelo que: a) não se pode exigir da gestante o retorno a um emprego do qual pode ter sido alijada até mesmo por discriminação pelo fato de estar grávida; e, b) dificilmente a gestante conseguiria novo emprego durante o período estabilitário, necessitando assim de indenização capaz de supri-lo. A respeito, observe-se que, nos termos da OJ nº 399, da SBDI-1, do TST,

> O ajuizamento de ação trabalhista após decorrido o período de garantia de emprego não configura abuso do exercício do direito de ação, pois este está submetido apenas ao prazo prescricional inscrito no art. 7º, XXIX, da CF/1988, sendo devida a indenização desde a dispensa até a data do término do período estabilitário.

Evidentemente, se a gestante, despedida, vier a obter novo empregado durante o período de cumprimento de aviso prévio, não fará jus a indenização fundada em estabilidade. E se obtiver novo emprego após findo o período do aviso prévio, fará jus a indenização do de estabilidade proporcional.

Esclarece o item III da Súmula 244 que o contrato por prazo determinado não é motivo impeditivo de aquisição de estabilidade provisória da gestante.

Trata-se, em relação à gestante, de exceção à regra de que o termo final previsto no contrato por prazo determinado não prorrogado põe fim à relação de emprego, não importando se foi firmado para efeito de experiência, atendimento de serviço transitório ou inserção em atividade de caráter transitório. A proteção à maternidade é bem jurídico que supera os interesses empresariais, pelo que não incide nem mesmo a regra contida no art. 472, § 2º, da CLT, de que o tempo de afastamento será computado na contagem do prazo para efeito de terminação do contrato por tempo determinado.

A matéria hoje está regulada no art. 391-A, introduzido na CLT pela Lei nº 12.812/2013, que garante a estabilidade da gestante ainda que contraída a gravidez no curso do aviso prévio trabalhado ou indenizado.

7.29.3.3. Garantia de emprego do empregado acidentado

O artigo 118 da Lei nº 8.213/1991 assegura a garantia provisória pelo período de 12 meses após a cessação do auxílio-doença ao empregado acidentado.

Como o art. 7º, I, da CF, exige lei complementar para a definição da proteção à despedida arbitrária ou sem justa causa, surgiu a indagação sobre a constitucionalidade da lei infraconstitucional, que assegurou garantia de emprego contra a despedida do empregado acidentado pelo período de 12 meses após a cessação do auxílio-doença.

Ora, as garantias de emprego por motivos circunstanciais não se confundem com a proteção geral contra a despedida arbitrária ou sem justa causa prevista no art. 7º, I, da CF. Aquelas são aplicáveis a certos empregados, para proteção do emprego em virtude de situações socialmente relevantes, enquanto a prevista na Constituição diz respeito ao estabelecimento de motivações aplicáveis a todos os empregados.

Como o art. 7º, I, *caput*, *in fine*, reconhece a possibilidade da legislação ordinária integrar como direitos dos trabalhadores os destinados à melhoria de suas condições sociais, a legislação infraconstitucional pode prever garantias de emprego para situações sociais específicas, independentemente de lei complementar, como ocorre com as garantias de emprego dos representantes dos trabalhadores em Conselho de Previdência Social, em Conselho Curador do FGTS, em Comissão de Conciliação Prévia e inúmeras outras situações, a exemplos daquelas previstas nos arts. 8º, VIII da CF (dirigente sindical) e 10, "a" e "b", da ADCT (gestantes e cipeiro).

Daí se conclui que a interpretação relacionada à necessidade de regulamentação, por lei complementar, do disposto no art. 7º, I, da

CF, diz respeito às garantias de emprego de caráter geral a todos os trabalhadores e não as atinentes a motivos específicos, que justifiquem tratamento diferenciado. Tanto é assim que determina, até a regulamentação, a possibilidade de despedida mediante o pagamento de indenização compensatória de 40% do FGTS, o que não corre com quem tem estabilidade provisória, que, pela garantia específica de emprego, pode ser reintegrado. Assim, o artigo 118 da Lei nº 8.213/1991, quando assegura o direito à estabilidade provisória por período de 12 meses após a cessação do auxílio-doença, diz respeito a garantia específica e necessária, aplicável apenas a empregado acidentado, tão constitucionalmente justificável como a da gestante, do cipeiro e do dirigente sindical, não dependendo, portanto, de lei complementar.

Logo, o item I da Súmula nº 378, do TST esclarece que é constitucional o artigo 118 da Lei nº 8.213/1991 que assegura o direito à estabilidade provisória por período de 12 meses após a cessação do auxílio-doença ao empregado acidentado.

Esclarece ainda a OJ nº 31, da SDC, do TST:

> ESTABILIDADE DO ACIDENTADO. ACORDO HOMOLOGADO. PREVALÊNCIA. IMPOSSIBILIDADE. VIOLAÇÃO DO ART. 118 DA lei nº 8.213/91. Não é possível a prevalência de acordo sobre legislação vigente, quando ele é menos benéfico do que a própria lei, porquanto o caráter imperativo dessa última restringe o campo de atuação da vontade das partes.

O item II da Súmula 378 esclarece que são pressupostos para a concessão da garantia de emprego: afastamento superior a 15 dias e a consequente percepção do auxílio-doença acidentário. O afastamento até 15 dias sequer suspende o contrato de trabalho e não enseja a percepção de auxílio-doença acidentário, fazendo presumir a recuperação total do trabalhador e a desnecessidade da garantia de emprego.

Todavia, se vier a ser constatada, após a despedida, doença profissional que guarde relação de causalidade com a execução do contrato de emprego, incide a garantia de emprego, com direito a reintegração, mesmo não tendo o empregado ficado afastado por período superior a 15 dias ou recebido prestações de auxílio-doença acidentário.

Enfim, para a aquisição da estabilidade acidentária prevista no art. 118 da Lei 8.213/91, é necessário, em princípio, o afastamento do trabalho, com suspensão do contrato por mais de 15 dias, com percepção do auxílio-doença acidentário. Mas a jurisprudência do TST evoluiu no sentido de não considerar imprescindíveis ao reconhecimento da estabilidade acidentária o afastamento superior a quinze dias e a percepção de auxílio-doença acidentário, desde que constatada, após a despedida, doença profissional que guarde relação de causalidade com a execução do contrato de trabalho. Por exemplo, quando após 14 dias de afastamento, o trabalhador retorna sem condições de desempenhar as suas atividades e vem a ser dispensado. Constatada, após a despedida, doença profissional que guarde relação de causalidade com a execução do contrato de emprego, incide a garantia de emprego, com direito a reintegração.

Esclarece a OJ nº 41, da SBDI-1, do TST, que "Preenchidos todos os pressupostos para a aquisição de estabilidade decorrente de acidente de trabalho ou doença profissional, ainda durante a vigência do instrumento normativo, goza o empregado de estabilidade mesmo após o término da vigência deste".

O item III da Súmula nº 378 esclarece que o empregado submetido a contrato de trabalho por tempo determinado goza da garantia provisória de emprego decorrente de acidente de trabalho prevista no art. 118 da Lei nº 8.213/91.

Interpreta o TST que o acidente de trabalho, ainda mais quando proveniente de responsabilidade do empregador, é proteção a bem jurídico de natureza constitucional, que supera a natureza legal temporária do contrato. E, de igual sorte, a gravidez contraída no curso do contrato por prazo determinado, por tratar-se de bem jurídico que supera os interesses empresariais (vide Súmula 244, item III). São fatos extraordinários e inevitáveis, que constituem exceções à regra contida no art. 472, § 2º, da CLT, demandando proteção diferenciada.

Diferentemente, tais exceções não se estendem à eleição do cipeiro ou do dirigente sindical, que, não obstante o conhecimento prévio da precariedade do contrato, se candidatam a cargo de representação obreira. Nesta hipótese, que não constitui direito personalíssimo do empregado e sim de representação da categoria, prevalece a natureza precária do vínculo, limitando-se a estabilidade provisória ao tempo de vigência do contrato, podendo outro trabalhador, suplente, vir a substituir, como representante, o que teve o contrato extinto, sem importar em perda de representação da categoria.

7.29.3.4. Garantia de emprego do representante dos empregados nos Conselhos de Administração das empresas públicas e sociedades de economia mista

Nos termos do art. 10, da CF, "É assegurada a participação dos trabalhadores e empregadores nos colegiados dos órgãos públicos em que seus interesses profissionais ou previdenciários sejam objeto de discussão e deliberação".

Regulamentando a Constituição, o art. 5º da Portaria MPOG nº 26/2011, regulamentadora da Lei nº 12.253/2010, confere garantia de emprego ao representante dos empregados no conselho de administração desde a sua candidatura e até um ano após o fim de sua gestão, bem como a perda da condição de conselheiro ao representante dos empregados que tiver o contrato rescindido durante o prazo de sua gestão (parágrafo único).

A mencionada Portaria ainda resolve que, nesta hipótese, assumirá o segundo colocado mais votado, se não houver transcorrido mais da metade do prazo de gestão e que serão convocadas novas eleições se houver transcorrido mais da metade do prazo de gestão (art. 7º). Finalmente, estabelece diretrizes e condições para a realização das eleições (arts. 9º a 18).

Excetuadas as empresas que tenham um número inferior a 200 (duzentos) empregados próprios (art. 5º), relativamente às empresas da administração indireta, a Lei nº 12.353, de 28 de dezembro de 2010 dispõe sobre a participação de empregados nos conselhos de administração das empresas públicas e sociedades de economia mista, suas subsidiárias e controladas e demais empresas em que a União, direta ou indiretamente, detenha a maioria do capital social com direito a voto e dá outras providências.

Pela lei em comento, os estatutos dessas empresas deverão prever a participação de representante dos trabalhadores nos seus conselhos de administração, assegurado o direito da União de eleger a maioria dos seus membros, ficando autorizada a alteração do número máximo de membros dos conselhos de administração das empresas públicas e sociedades de economia mista federais (art. 2º, *caput* e 4º).

O representante dos trabalhadores será escolhido entre os empregados pela via eletiva direta. O conselheiro eleito não participará das discussões e deliberações sobre assuntos que envolvam relações sindicais, remuneração, benefícios e vantagens, inclusive matérias de previdência complementar e assistenciais (§ 3º do art. 2º).

7.29.3.5. Garantia de emprego dos representantes dos trabalhadores

Nos termos do art. 11, da CF, "nas empresas de mais de duzentos empregados, é assegurada a eleição de um representante destes com a finalidade exclusiva de promover-lhes o entendimento direto com os empregadores".

O fato da eleição para efeito de representação e a natureza do cargo, que expõe o trabalhador a hostilizações por parte do empregador, garante o emprego do representante.

Assim, regulamentando a Constituição, o novel art. 510-A, CLT, estatui que nas empresas com mais de duzentos empregados, é assegurada a eleição de uma comissão para representá-los, com a finalidade de promover-lhes o entendimento direto com os empregadores.

Regulamentando a Constituição, o art. 510-A, da CLT, estatui que nas empresas com mais de duzentos empregados é assegurada a eleição de uma comissão para representá-los, com a finalidade de promover-lhes o entendimento direto com os empregadores.

Estabelece o § 1º que a comissão será composta:

> I – nas empresas com mais de duzentos e até três mil empregados, por três membros;
>
> II – nas empresas com mais de três mil e até cinco mil empregados, por cinco membros;
>
> III – nas empresas com mais de cinco mil empregados, por sete membros.

No caso de a empresa possuir empregados em vários Estados da Federação e no Distrito Federal, será assegurada a eleição de uma comissão de representantes dos empregados por Estado ou no Distrito Federal (§ 2º).

As decisões da comissão de representantes dos empregados serão sempre colegiadas, observada a maioria simples (§ 1º do art. 510-B). A garantia de emprego dos representantes eleitos é prevista no § 3º do art. 510-D, CLT:

> Desde o registro da candidatura até um ano após o fim do mandato, o membro da comissão de representantes dos empregados não poderá sofrer despedida arbitrária, entendendo-se como tal a que não se fundar em motivo disciplinar, técnico, econômico ou financeiro.

7.29.3.6. Garantia de emprego do empregado às vésperas da obtenção de aposentadoria

A cancelada Súmula nº 26, do TST presumia obstativa à estabilidade a despedida, sem justo motivo, de empregado despedido um ano antes de alcançar a estabilidade decenal.

Para o empregado que está prestes a se aposentar, a despedida representa uma verdadeira tragédia, porque dificilmente, com idade avançada, conseguirá se recolocar no mercado de trabalho.

Sensível a esse problema, várias categorias profissionais e econômicas ajustam cláusulas buscando vedar a despedida às vésperas da aposentadoria.

A jurisprudência do TST, com fundamento na mesma *ratio* que animou a cancelada Súmula 26, ou seja, a frustração de um direito prestes a ser alcançado, tem decidido que o empregado tem garantia de emprego quando faltando apenas um ano para se aposentar.

Essa *ratio* tem fundamento em outros direitos não enumerados no art. 7º, da CF, que visem à melhoria da condição social do trabalhador (art. 7º, *caput*, *in fine*), ou seja, o de aposentar-se após o implemento das condições previstas em lei, e no art. 129, do Código Civil, que reputa verificada a condição quanto aos seus efeitos jurídicos, quando o seu implemento for maliciosamente obstado pelo empregador.

7.29.3.7. Garantia de emprego na pandemia da COVID-19

A Lei nº 14.020/2020 assegura garantia de emprego ao empregado que ajusta com o empregador a redução da jornada de trabalho com redução proporcional do salário ou a suspensão temporária do contrato de trabalho, com complementação ou substituição da remuneração pelo BEM (benefício emergencial de manutenção do emprego e da renda) durante o período acordado de redução da jornada de trabalho e do salário ou de suspensão temporária do contrato de trabalho e após o restabelecimento da jornada de trabalho e do salário ou do encerramento da suspensão temporária do contrato de trabalho, por período equivalente ao acordado para a redução (90 dias prorrogáveis) ou a suspensão (60 dias prorrogáveis), conforme art.10, I e II.

No caso da empregada gestante, o prazo é contado a partir do término do período da garantia de cinco meses após o parto (art.10, III).

Logo, a gestante tem após cinco meses após o parto, mais 60 (sessenta) dias ou 90 (noventa) dias de garantia, conforme se trate de redução ou de suspensão.

Caso venha o trabalhador a ser despedido sem justa causa no período previsto em lei como de garantia de emprego, será devida, além das parcelas resilitórias, a indenização referida no item 7.41, infra.

7.29.4. Tutela processual

Quer se trate de estabilidade ou garantia de emprego, o trabalhador arbitrariamente dispensado tem direito à reintegração, com direito aos salários e demais parcelas do contrato desde o afastamento e até o efetivo retorno.

Cabe liminar, com base no art. 659, X, da CLT, prevista para o dirigente sindical, mas extensível aos demais trabalhadores.

A reintegração não prevalece, ensejando a composição mediante indenização substitutiva do período estabilitário, nos seguintes casos: a) extinção do estabelecimento ou da empresa; b) reintegração desaconselhável, por incompatibilidade decorrente do dissídio (art. 496, CLT); c) terminação do período estabilitário antes da sentença; d) resolução pelo empregado, em decorrência de culpa patronal (rescisão indireta).

7.30. Indenização compensatória da dispensa nos 30 dias antecedentes ao reajuste da data-base

Com base no art. 9º das Leis 6.708/79 e 7.238/84, é devida a indenização destinada a compor o dano material derivado da despedida ocorrida no trintídio anterior ao reajuste da data-base da categoria.

O dano material causado consiste em indenização tarifada em lei, correspondente ao valor do salário devido na data da comunicação do despedimento, integrado pelos adicionais legais ou convencionados e decorre do prejuízo imposto ao empregado, em decorrência do óbice imposto à aquisição do reajuste (a despedida, nos termos do Enunciado nº 242, do TST).

Nos termos do Enunciado nº 242, do TST,

> A indenização adicional, prevista no art. 9º das Leis 6.708-79 e 7.238-84, corresponde ao salário mensal, no valor devido à data da comunicação do despedimento, integrado pelos adicionais legais ou convencionados, ligados à unidade de tempo mês, não sendo computável a gratificação natalina.

7.31. Indenização compensatória da terminação antecipada de contrato a termo (arts. 479 e 480, CLT)

O contrato de trabalho pode ser firmado por prazo determinado em se tratando de serviço cuja natureza ou transitoriedade justifique a predeterminação; de atividade empresarial de caráter transitório; e, de contrato de experiência (art. 443, § 2º, da CLT).

A contratação temporária, destinada à manutenção dos serviços essenciais durante uma greve, é hipótese de transitoriedade que justifica a predeterminação.

Também é hipótese de contratação temporária a destinada à realização de serviços especializados ou especificados, como a de admissão de trabalhador por empresa de reformas para a instalação hidráulica em certa fase de uma obra. E ainda, a de contratação de trabalhador para prestar serviços durante a realização de uma feira promocional.

A contratação temporária prevista na Lei 6019/74 também vigora por prazo determinado.

Em caso de rompimento antecipado do contrato de trabalho por prazo determinado previsto no art. 443, § 2º, da CLT, é devida indenização por metade, correspondente aos salários do período restante (art. 479), sem prejuízo da indenização de 40% incidente sobre os depósitos do FGTS (art. 14 do Decreto nº 99.684, de 8 de novembro de 1990). Os adicionais salariais devem ser integrados ao salário para a extração do valor devido.

Igual indenização (correspondente aos salários do período restante, por metade) é devida pelo empregado ao empregador nos rompimentos antecipados causados pelo trabalhador, mas a cobrança por parte deste fica sujeita à comprovação do prejuízo (art. 480, da CLT).

Quanto ao trabalho temporário, é devida indenização por dispensa sem justa causa ou término normal do contrato, correspondente a 1/12 da remuneração (art. 12, "f", da Lei 6.019/74), sem prejuízo da indenização de 40% incidente sobre os depósitos do FGTS (art. 14 do regulamento do FGTS).

7.32. Indenização compensatória da indenização por terminação de contrato condicional (art. 475, § 2º, CLT)

O empregado que for aposentado por invalidez terá suspenso o seu contrato de trabalho durante o prazo fixado pelas leis de previdência social para a efetivação do benefício (art. 475, *caput*, da CLT).

Caso venha a recuperar a capacidade laborativa, com cancelamento da aposentadoria, o empregador poderá optar:

a) por indenizar o empregado que retorna, mantendo o substituto (art. 475, § 1º, da CLT);

b) por resolver, sem indenização, o contrato com o substituto (art. 475, § 2º, da CLT).

Assim, se o empregador optar pela segunda hipótese, não precisará pagar ao substituto contratado para ocupar o lugar do empregado que retorna de contrato suspenso em razão de aposentadoria por invalidez, cancelada, indenização compensatória. Também não deverá aviso prévio ao substituto, a quem precisará pagar, no entanto, saldo salarial, férias vencidas e proporcionais e gratificação natalina proporcional.

7.33. Indenização compensatória do não fornecimento de guias do seguro-desemprego

O seguro-desemprego tem por finalidade prover assistência financeira temporária ao trabalhador desempregado em virtude de dispensa sem justa causa, inclusive como forma de dar-lhe tranquilidade na busca de nova ocupação (Lei 7.998/90, art. 2º).

Cabe ao empregador fornecer ao empregado as guias destinadas à habilitação para a percepção do benefício.

A falta de entrega importa na responsabilidade pelo dano decorrente, traduzido na indenização substitutiva do benefício obstado.

O TST preconiza essa interpretação por meio da Súmula 389 (antiga OJ 211): "Seguro-desemprego. Guias. Não-liberação. Indenização substitutiva. O não fornecimento pelo empregador da guia necessária para o recebimento do seguro-desemprego dá origem ao direito à indenização".

A parcela é devida também quando o empregador não libera ou não deposita os valores do FGTS (o que impede a habilitação à parcela) ou quando extrapola o prazo concedido pela CEF para a habilitação do empregado.

A indenização corresponde, de ordinário, ao montante que o trabalhador receberia por meio da habilitação ao benefício legal.

7.34. Indenização compensatória de aviso prévio não concedido

Aviso prévio é a comunicação prévia, escrita ou verbal, por parte do empregador ou do empregado, da intenção de dar por findo o contrato de emprego.

Como os contratos de emprego são por prazo indeterminado, é obrigatória a comunicação prévia para evitar o rompimento abrupto e dar à parte contrária o tempo necessário à aquisição de nova ocupação ou de nova mão de obra.

Nos contratos por prazo determinado a data do término já está prevista pelas partes, tornando desnecessária a comunicação prévia. Exceção é feita aos contratos por prazo determinado, que contiverem cláusula assecuratória do direito recíproco de rescisão antes de expirado o termo ajustado, caso seja exercido tal direito por qualquer das partes (art. 481, da CLT).

O aviso prévio devido pelo trabalhador ao empregador é de 30 (trinta) dias. Já o aviso prévio devido pelo empregador ao trabalhador deve ser dado com antecedência proporcional ao tempo de serviço: com 30 dias até 1 ano, mais 3 dias por ano até o máximo de 60 dias, no total de 90 dias (art. 7º, XXI, CF e Lei nº 12.506/2011).

Nos termos da lei, é devido o pagamento correspondente ao aviso prévio não concedido pelo empregador, garantida sempre a integração do período no tempo de serviço do empregado (art. 487, § 1º, da CLT).

A mesma indenização é devida pelo empregado ao empregador, caso também não lhe conceda aviso prévio. Neste caso, poderá o empregador descontar os salários correspondentes ao período (art. 487, § 2º, da CLT).

O reajustamento salarial coletivo, determinado no curso do aviso prévio, será aplicado nas duas hipóteses (inteligência do art. 487, § 6º, da CLT).

O dano material causado pelo rompimento abrupto, sem prévio aviso, tem por fim reparar os prejuízos causados pela impossibilidade da parte atingida de procurar nova ocupação ou de nova mão de obra.

O empregador que durante o prazo do aviso prévio dado ao empregado, praticar ato que justifique a resolução culposa, sujeitar-se-á ao pagamento da remuneração correspondente ao prazo do referido aviso, sem prejuízo da indenização que for devida (art. 490, da CLT).

O empregado que durante o prazo do aviso prévio cometer qualquer das faltas consideradas pela lei como justa causa para a resolução culposa, perderá o direito ao restante do respectivo prazo (art. 491, da CLT).

7.35. Indenização compensatória do desrespeito à garantia de ocupação de imóvel funcional durante aviso prévio

O aluguel pago quanto ao imóvel ocupado por empregado provisoriamente transferido, o imóvel patronal a ele cedido e o imóvel funcional do porteiro de edifício não são salário-utilidade e sim instrumentos destinados à viabilização do trabalho. E nada pode o empregador cobrar do empregado. Se o fizer, ficará obrigado a indenizar o obreiro pelo gasto indevido.

Caberá compensação financeira pelo dano causado ao empregado com o desalijo, em existindo cláusula legal (30 dias do aviso prévio), contratual ou normativa do tempo de ocupação após o aviso de dispensa; de igual sorte, se ultrapassado o tempo, poderá o empregador exercer o direito de compensação, pelos prejuízos causados.

O rural tem, por lei, 30 dias para desocupar o imóvel (art. 18 do Dec. 73.626/74).

Findo o prazo da garantia de ocupação, poderá o empregador reter por conta do devido a título de rescisão o valor correspondente como garantia da desocupação do imóvel funcional, sem prejuízo do ajuizamento da ação destinada ao desalijo.

7.36. Indenização compensatória incidente sobre FGTS. Efeitos da aposentadoria espontânea, culpa recíproca e força maior. A diferença decorrente do expurgo inflacionário

Como decorrência da despedida sem justa causa, o trabalhador faz jus à indenização compensatória de 40%, incidente sobre o FGTS, pré-fixada como forma de compensar o prejuízo decorrente do rompimento do contrato por iniciativa patronal.

A indenização é devida por metade (20%) nos casos de força maior (art. 502, II, CLT) e culpa recíproca (art. 484, CLT), num caso porque ambas as partes concorrem para a terminação contratual e no outro porque se o empregado não tem culpa no evento, o empregador muito menos, repartindo assim os prejuízos.

A indenização não é devida em se tratando de justa causa patronal, morte do empregado, pedido de demissão ou terminação do contrato a prazo no termo previsto pelas partes.

Em se tratando de continuação do contrato por motivo de aposentadoria espontânea, pode ser devida a indenização compensatória de 40% incidente sobre os períodos anterior e posterior à aposentadoria quando o empregador, sabedor da aposentadoria do empregado, não formaliza a extinção do contrato daquele período, tratando ambos como um só.

O contrato de emprego é, de regra, por prazo indeterminado, porque foi idealizado para vigorar durante a vida profissional do empregado, que termina com a sua morte e deveria também terminar com a sua aposentadoria.

Assim, quando o empregador formaliza a terminação tão logo toma ciência da aposentadoria concedida meses após o requerimento formulado pelo empregado ao órgão previdenciário, sem ciência do empregador, os períodos anterior e posterior à aposentadoria deverão ser tratados como distintos.

Questão também interessante, relacionada à indenização compensatória, diz respeito às diferenças decorrentes de expurgos inflacionários, ou seja, resultantes do cômputo posterior à terminação do contrato do empregado, nas contas do FGTS, de diferenças resultantes de correção monetária.

A respeito, há quem entenda que a diferença de indenização não é devida, porque o empregador não foi o culpado do governo não ter computado a correção monetária na época própria.

Responsabilidade e culpa são coisas distintas. Não há necessidade de agir com culpa para ser responsável. Se a lei determina que a indenização compensatória pela despedida causada pelo empregador deva ser extraída dos valores devidos a título de FGTS e se esse valor vem a ser majorado por força de lei ou de decisão judicial, será preciso, objetivamente, pagar a diferença de indenização compensatória sobre a diferença de valores do FGTS que vier a ser depositada na conta vinculada. E a responsabilidade pelo pagamento da diferença de indenização compensatória só poderá ser do empregador, que já a teria implementado por ocasião da terminação do contrato, se na conta do FGTS a correção devida tivesse sido observada.

A diferença de indenização somente não será devida nos casos em que o empregado não faz jus à própria indenização compensatória (justa causa, aposentadoria espontânea terminativa do contrato, contrato não extinto).

Quanto aos contratos extintos dois anos após o expurgo, há quem entenda ter ocorrido a prescrição. Mas essa prescrição restou interrompida se a parte interessada ingressou com ação perante a Justiça Federal postulando a reposição do expurgo.

Em 2001, a Lei Complementar nº 110 atribui, de forma generalizada, o direito à reposição do expurgo inflacionário, fazendo nascer, além da possibilidade de "criação" do direito por meio de decisão judicial, a de criação por via legal.

Logo, quem aderiu ao acordo mencionado pela Lei Complementar nº 110/01 pode postular do empregador, em dois anos contados da edição da lei ou da terminação superveniente do contrato, a diferença de indenização compensatória.

7.37. Indenizações pela terminação contratual

O contrato de trabalho pode terminar de forma normal, atingindo assim os efeitos pretendidos pelas partes, quer mediante o vencimento do prazo de duração (caducidade), quer com a sua total execução (extinção).

Quando o rompimento do contrato ocorre em meio à sua execução, cessa de forma anormal, mediante dissolução.

A dissolução do contrato de trabalho ou sua terminação antecipada sem total cumprimento, pode dar-se por resolução, resilição e rescisão.

A resolução pode ocorrer na forma culpável e desculpável.

Força maior externa, caso fortuito externo, *factum principis* externo, onerosidade excessiva subjetiva exculpável e morte do devedor de obrigação de fazer intuito personae são as modalidades de resolução sem culpa. Como consequência da ausência de culpa, o devedor não responde por perdas e danos, salvo, nas duas primeiras modalidades, se em mora já estivesse quando da ocorrência do evento extraordinário, a não ser provando que o evento ocorreria independentemente da mora.

São hipóteses de resolução com culpa, no Direito do Trabalho, o rompimento contratual em razão de ato de improbidade do empregado, denominado de despedida, por justa causa, e o rompimento contratual, pelo empregado, por motivo de inexecução do pagamento dos salários, denominada de "rescisão" indireta.

Pode a resolução culposo dar-se também por culpa recíproca das partes.

As hipóteses de resolução culpável das partes estão previstas nos arts. 482 e 483, da CLT.

Resilição do contrato de trabalho é a terminação do contrato pela vontade de uma, ou de ambas as partes, podendo assim ser unilateral e bilateral.

Duas são as modalidades de resilição bilateral: o distrato e a resilição convencional, esta ocorrente nos casos em que uma das partes dá à outra, previamente, o direito de pôr fim à relação em meio ao seu cumprimento, casos, por exemplo, do direito recíproco assecuratório de resilição antecipada do contrato de emprego por prazo determinado e do arrependimento mediante pagamento de indenização penitencial (art. 420, do Código Civil).

A resilição unilateral opera-se por denúncia notificada à outra parte (art. 473, *caput,* CC) e pode dar-se por denúncia imotivada, revogação, renúncia e resgate.

A denúncia imotivada é própria dos contratos sem prazo para a respectiva terminação e tem efeitos *ex nunc.*

Nos termos do art. 855-B, da CLT, *"O processo de homologação de acordo extrajudicial terá início por petição conjunta, sendo obrigatória a representação das partes por advogado."* A hipótese é de resilição bilateral.

Outrossim, nos termos do art. 477-B, "Plano de Demissão Voluntária ou Incentivada, para dispensa individual, plúrima ou coletiva, previsto em convenção coletiva ou acordo coletivo de trabalho, enseja quitação plena e irrevogável dos direitos decorrentes da relação empregatícia, salvo disposição em contrário estipulada entre as partes". É outra hipótese de resilição bilateral.

Rescisão (*stricto sensu*) do contrato de trabalho é sua a terminação por nulidade (por exemplo, incapacidade absoluta da parte, ilicitude do objeto) ou anulabilidade (erro, dolo, coação, lesão, estado de perigo, fraude contra credores e incapacidade relativa).

No entanto, o legislador atribui o nome de rescisão (*lato sensu*) a todas as formas de terminação do contrato de trabalho.

7.37.1. Terminação por despedida sem justa causa ou arbitrária (resilições unilateral e bilateral)

A despedida do trabalhador, sem justa causa, importa, para o empregador, no dever de indenizar o empregado, de forma a reparar o presumido dano patrimonial causado pelo fato da despedida injustificada. Essa indenização é tarifada em lei.

Nos contratos por prazo indeterminado, deve o empregador ao empregado eventual indenização compensatória de 40%, incidente sobre o FGTS e indenização de aviso prévio acaso não concedido. Também precisará arcar com o pagamento das parcelas decorrentes do vencimento antecipado pela dispensa, como gratificação natalina proporcional e férias inteiras e proporcionais e fornecer, sob pena de responsabilização pelo equivalente, em espécie, as guias do FGTS e do seguro-desemprego. E se a despedida ocorrer no trintídio anterior ao reajuste da data-base da categoria, será devida indenização no valor do salário, destinada a compor o dano material decorrente.

Em se tratando de empregado doméstico, o empregador doméstico deve mensalmente depositar, durante a vigência do contrato, além dos 8%, mais 3,2% da remuneração mensal para compensação da perda do emprego (art. 22, LC 150/2015).

Se ocorrer dispensa por justa causa ou pedido de demissão do trabalhador, o empregador poderá levantar os depósitos mensais de 3,2%.

O rompimento do contrato em virtude de pedido de demissão exclui indenização ao empregado, posto que ele mesmo dá causa ao próprio desemprego. O que não exclui o dever do empregador de pagar as parcelas antecipadamente vencidas com a terminação do contrato, como gratificação natalina proporcional e férias, inteiras e proporcionais ao período aquisitivo, e o dever de o empregado dar aviso prévio, sob pena de desconto do valor correspondente.

Nos contratos por prazo determinado, a resilição ocorre quando são rompidos antes do termo previsto. Neste caso, o empregador deverá ao empregado indenização consistente em metade da remuneração do tempo restante do contrato abreviado (art. 479).

Também serão devidas ao trabalhador: férias vencidas e/ou proporcionais, gratificação natalina inteira e/ou proporcional (art. 3º, I, da Lei nº 4.090/1962), e documentação habilitadora para movimentação do FGTS + 40%, (art. 14 do Decreto nº 99.684/1990) e habilitação ao seguro desemprego, se atendidos os requisitos para a percepção.

Nos contratos por prazo determinado, quando a iniciativa do rompimento antecipado for do empregado, deverá indenização dos prejuízos causados ao empregador, limitados à indenização por metade do tempo restante de contrato (art. 480, *caput* e § 1º CLT).

Nas terminações dos contratos de trabalho temporário, é devida indenização por dispensa sem justa causa ou término normal do contrato, correspondente a 1/12 da remuneração (art. 12, "f", da Lei 6.019/74), sem prejuízo da indenização de 40% incidente sobre os depósitos do FGTS (art. 14 do regulamento do FGTS).

Também na resilição bilateral (distrato), as partes não precisam declinar o motivo da terminação.

Serão devidas as seguintes verbas trabalhistas: por metade: o aviso prévio, se indenizado e a indenização sobre o saldo do FGTS (20%); na integralidade, as demais verbas trabalhistas (férias vencidas e/ou proporcionais, gratificação natalina inteira e/ou proporcional); movimentação de 80% do FGTS. E o trabalhador não faz jus, nesse caso, a seguro desemprego (art. 484-A, *caput* e I e II e §§, da CLT).

Plano de Demissão Voluntária ou Incentivada, para dispensa individual, plúrima ou coletiva, previsto em convenção coletiva ou acordo coletivo de trabalho, enseja quitação plena e irrevogável dos direitos decorrentes da relação empregatícia, salvo disposição em contrário estipulada entre as partes (art. 477-B, da CLT).

Quanto às despedidas arbitrárias, decorrentes das violações às estabilidades absolutas, garantias de emprego por retaliação, tem o trabalhador direito à reintegração, com garantia de indenização consistente nos salários e vantagens do período de afastamento, sem prejuízo da reparação ou composição de outros danos, a exemplo dos danos morais.

Quando a reintegração do empregado estável for desaconselhável, dado o grau de incompatibilidade resultante do dissídio, especialmente quando for o empregador pessoa física, o tribunal do trabalho poderá converter aquela obrigação em indenização substitutiva do período de estabilidade ou garantia de emprego (art. 496, CLT). Em se tratando de despedida discriminatória, o trabalhador pode optar entre o retorno, com garantia de indenização consistente nos salários e vantagens do período de afastamento, ou indenização dobrada sem prejuízo da reparação ou composição de outros danos, a exemplo dos danos morais (Lei nº 9.029/1995).

7.37.2. Terminação por justa causa e rescisão indireta (resolução culposa)

Quer se trata de contrato por prazo determinado ou indeterminado, a despedida por justa causa afasta o dever de indenizar o rompimento do contrato, posto que causada *por culpa* do próprio empregado. Nesta situação, não deve o empregador ao empregado eventual indenização compensatória de 40% incidente sobre o FGTS, experimentando o empregado a perda patrimonial dessas parcelas, em decorrência do seu comportamento.

A "rescisão indireta" ou resolução por culpa patronal dá ao empregado direito à integral reparação pelo fato do desemprego, em última análise causado por culpa do empregador. Precisará pagar ao empregado as mesmas parcelas mencionadas no caso de despedida sem justa causa, inclusive aviso prévio indenizado, proporcional ao tempo de serviço (art. 484, § 4º, CLT).

Quando empregado e empregador são reciprocamente culpados do rompimento do contrato, a indenização é devida por metade, eis que ambos agem com culpa eficiente, causadora do evento (art. 484, CLT).

Conforme Súmula nº 14 do TST, reconhecida a culpa recíproca, o empregado terá direito a 50% do aviso prévio, 13º salário e das férias proporcionais.

Fará jus também a indenização compensatória de 20% (§ 2º do art. 9º, do Decreto nº 99.684/1990), mas não faz ao seguro desemprego.

A mesma solução é aplicada aos contratos por prazo determinado, rompidos por culpa recíproca.

7.37.3. Terminação por despedida fundada em força maior, caso fortuito ou fato do príncipe

No caso da força maior, a indenização também é devida por metade, mas porque nenhum dos contratantes é culpado pela terminação e assim dividem, objetivamente, responsabilidades (art. 502, da CLT). É exemplo a despedida em decorrência da COVID-19, caso o empregador não tenha optado pelas alternativas previstas na Lei nº 14.020/2020, de conversão da MP 936/2020. Sobre o assunto em toda a sua extensão, vide item 7.41, infra.

Nos contratos sem prazo, na terminação antecipada por resolução decorrente de morte acidental do empregado os dependentes do falecido farão jus às seguintes parcelas: férias vencidas e/ou proporcionais, gratificação natalina inteira e/ou proporcional e movimentação do FGTS.

Se for por morte do empregador, e que importar na extinção do contrato, além das parcelas supra o trabalhador fará jus a guias do seguro desemprego, aviso indenizado e indenização compensatória de 40% do FGTS (art. 485).

Nos contratos a termo, na terminação antecipada mediante resolução por motivo de força maior, o trabalhador fará jus à metade da indenização consistente em metade da remuneração a que o trabalhador teria direito até o termo do contrato (art. 480 c/c art. 502, III, CLT).

Também faz jus a férias vencidas e/ou proporcionais, gratificação natalina inteira e/ou proporcional e guias para movimentação do FGTS e seguro desemprego se for o caso.

Nos contratos a prazo, na terminação antecipada por resolução decorrente de morte acidental do empregado, os dependentes do falecido farão jus às seguintes parcelas: férias vencidas e/ou proporcionais, gratificação natalina inteira e/ou proporcional, movimentação do FGTS.

Se for por morte do empregador, e que importar na extinção do contrato, além das parcelas supra o trabalhador fará jus a guias do seguro desemprego, se cabíveis pelo tempo de contrato e indenização correspondente à metade da indenização consistente em metade da remuneração a que o trabalhador teria direito até o termo do contrato (art. 480 c/c art. 502, III).

Quando cessar a atividade da empresa, por morte do empregador, os empregados terão direito, conforme o caso, à indenização a que se referem os art. 477 e 497 (art. 485).

No caso de morte do empregador constituído em empresa individual, é facultado ao empregado rescindir o contrato de trabalho, mediante indenização (art. 483, § 2º, CLT).

No caso de paralisação temporária ou definitiva do trabalho, motivada por ato de autoridade municipal, estadual ou federal, ou pela promulgação de lei ou resolução que impossibilite a continuação da atividade, prevalecerá o pagamento da indenização, que ficará a cargo do governo responsável (art. 486, CLT). Em se tratando de continuação do contrato por motivo de aposentadoria espontânea, a jurisprudência tem entendido ser devida a indenização compensatória de 40% incidente sobre os períodos anterior e posterior à aposentadoria quando o empregador, sabedor da aposentadoria do empregado, não formaliza a extinção do contrato daquele período, tratando ambos como um só. Nas terminações de contratos condicionais por motivo de substituição de trabalhador com contrato suspenso em virtude de aposentadoria por invalidez, em retornando o substituído, o empregador resolverá, sem indenização, o contrato feito com o substituto (art. 475, § 2º, da CLT), podendo, contudo, optar por indenizar o empregado que retorna, mantendo o substituto (art. 475, § 1º, da CLT).

7.37.4. Terminação por motivo de nulidade (rescisão em sentido estrito)

Na terminação do contrato por ilicitude ou impossibilidade do objeto, nada é devido às partes.

No entanto, em se tratando de trabalho proibido, em que a função do trabalhador não contribui diretamente para o exercício da atividade ilícita (faxineiro, camareiro, segurança), as indenizações são devidas ao trabalhador.

No contrato nulo, por desatendimento do art. 37 da CF, são devidos apenas o saldo salarial e o FGTS, a título indenizatório.

Na fraude contra credores e simulação de contrato, nada é devido às partes.

Na incapacidade do trabalhador, por idade, são devidas as indenizações normais.

Nos vícios do consentimento, haverá ou não indenização, dependendo da parte atingida, o empregado ou o empregador.

7.38. Indenização compensatória da mora ou inadimplemento das parcelas rescisórias. Arts. 467 e 477, da CLT

A indenização prevista no § 8º do art. 477, da CLT é devida quando as parcelas da terminação contratual não são pagas no prazo fixado em lei, ainda que o reconhecimento do liame empregatício somente tenha ocorrido por sentença judicial. A sentença respectiva não tem natureza constitutiva e sim declaratória, produzindo efeito *ex tunc*.

Declarada a fraude trabalhista, não se pode admitir que o empregador dela se beneficie com a justificativa da "controvérsia" a respeito da discussão sobre o vínculo. Tivesse cumprido a lei, não haveria a controvérsia irregularmente criada.

Nos termos do § 6º do art. 477, da CLT, a entrega ao empregado de documentos que comprovem a comunicação da extinção contratual aos órgãos competentes bem como o pagamento dos valores constantes do instrumento de rescisão ou recibo de quitação deverão ser efetuados até dez dias contados a partir do término do contrato. Logo, a indenização no valor do salário prevista no art. 477, § 8º, da CLT, é devida quando o empregador deposita o valor das parcelas resilitórias, mas deixa de fazer entrega dos documentos que possibilitam o levantamento do FGTS, e a habilitação ao seguro-desemprego. Estará inadimplindo parcelas trabalhistas. O mesmo quando deixa de pagar parcelas trabalhistas devidas, como o aviso indenizado.

Pelas mesmas razões, a indenização prevista no art. 467, da CLT, é devida em tal situação, em que, por não reconhecer o vínculo empregatício, o ex-empregador deixa de pagar as parcelas resilitórias. Em tal hipótese, o ex-empregador dá causa ao inadimplemento, respondendo assim pelos respectivos efeitos. Igual interpretação factual deve ser dada quando o empregador frauda o motivo da terminação, usando do expediente da justa causa.

Em se tratando de empresas falidas, as indenizações previstas nos arts. 467 e 477 somente serão devidas se o despedimento anteceder a falência. As recuperações judicial e extrajudicial não terão consequências em relação à incidência dessas indenizações.

7.39. Indenização por danos patrimoniais no acidente do trabalho

Em matéria de acidente do trabalho pode-se classificar o dano em patrimonial, moral, estético e existencial; positivo (dano emergente) e negativo (lucro cessante ou frustrado); certo ou previsível e eventual, imprevisível ou hipotético.

O dano patrimonial aqui referido é o prejuízo financeiro causado pelo empregador ao empregado em decorrência do acidente do trabalho, que lhe diminua ou suprima a capacidade de trabalho e, consequentemente, obter remuneração.

O dano patrimonial abrange o dano emergente, caracterizado pelo prejuízo financeiro imediato, decorrente do acidente, como as despesas com hospital, médicos, remédios, próteses, bem como o lucro cessante, caracterizado pela privação, temporária ou definitiva, de ganhos futuros, como os salários vincendos.

Dano moral, em matéria acidentária, corresponde às sequelas psicológicas decorrentes do acidente do trabalho, ou seja, decorrentes das ofensas à vida, integridade física ou saúde do trabalhador. Inclui a dor sentimental pelo fato do acidente e pelas limitações e complexos derivados da redução ou eliminação da capacidade motora laborativa.

Dano estético corresponde às sequelas corporais aparentes comprometedoras da harmonia física da vítima, como cicatrizes, mutilações e aleijamentos, que impliquem um "afeiamento" da vítima.

Na verdade, o dano estético corresponde a uma espécie de dano moral físico à imagem retrato, que afeta a harmonia física da vítima. A doutrina e a jurisprudência o destacam para efeito de deferimento de indenização específica.

Dano existencial corresponde aos impedimentos de vida pessoal, familiar e de relações provenientes das limitações causadas pelo acidente.

Os danos moral, existencial e estético foram apreciados em capítulo específico.

Admite-se a cumulação dos danos moral, estético, existencial e patrimonial, posto que a reparação, que deve ser integral, pode ter funções distintas.

Dano certo ou previsível é o prejuízo concreto, de existência passível de constatação, ao contrário do dano eventual ou meramente hipotético, que não enseja reparação, posto que incerto ou imprevisível quanto à concretização pela comum pressuposição: pode-se ter como dano concreto a média de comissões componentes do salário ou o aumento decorrente de promoção por antiguidade prevista em quadro de carreira, mas não a mera possibilidade de aumento de volume de vendas.

O dano patrimonial abrange o dano emergente, caracterizado pelo prejuízo financeiro imediato, decorrente do acidente, como as despesas com hospital, médicos, remédios, próteses, bem como o lucro cessante, caracterizado pela privação, temporária ou definitiva, de ganhos futuros, como os salários vincendos. Apurada e definida a responsabilidade civil, torna-se necessária a fixação da indenização devida ao ofendido (*aestimatio damni*), o que é feito por meio da liquidação do dano, procedimento necessário para estabelecer o valor da indenização destinada a recompor o patrimônio do ofendido.

A liquidação do dano pode dar-se de forma legal, convencional e judicial, conforme estabelecida pela própria lei os critérios para a apuração do valor da indenização (v.g., art. 954, Cód. Civil), por consenso das partes ou judicialmente, esta apurável por cálculos, arbitramento ou artigos. A culpa concorrente contribui para a redução do valor indenizatório.

Nos casos em que a liquidação consiste no pagamento de prestações periódicas, admite-se a revisão quando destinada ao restabelecimento do equilíbrio causador de onerosidade excessiva para uma das partes.

Para a fixação do valor a ser pago a título de dano patrimonial decorrente de acidente do trabalho, a indenização poderá variar. Será uma, em caso de morte e outra, na hipótese de sobrevivência da vítima. Neste caso, também terá variação dependendo da verificação se resultou ou não em incapacidade e se ela foi total ou parcial.

Nos termos do art. 944, que consagra o princípio da *restitutio in integrum*, a indenização mede-se pela extensão do dano. A reparação deve dar-se de forma integral, abrangendo, nas lesões patrimoniais, os danos emergentes e os lucros cessantes.

Na fixação da indenização, poderá o magistrado se valer de laudo médico e/ou de engenheiro de segurança do trabalho, deve observar o disposto no art. 944, *caput* e parágrafo único, que estabelece como parâmetro indenização que possa ser integral em relação ao evento e respectivos resultados, mas também razoável diante das circunstâncias.

Nos casos de homicídio, a lei prevê a indenização patrimonial por danos emergentes (art. 948, I, do Código Civil), consistente no pagamento das despesas com o tratamento da vítima, seu funeral e o luto de família; nos lucros cessantes (art. 948, II), traduzida na prestação de alimentos às pessoas a quem o morto os devia, levando-se em consideração a duração provável da vida da vítima; e, nos danos morais (*caput* do art. 948), quando se refere a "outras reparações".

Nas despesas com o tratamento da vítima estão incluídas as despesas com remédios, próteses, médicos, remoção do corpo e funeral.

Tais danos devem ser ressarcidos de uma só vez, para a recomposição imediata do patrimônio dos ofendidos, admitida, neste caso, a redução.

A indenização dos lucros cessantes, que abrange a prestação de alimentos a quem o morto os devia, leva em conta os rendimentos do trabalho e não as necessidades dos dependentes. Essa indenização deverá ser paga mensalmente, sob a forma de pensão, tal como os salários que seriam devidos. Essa pensão, entendemos, tem o mesmo caráter alimentar que detinha o salário, porque destinada à recomposição do padrão de vida suprimido.

A vinculação ao princípio da razoabilidade, é no sentido de somente ser permitida a aferição de uma concreta expectativa de ganhos. Se a promoção era certa, o aumento correspondente deve ingressar nos cálculos; se era incerta, uma mera aspiração, não. Já se a empresa contava com quadro de carreira e a promoção por antiguidade decorreria apenas do passar do tempo, ela seria um fato certo, a ser concretamente considerado. Prova documental ou oral pode ser decisiva para o deslinde da questão.

SEBASTIÃO GERALDO DE OLIVEIRA faz arguta observação: se a vítima foi aprovada em concurso público e estava aguardando nomeação para o exercício de cargo, o valor dos vencimentos deverá contemplar os vencimentos respectivos.[12]São beneficiários da pensão o cônjuge ou companheiro e os filhos ou agregados que dependiam do falecido. Podem a ela fazer jus os pais a quem o filho morto, solteiro, sustentava.

Entendemos que assim como a maioridade, extensível até 25 anos pode fazer cessar o pensionamento, novo casamento, com modificação do *status* social ou riqueza sobrevinda também, posto que a reparação por meio do lucro cessante tem por fim indubitável reconstituir o padrão de vida suprimido, pelo que o ressarcimento tem natureza alimentar. O pensionamento, porque mensal, deverá ser garantido com constituição de capital para o desiderato, que poderá ser substituída por fiança bancária ou garantia real, nos termos do art. 475-Q, do CPC.

Para o estabelecimento da sobrevida do falecido, deve-se recorrer à tabela de expectativa de vida do IBGE, publicada em 2006. Por exemplo, para uma pessoa com 34 anos, expectativa de sobrevida de 42,4 anos; para uma pessoa com 58 anos, de mais 22,4 anos; para uma pessoa com 66 anos, de 16,8 e assim sucessivamente. As indenizações por acidente do trabalho sem óbito podem decorrer de invalidez permanente, total ou parcial e de incapacidade temporária, com ou sem afastamento do trabalho.

12. *Indenizações por Acidente do Trabalho ou Doença Ocupacional.* São Paulo: LTR, 2005. p. 113.

Nos termos da Lei de Benefícios Previdenciários, a aposentadoria por invalidez decorre da total incapacidade para o exercício de atividade que garanta ao segurado a subsistência, ou seja, a inabilitação para qualquer profissão ou atividade.

Para efeito de indenização, o Código Civil exige apenas a incapacidade para o ofício ou profissão.

Se da ofensa resultar defeito impeditivo ou diminutivo da capacidade de trabalho, será acrescentada uma pensão ou indenização correspondente à importância do trabalho para o qual o ofendido ficou inabilitado, ou da depreciação que ele sofreu (arts. 949 e 950, do Código Civil).

Cabe incluir na indenização as despesas com assistência permanente nos casos em que o acidentado a necessitar para cumprimento das tarefas domésticas.

Nos termos do art. 950, do Código Civil, a reparação dos danos materiais abrange as despesas de tratamento e os lucros cessantes até o fim da convalescença e a pensão correspondente à importância do trabalho para o qual a vítima se inabilitou.

Depois da convalescença, o valor antes devido mensalmente como reparação passa a ser devido a título de pensão alimentícia.

Observe-se que a pensão será vitalícia, não cabendo a projeção de expectativa de vida.

No caso de incapacidade parcial permanente, com reabilitação para a mesma função ou outra função compatível, após a convalescença será devida pensão proporcional à redução da capacidade.

Nos casos de pensionamento por invalidez total ou parcial, a vítima poderá optar pelo pagamento de uma só vez. Neste caso, a avaliação será feita com consideração da sobrevida provável.

Nos casos em que o acidentado, após o período de tratamento, recupera a aptidão sem qualquer sequela, lhe são devidas as indenizações por dano emergente, lucro cessante e eventual dano moral.

Nas hipóteses de acidente sem afastamento, a indenização por lucro cessante é indevida, pela percepção normal do salário nos primeiros quinze dias imediatos ao acidente, mas faz jus a eventuais danos emergentes e dano moral acaso incidente.

É cabível, na Justiça do Trabalho, mesmo quanto às decisões proferidas perante a Justiça Comum, ação revisional para a modificação do pensionamento fixado para a composição dos danos referentes ao acidente do trabalho ou doença ocupacional.

Sendo o pensionamento mensal, havendo modificação que altere as condições fáticas ensejadoras da relação jurídica de natureza continuativa, será cabível a revisão em benefício ou prejuízo da vítima, para adequação às novas circunstâncias.

Na ação revisional não caberá a rediscussão dos pressupostos ensejadores da responsabilidade e sim apenas o valor da pensão, em decorrência de modificação superveniente. Por exemplo, para aumento do valor fixado em virtude de redução parcial, em virtude de incapacitação total superveniente.

A ação revisional não está sujeita a prazo prescricional, em virtude de sua natureza *ex nunc*.

Nos casos em que a pensão é fixada para pagamento de uma só vez, não cabe a revisional, porque a decisão não tem natureza continuativa, cabendo, no entanto, ação autônoma para a postulação do dano adicional superveniente, mas decorrente do acidente.

A morte superveniente do acidentado faz cessar o pensionamento a ele devido, podendo, no entanto, caber às pessoas a quem o morto devia alimentos a reparação pelos prejuízos causados, se o falecimento decorrer do acidente.

O termo inicial da correção monetária dos danos morais ou estéticos, deve ser o da decisão que o quantifica.

Quanto ao dano patrimonial decorrente de dano emergente, o da data do desembolso das despesas correspondentes.

Quanto aos lucros cessantes ou pensionamento, o da data do vencimento da obrigação quanto às parcelas vencidas e vincendas, observada a mesma periodicidade de vencimento dos salários (Súmula 381, do TST), com atualização periódica baseada na variação salarial da categoria profissional do acidentado ou na mesma proporção das variações do salário-mínimo (art. 475-Q, § 4º, do CPC).

No tocante ao pensionamento transformado em indenização para pagamento de uma só vez, a partir da prolação da decisão que fixa o valor da indenização. Nos termos do art. 883, da CLT, art. 39, § 1º, da Lei 8.177/91 e art. 27 § 6º, da Lei 9.069/95, os juros da mora dos débitos acidentários são devidos a partir do ajuizamento.

Nas hipóteses de lucros cessantes ou pensionamento, a contagem dar-se-á a partir do vencimento da obrigação mensal.

7.40. Indenização por perda de uma chance

Lucro cessante corresponde ao que direta e imediatamente se deixa de ganhar, em razão do evento danoso (artigos. 402 e 403, CC).

O dano hipotético ou eventual (por exemplo, ficar impossibilitado de jogar na loteria em razão de um acidente de trabalho, que poderia ter levado à premiação) é, em princípio descartável.

Em princípio, porque a perda de uma oportunidade futura (perda de uma chance) admite comprovação e reparação. Imagine-se o caso da pessoa que há anos joga na loteria os mesmos números e vem a sofrer um atropelamento exatamente quando se dirigia à casa lotérica para efetuar o seu jogo habitual. E aqueles números vêm a ser sorteados. Ou quando concretamente se promete um emprego a um candidato, que recusa outro emprego em condições iguais ou melhores por se sentir comprometido e ocorre a frustração da promessa, ficando sem os dois empregos. Nessas hipóteses, o dano é ressarcível.

Para Sérgio Cavalieri Filho, ocorre a perda de uma chance quando, em razão da conduta de outrem, "desaparece a probabilidade de um evento que possibilitaria um benefício futuro para a vítima", a exemplo da chance de concorrer a uma promoção no emprego, de progredir na carreira artística ou de conseguir o provimento de um recurso judicial por falha do advogado.[13]

13. CAVALIERI FILHO *apud* FONSECA, Cristina Maria N. Responsabilidade pela perda de uma chance – compatibilidade com o sistema jurídico brasileiro e aplicabilidade nas relações de trabalho. *Revista LTr*. São Paulo, out. 2008. p. 1.273.

Nos EDcl no AgRg no Ag 1196957/DF, Rel. Min. Maria Isabel Gallotti, julgado por unanimidade pela 4ª Turma do STJ em 10/04/2012 e publicado no Diário da Justiça Eletrônico em 18/04/2012, caso em que, com efeito modificativo, foi acolhido o recurso em que determinada mulher fez compras em um supermercado e recebeu bilhete para participar de um sorteio, com a seguinte inscrição: "Você concorre a 900 vales-compras de R$ 100,00 e a 30 casas".

A mulher foi sorteada e, ao comparecer para receber o prêmio, obteve apenas os vales-compras, tomando, então, conhecimento de que, segundo o regulamento, as casas seriam sorteadas àqueles que tivessem sido premiados com os vales-compras. Mas o segundo sorteio das trinta casas já tinha ocorrido, sem a sua participação, por falha de comunicação da organização.

O STJ entendeu que a mulher deveria ser indenizada pela perda da chance de participar do 2º sorteio. Não condenou o supermercado a pagar o valor de uma casa sorteada, porque não havia certeza de que seria ganhadora. O que ela perdeu não foi a casa, mas sim a chance, real e séria, de ganhá-la.

Logo, arbitrou uma indenização pela chance perdida e não no valor da casa à qual concorreria em sorteio.

A ementa do acórdão infra, bem retrata situação de perda da chance decorrente de relação de trabalho.

Decisão do TRT 3ª Região:

> RESCISÃO INDIRETA DO CONTRATO DE TRABALHO – ATO ILÍCITO DO EMPREGADOR – PERDA DE UMA CHANCE – DANO PATRIMONIAL INDENIZÁVEL. A teoria da responsabilidade civil pela perda de uma chance torna indenizável a probabilidade séria de obtenção de um resultado legitimamente esperado que é obstado por ato ilícito praticado pelo agente ofensor. Se o reclamante tinha como justa e real a probabilidade de um ganho salarial decorrente de sua promoção ao cargo de supervisor de vendas da reclamada, porque aprovado em processo seletivo interno da empresa, mas viu perdida a chance de conquistar esse resultado em razão de ato ilícito praticado pelo empregador, quando da sua dispensa, manifestamente abusiva e ilícita, faz jus à reparação patrimonial decorrente deste ilícito. E

aqui, independentemente dos ganhos perdidos, o que se indeniza é o prejuízo consistente na perda dessa oportunidade, a perda da chance real de alcançar a promoção legitimamente esperada (Tribunal Regional do Trabalho da 3ª Região, Recurso Ordinário n. 00035-2011-012-03-00-3, 7ª turma, Recorrente: Empa S.A. Serviços de Engenharia. Recorrido: Bruno de Oliveira Rosa. Relator Desembargador: Marcelo Lamego Pertence, 02 jun. 2011).

Embora adstrito ao dano moral, o acórdão abaixo serve para efeito de contextualização da perda de uma chance nas relações de trabalho:

> AGRAVO DE INSTRUMENTO EM RECURSO DE REVISTA. INTERPOSTO NA VIGÊNCIA DA LEI 13.015/2014. INDENIZAÇÃO POR DANO MORAL. PERDA DE UMA CHANCE. EXPECTATIVA DE RECONTRATAÇÃO FRUSTRADA. QUEBRA DOS PRINCÍPIOS DA BOA-FÉ E DA LEALDADE CONTRATUAL. ARTIGO 422 DO CÓDIGO CIVIL. Trata-se de ação de indenização por danos morais decorrentes da expectativa de manutenção de emprego, após a desativação do parque industrial onde o autor laborava, em virtude da promessa de realocação dos empregados em outra usina da reclamada. Na hipótese, o Regional, baseado no conjunto-probatório dos autos, manteve a decisão do Juízo de origem que concluiu pela existência de promessa de realocação dos empregados, após o encerramento de uma das unidades industriais da reclamada, o que criou no autor expectativa positiva de contratação, sendo que o descumprimento de tal obrigação lhe gerou a sensação de frustração, humilhação e constrangimento. Verifica-se que houve uma promessa frustrada de recontratação do reclamante. Por certo, no ato da rescisão do contrato de trabalho, a empresa realizou a promessa de transferência dos empregados para outra usina, o que se faz presumir que o reclamante deixou de procurar novas colocações no mercado de trabalho, pois contava com a recontratação prometida. O dano, nos casos em que a recontratação não seja efetivada, gerando expectativa no empregado de manter-se no emprego em virtude das promessas realizadas pela empregadora, é *in re ipsa*, ou seja, decorre do próprio evento danoso, não havendo falar em demonstração do dano, pois, nesse caso, ele se situa no psicológico do lesado, em que é impossível se extrair uma prova material. Tem-se, assim, que a reclamada não agiu com a devida lealdade e boa-fé em relação ao empregado, que ficou à disposição da empregadora. Nessas condições, configurou-se a conduta ilícita da empresa e, por consequência, o alegado dano

moral sofrido a justificar a reparação pretendida pelo reclamante (precedentes). Agravo de instrumento desprovido. (AIRR – 10318-43.2014.5.15.0120, Relator Ministro: José Roberto Freire Pimenta, Data de Julgamento: 13/12/2017, 2ª Turma, Data de Publicação: DEJT 15/12/2017).

7.41. Indenizações por dispensa do trabalhador na pandemia da COVID-19

A empresa que, diante da COVID-19, imediatamente precisou encerrar as suas atividades ou diminuir o quadro de pessoal, deve aos trabalhadores, além das parcelas referentes a gratificação natalina e férias inteiras e/ou proporcionais, a indenização por metade, prevista no art. 503, da CLT, evidentemente, sem incidência de aviso prévio.

Todavia, se optou por uma das alternativas previstas na MP nº 927/2020, por exemplo, antecipação de férias e vem posteriormente a despedir trabalhador se verificada a impossibilidade de mantê-lo, também pagará ao empregado a indenização prevista no art.503, II, da CLT, mas agora com incidência do aviso prévio, por ter criado a expectativa da continuidade do contrato.

Se em seguida a uma das opções previstas na MP 927, a empresa optar pelas soluções previstas na Medida Provisória nº 936, convertida na Lei nº 14.020/2020 (suspensão ou redução salarial), fica impedida de despedir o empregado no prazo legal de garantia de emprego, decorrente da adesão ao BEM.

Para compensar a redução salarial que beneficia o empregador, foi criado o Benefício Emergencial de Preservação do Emprego e da Renda, custeado com recursos da União, que beneficia o empregado (art. 5º, I da MP nº 936/2020, convertida na Lei nº 14.020, de 6 de julho de 2020).

A opção pela redução da jornada de trabalho com redução do salário ou suspensão do contrato, mediante complementação salarial ou sua substituição por meio do Benefício Emergencial de Preservação do Emprego e da Renda (BEM), importa em garantia provisória do emprego durante o período acordado de redução da jornada de trabalho e de salário e após o restabelecimento da jornada de trabalho e de salário, por período equivalente ao acordado para a redução (art. 10, I e II, da MPV 936, convertida na Lei nº 14.020, de 6 de julho de 2020).

Esse período é de 60 dias, prorrogáveis, para o caso de suspensão e de 90 dias, prorrogáveis, para o caso de redução (art. 8º e 7º, *caput*, respectivamente).

A Lei nº 14.020/2020 acrescentou o inciso III, que estatui:

> "III - no caso da empregada gestante, por período equivalente ao acordado para a redução da jornada de trabalho e do salário ou para a suspensão temporária do contrato de trabalho, contado a partir do término do período da garantia estabelecida na alínea "b" do inciso II do caput do art. 10 do Ato das Disposições Constitucionais Transitórias."

Logo, a gestante tem após cinco meses após o parto, mais 60 (sessenta) dias ou 90 (noventa) dias de garantia de emprego, conforme se trate de redução ou de suspensão.

Nos termos do art.10, §1º, I a III da MPV 936, convertida na Lei nº 14.020, de 6 de julho de 2020, caso o empregador venha a despedir o trabalhador durante o prazo de garantia de emprego, sem prejuízo da indenização substitutiva do aviso prévio, precisará pagar, além das parcelas rescisórias, indenização de:

a) 50% do salário normal pelo tempo restante de garantia de emprego na hipótese de redução de jornada de trabalho e de salário igual ou superior a 25% (vinte e cinco por cento) e inferior a 50% (cinquenta por cento);

b) 75% do salário normal pelo tempo restante de garantia de emprego na hipótese de redução de jornada de trabalho e de salário igual ou superior a 50% (cinquenta por cento) e inferior a 70% (setenta por cento);

c) 100% do salário normal pelo tempo restante de garantia de emprego nas hipóteses de redução de jornada de trabalho e de salário em percentual igual ou superior a 70% (setenta por cento) ou de suspensão temporária do contrato de trabalho.

No caso, é inaplicável o disposto no art.503, da CLT, porque ao adotar a alternativa prevista na Lei nº 14.020/2020, o empregador abre mão do poder de despedir arbitrariamente, adquirindo o trabalhador garantia de emprego.

Evidentemente, essa indenização não é devida nas hipóteses de pedido de demissão ou de dispensa por justa causa do empregado.

Quanto aos contratos por prazo determinado, a garantia de emprego restringe-se ao tempo de sua vigência, pelo que o encerramento no prazo não dá direito à referida indenização, que sempre será calculada sobre os salários do tempo restante de garantia de emprego.

VIII

PRESCRIÇÃO DOS DANOS PATRIMONIAIS

8.1. Prescrição e decadência: distinção pela natureza do direito e hipóteses

Ao contrário do Código Civil de 16, o novo distingue prescrição da decadência. Embora tenha, na Parte Geral, optado pela regulação pormenorizada dos casos de prescrição (art. 206), ali disciplinou de forma apenas genérica a decadência (arts. 207 a 211), deixando para a Parte Especial e para as convenções o aponte dos casos em que incide.

A respeito, observa MIGUEL REALE: "Preferimos, por tais motivos, reunir as normas prescricionais, todas elas, enumerando-as na Parte Geral do Código. Não haverá dúvida nenhuma: ou figura no artigo que rege as prescrições, ou então se trata de decadência".[1]

Nem todos os prazos extintivos para o exercício de pretensões são de igual natureza. No plano do direito material, uns são prescricionais e outros são decadenciais (incluindo o direito de exercício da preferência).

Prescrição é a perda do poder de exigir, no plano jurídico, o cumprimento de um dever jurídico, pelo não exercício dessa pretensão, num determinado prazo, estabelecido pelo legislador.

---

1. *O Projeto de Código Civil.* São Paulo: Saraiva, 1986.

A prescrição atinge a pretensão. São atingidas pela prescrição pretensões patrimoniais e extrapatrimoniais: à satisfação da gratificação natalina, à percepção do salário, à concessão e remuneração de férias anuais, à fixação da data das férias vencidas e não concedidas, apesar de já remuneradas, à composição dos danos morais.

Enfim, em se tratando de pretensão de cumprimento de dever jurídico, o comportamento do sujeito passivo pode violar a respectiva satisfação, pelo que o direito subjetivo de prestação desse dever jurídico está subordinado a prazo de exercício, que tem início a partir da violação.[2]

As pretensões acima referidas dizem respeito à cobrança de valores ou de cumprimento de prestação de fazer (direito subjetivo) por parte de outrem, assim não se cuidando de direito potestativo à constituição, modificação ou extinguir a relação jurídica, que não depende de comportamento do sujeito passivo e sim, apenas, da vontade do sujeito ativo.

Tem-se, portanto, que as pretensões ao cumprimento de um direito subjetivo admitem violação e por isso são prescricionais, a exemplo da cobrança de gratificação natalina impaga, ao passo que a exigência de um direito potestativo só depende do sujeito ativo, que sujeita o passivo à sua vontade e por isso são decadenciais, a exemplo do direito da grávida de mudar de função, se houver prejuízo à gravidez.

O fato da grávida decair do direito à mudança de função, não significa que esteja prescrita a compensação do dano moral decorrente, ou do dano patrimonial por gastos decorrentes de eventual aborto.

Decadência é a perda de um direito potestativo de sujeitar outrem à constituição, desconstituição, modificação ou extinção de uma relação jurídica, pela inércia do titular em exercitá-lo, num determinado prazo, legal ou convencional.

O exercício de um direito potestativo não decorre de violação de dever jurídico: a potestatividade está em que depende ele, para o seu exercício, única e exclusivamente da vontade do seu titular em constituir,

---

2. AMORIM FILHO, Agnelo. Critério Científico para Distinguir a Prescrição da Decadência e para Identificar as Ações Imprescritíveis. *Revista Forense*. 193-30; GUIMARÃES, Carlos da Rocha. *Prescrição e Decadência*. 2. ed. Rio de Janeiro: Forense, 1984.

desconstituir, modificar ou extinguir uma relação jurídica, sujeitando o sujeito passivo, de forma irrecusável, a essa vontade.[3]

São atingidos pela decadência direitos como a rescisão de uma sentença de mérito, caso não exercitada a pretensão no prazo de 02 anos após a sua publicação (visando assim a desconstituição da relação jurídica imposta pela sentença rescindenda); de pretender a despedida de empregado estável, caso não ajuizado o inquérito para a apuração de falta grave até 30 dias após a sua suspensão (visando assim a extinção da relação de emprego); de pretender a renovação do contrato de locação mercantil de 5 anos, caso não exercitada a pretensão no prazo de 01 ano a 06 meses antes do término do contrato (visando assim a criação de novo contrato); da gestante mudar de função, se prejudicial à gravidez a exercida (§ 4º do art. 392, da CLT, caso portanto, de modificação, de alteração da relação jurídica contratual de emprego); da gestante romper o compromisso resultante de qualquer contrato de trabalho, se prejudicial à gestação (art. 394, CLT); do empregado retornar ao emprego, uma vez terminado o serviço militar obrigatório (visando assim a manutenção ou não extinção da relação jurídica de emprego: cuida-se do exercício de um direito potestativo de manter o contrato ou não permitir que ele seja extinto).

Nas relações civis, os atos nulos não são atingidos por prazo decadencial: se, geralmente, não produzem efeitos (ou os efeitos esperados), não se os desconstitui, mas sim declara-se a nulidade daquilo que não pode, de ordinário, convalidar-se com o decurso do tempo. Mas sobre os atos anuláveis, porque producentes de efeitos até a data da desconstituição, incide o prazo decadencial, a exemplo a hipótese contida no par. único do art. 119, do CC.

Em sede trabalhista, ressalvados os atos subjetivamente nulos (art. 440, da CLT) os demais (objetivamente nulos) prescrevem (vide redação do art. 7º, XXIX, da Constituição da República), com exceção das ações que tenham por objeto anotações para fins de prova junto à Previdência Social, em razão de sua natureza declaratória, destituída de pretensão condenatória (art. 11, § 1º, CLT).

3. Idem, ibidem.

8.2. Prescrição e decadência: distinção baseada em outros aspectos

O prazo prescricional admite interrupção (nova contagem) e suspensão (sustação da contagem).

Em algumas hipóteses nem mesmo corre prazo prescricional: a) contra determinadas pessoas (por exemplo, contra menores de 16 anos, no Direito Civil, e de 18 anos, no Direito do Trabalho; entre ascendentes e descendentes, durante o poder familiar); e b) diante de determinadas circunstâncias (por exemplo, enquanto não verificada a condição suspensiva ou não estando vencido o prazo).

Pelo Código Civil, salvo nos casos especificados em lei, o prazo decadencial, uma vez iniciado, não se interrompe e não se suspende (art. 207, CC).

Alguns direitos potestativos podem ser exercitados perpetuamente, não tendo assim prazo de exercício, caso do aviso prévio, do direito de despedir sem justa causa empregado não estável e do pedido de demissão (nos três casos para extinguir a relação).

Também pelo Código Civil, somente pode haver renúncia a prazo decadencial convencional, o que é inadmissível quanto a prazo decadencial fixado por lei, sendo que a parte a quem a decadência convencional aproveita, pode alegá-la em qualquer grau de jurisdição lei (art. 209, CC).

Tem-se, pois, que o prazo prescricional difere do prazo decadencial: a) não apenas pela natureza dos direitos alcançados (no primeiro, direitos subjetivos de prestação e no outro, direitos subjetivos potestativos), mas também: b) porque o prazo decadencial, ao contrário do prescricional, de regra não se suspende e nem se interrompe (art. 207, CC); c) porque a prescrição deve ser conhecida, de ofício, pelo juiz, não obstante esteja impedido de apreciar, de ofício, a decadência convencional, que depende de alegação pela parte a quem aproveita (art. 211, do CC); d) pela admissão da renúncia expressa ou tácita, uma vez consumada, do prazo prescricional, ao contrário do prazo decadencial fixado em lei, que não admite renúncia (art. 209, CC).

Nos termos do art. 487, II, do CPC, uma das formas de extinção do processo, com resolução de mérito, ocorre quando o juiz decide, de ofício ou a requerimento, sobre a ocorrência de decadência ou prescrição.

Todavia, diante da possibilidade de fatos impedientes, interruptivos, suspensivos da prescrição e da eventualidade da renúncia tácita ou expressa, dispõe o parágrafo único do § 1° do art. 332, CPC, que a prescrição e a decadência não serão reconhecidas sem que antes seja dada às partes oportunidade de manifestar-se.

Quanto à decadência, a convencional depende de alegação pela parte a quem aproveita, não podendo ser pronunciada de ofício (art. 211, CC).

Na Justiça do Trabalho, contudo, não se aplica o pronunciamento da prescrição ou da decadência de ofício, entendendo-se que a regra é incompatível com os princípios que regem as relações de trabalho. Ou seja, depende sempre de comprovação da parte a quem aproveita.

8.3. A natureza do prazo bienal pós-extinção do contrato de emprego

É de prescrição o prazo de 02 (dois) anos após a terminação do contrato de emprego para a postulação de pretensões. Isto porque as pretensões que daí podem advir pertinem a direitos subjetivos de prestação, referentes a cobrança de créditos decorrentes de uma relação já extinta, assim não tendo as postulações por fim a criação, modificação ou extinção da relação jurídica.

Até pode acontecer de a pretensão dizer respeito à invalidação de despedida de empregado estável, mas mesmo assim o prazo será prescricional, posto que se cuida do ato objetivamente nulo e a pretensão não é constitutiva-negativa, mas sim declaratória da nulidade, com os respectivos efeitos.

Já em meio ao desenvolvimento da relação jurídica de emprego, os prazos podem ser prescricionais de cinco anos, até o limite de dois, se vier a ocorrer a terminação do contrato, como também decadenciais.

8.4. Prescrição: modalidades e normas gerais

Primeiro com a revogação do Código Civil de 16 e depois com a revogação do art. 194, do atual Código, o juiz poderá conhecer de ofício de qualquer prescrição, pelo que as distinções anteriormente para efeito de necessidade ou desnecessidade de requerimento da parte interessada, fundadas na natureza econômica ou não econômica do direito, ou na capacidade ou incapacidade do prejudicado (prescrição de direitos patrimoniais e extrapatrimoniais, prescrição beneficiando pessoas capazes e incapazes), deixam de ter importância, porque a solução será sempre a mesma.

Em sentido comum, a prescrição pode ser aquisitiva, quando se adquire a propriedade por meio dela e é especificamente denominada de usucapião, e extintiva ou liberatória, quando faz fenecer o poder jurídico de exercitar direitos subjetivos de prestação.

Em sentido técnico, prescrição aquisitiva corresponde ao direito que favorece o devedor, de não mais ser juridicamente exigido quanto a determinada pretensão, enquanto a extintiva é a que prejudica o credor no poder jurídico de exercitar determinado direito subjetivo de prestação.

A prescrição pode ser originária e superveniente, esta intercorrente ou não.

Prescrição intercorrente é a que ocorre entre atos interruptivos, podendo ter por início de cômputo a inércia a partir da data do ato, judicial ou extrajudicial, destinado a interrompê-la, do último ato praticado no curso de um processo, ou da sentença no processo de conhecimento, para fins de execução (vide par. único do art. 202, do Código Civil).

Nos termos do art. 11-A, da CLT, ocorre a prescrição intercorrente no processo do trabalho no prazo de dois anos, sendo que a fluência do prazo prescricional intercorrente se inicia quando o exequente deixa de cumprir determinação judicial no curso da execução (§ 1º). A regra não é absoluta, incidindo nas hipóteses em que a paralisação do processo ocorrer por inércia da parte, por exemplo, quando não fornece o endereço para a citação da parte a ser executada ou não apresenta os cálculos destinados à liquidação do julgado, hipótese em que, abandonando o processo durante o prazo necessário à consolidação da prescrição intercorrente, será ela reconhecida, por provocação da parte interessada, nos termos do art. 884, § 1º, da CLT.

Também não incide na falta de bens penhoráveis do executado não leva à caracterização da prescrição intercorrente. Nos termos da Lei 6830/80, art. 40, §§2º e 3º, o processo será arquivado, sem baixa, e desarquivado se encontrados bens penhoráveis.

A prescrição pode ser total, quando afeta a pretensão ao próprio direito, ou parcial, quando afeta apenas as partes do direito ainda não prescritas.

Conforme art. 11, § 2º, da CLT, tratando-se de pretensão que envolva pedido de prestações sucessivas decorrente de alteração ou descumprimento do pactuado, a prescrição é total, exceto quando o direito à parcela esteja também assegurado por preceito de lei.

Assim ocorre porque, quando a parcela está prevista em lei, a exigibilidade é inquestionável, ao passo que nas parcelas convencionais, não asseguradas por lei, a própria pactuação é questionável, ou seja, a existência e a respectiva exigibilidade são questionáveis.

A prescrição do direito principal leva à dos direitos acessórios, por exemplo, se prescrita a pretensão à postulação de gratificação natalina, prescrita também se encontrará a projeção das horas extras nessa gratificação.

A prescrição iniciada contra uma pessoa continua a correr contra o seu herdeiro ou sucessor; por exemplo, na sucessão do empregado falecido, a prescrição iniciada contra o sucedido, continua a correr contra os sucessores quanto aos créditos resultantes da extinta relação de emprego (art. 196, CC).

8.5. Prescrição de direitos patrimoniais e extrapatrimoniais

O revogado Código Beviláqua, de 1916, fazia a distinção entre direitos patrimoniais e extrapatrimoniais para efeitos prescricionais, vedando o conhecimento, de ofício, da prescrição de direitos patrimoniais.

O Código Reale, de 2002, deixou de lado a distinção entre direitos patrimoniais e não patrimoniais para efeito de conhecimento independentemente de requerimento, passando a permitir o conhecimento judicial, de ofício, apenas quando a prescrição beneficiasse incapazes.

A Lei nº 11.280, de 16 de fevereiro de 2006, que entrou em vigor em 17 de junho de 2006, revogou, expressamente, o art. 194 do Código Reale e, alterando o § 5º do artigo 219 do Código de Processo Civil, enuncia que agora cabe ao juiz pronunciar, de ofício, a prescrição.

Logo, tem-se que o antigo critério de vedação, na prescrição, do conhecimento, de ofício, do prazo prescricional, exceto para beneficiar incapazes, que se contrapunha à obrigatoriedade da apreciação, pelo juiz, da decadência estabelecida por lei (art. 210), encontra-se hoje superado pela revogação do art. 194, do Código Civil de 2002.

Assim, no âmbito civil o conhecimento da questão não mais depende de requerimento da parte interessada, porque não mais importa, para esse fim, se o direito envolvido beneficia pessoa capaz ou incapaz, ou se ele é patrimonial ou extrapatrimonial.

Na Justiça do Trabalho não se aplica o pronunciamento da prescrição de ofício, entendendo-se que, por ser a regra do direito comum incompatível com os princípios que regem as relações de trabalho, depende sempre de comprovação da parte a quem aproveita.

8.6. Direitos perpétuos e interesses imprescritíveis

Alguns direitos subjetivos potestativos são perpétuos e não têm prazo de exercício. É o caso de despedir, imotivadamente, ou de dar aviso prévio. Em hipóteses como essa, verifica-se que tais direitos não estão sujeitos a prazo decadencial.

Outrossim, há interesses que são imprescritíveis, porque destituídos de pretensão contra o sujeito que com o interessado manteve relação jurídica. É o caso de ações que tenham por objeto anotações para fins de prova junto à Previdência Social (art. 11, § 1º, da CLT).

8.7. Prescrição: causas impedientes, suspensivas e interruptivas. A regra *contra non valentem*

Salvo nas hipóteses expressamente previstas em lei, o prazo decadencial não se suspende e nem se interrompe (art. 207, CC), somente cessando quando exercitado o direito potestativo.

Quanto aos direitos subjetivos de prestação, embora tenham prazo de exercício, não o possuem *em relação a certas pessoas ou diante de determinadas circunstâncias*: a) contra os absolutamente incapazes; b) pendendo condição suspensiva; c) não estando vencido o prazo; d) pendendo ação de evicção (art. 199, I a III, CC); e, e) pendendo sentença definitiva de fato apurável no juízo criminal (art. 200, CC).

No plano do Direito do Trabalho, além das hipóteses já mencionadas, também não corre a prescrição contra os menores de 18 anos (art. 440, da CLT).

Essas são as causas impedientes do cômputo do prazo prescricional.

Causas há que tanto podem impedir, como suspender o cômputo do prazo prescricional. Impedem quando não começou a correr e suspendem no ponto onde parou, quando ocorrentes determinadas situações, a saber: a) entre cônjuges, na constância do matrimônio; b) entre ascendentes e descendentes, durante o poder familiar; c) entre tutelados e curatelados e seus tutores ou curadores, durante a tutela ou curatela; d) contra os absolutamente incapazes; e) contra os ausentes do Brasil em serviço público da União, dos Estados, ou dos Municípios; f) contra os que se acharem servindo na armada e no exército nacionais, em tempo de guerra. (art. 198, CC).

Na suspensão, cessada a causa que a ensejou, o prazo prescricional recomeça a correr do ponto onde parou.

Nos termos do art. 625, da CLT, a postulação de direitos perante a Comissão de Conciliação Prévia Trabalhista suspende o cômputo do prazo prescricional.

O deferimento do processamento da recuperação judicial também suspende a prescrição (art. 6º da LRF), voltando a fluir o prazo uma vez ultrapassado o período de seis meses (art. 6º, § 4º, da LRF). Se aprovado o plano de recuperação, deverá o trabalhador aguardar o cumprimento, voltando a fluir o prazo após a sentença de encerramento (art. 61, § 1º). Outras causas interrompem o cômputo do prazo prescricional, iniciando-se nova contagem, respeitada, contudo, nos contratos de duração, a prescrição das partes já consumadas. Podendo ocorrer somente uma vez (*caput* do art. 202, do CC), são elas: a) a citação pessoal feita ao devedor, mesmo ordenada por juiz incompetente; b) pelo protesto; c) pela apresentação do título de crédito em juízo de inventário, ou em outro concurso de credores; d) por qualquer ato judicial que constitua o devedor em mora, e, e) por qualquer ato inequívoco, ainda que extrajudicial, que importe no reconhecimento do direito, pelo devedor (notificação, interpelação, reconhecimento da dívida, pelo devedor etc.).

Assim acontece, porque o credor manifesta, com essas atitudes, a vontade de cobrar o seu crédito, demonstrando que não ficou inerte em relação à pretensão que possui contra o devedor, ou porque o próprio devedor, através de ato inequívoco seu, reconhece, juridicamente, a dívida, demonstrando que, para ele, que seria o próprio interessado no decurso do prazo, o passar do tempo passado nada significou.

Contudo, em se cuidando de ato judicial, faz o Código Civil a seguinte ressalva: a prescrição não se interrompe com a citação nula por vício de forma, por circunduta, ou por se achar perempta a instância, ou a ação.

Conforme art. 11, § 3º, CLT, a interrupção da prescrição somente ocorrerá pelo ajuizamento de reclamação trabalhista, mesmo que em juízo incompetente, ainda que venha a ser extinta sem resolução do mérito, produzindo efeitos apenas em relação aos pedidos idênticos.

Tem-se, portanto, que o ajuizamento demonstra a intenção autoral de cobrança, interrompendo assim a prescrição. Mas essa demonstração precisa ser efetivada em relação à parte contrária. Pelo que a interrupção da prescrição está condicionada à citação válida, não bastando o fato do ajuizamento para retroagir ao momento do aforamento (art. 202, I, CC).

Nos termos do art. 855-E, da CLT, "A petição de homologação de acordo extrajudicial suspende o prazo prescricional da ação quanto aos direitos nela especificados. Parágrafo único. O prazo prescricional voltará a fluir no dia útil seguinte ao do trânsito em julgado da decisão que negar a homologação do acordo". Questão interessante é a indagação se as causas impeditivas ou suspensivas da prescrição podem ocorrer independentemente de norma legal expressa, quando o titular do direito se encontra impedido de demandá-lo por motivos não especificados em lei. É a regra *contra non valentem agere non currit praescriptio.*

Três correntes abordam o assunto: a) a dos negativistas, que entendem não ser possível a aplicação, por analogia, por já representarem as causas impedientes e suspensivas exceções; b) a dos que a aceitam, por motivos de força maior, com fundamento em que os motivos legais são subjetivos, nada impedindo a ocorrência de motivos objetivos e, c) a dos que acolhem a regra nos impedimentos de direito, em hipóteses como confusão e direitos ilíquidos, repelindo-a nos impedimentos de fato.

A razão parece estar com a segunda corrente e tem imenso valor. Por exemplo, a doença ou o acidente do trabalho (típico, ocupacional e equiparado) interromperão ou suspenderão o cômputo do prazo prescricional quando, mesmo transitoriamente, impedirem o titular de exprimir a vontade (art. 3º, II e III e 4º, II, do CC). Assim, AVC, amnésia, coma e outros fatores poderão interromper o suspender o cômputo do prazo prescricional.

Sendo cada sujeito do direito tratado individualmente em suas pretensões pessoais, vigora o princípio de que a interrupção da prescrição aproveita exclusivamente a quem a promove e prejudica apenas aquele contra quem é processada, daí estabelecer o Cód. Civil, no art. 204 do CC, que a interrupção da prescrição por um credor não aproveita aos outros; semelhantemente, a interrupção operada contra o codevedor, ou seu herdeiro, não prejudica aos demais coobrigados (art. 204, CC).

Todavia, em se cuidando de obrigação solidária, ativa e/ou passiva, *a interrupção* aberta por um dos credores solidários aproveita aos outros, assim como a interrupção efetuada contra o devedor solidário envolve os demais e seus herdeiros (§ 1º).

Evidentemente, a interrupção da prescrição, aberta por um dos credores solidários, aproveita aos outros somente quando exigida a totalidade do crédito; da mesma forma, a interrupção efetuada contra o devedor solidário envolve os demais *e seus herdeiros,* quando exigida a totalidade da dívida (art. 204, § 1º, do CC).

Outrossim, não se tratando mais do devedor solidário e sim de um dos seus herdeiros e desde que a obrigação ou direito não seja indivisível, já então a interrupção da prescrição operada contra um deles não prejudica aos outros herdeiros ou devedores (art. 204 § 2º, CC).

Uma das formas de interromper a prescrição, é através da interpelação; como corolário, aliás, da própria solidariedade, a interpelação feita a um dos devedores solidários da totalidade do crédito constitui em mora também os demais.

Aplicada a norma em sede trabalhista, tem-se que a interrupção da prescrição efetuada contra um dos componentes de grupo econômico via notificação ou ajuizamento seguido de citação válida, envolve os demais participantes do grupo.

A interrupção feita contra o devedor principal prejudica o fiador (inclusive porque é responsável solidário), *ex vi* do art. 204, § 3º, CC. Como consequência, em se tratando de subempreitada, onde o empreiteiro principal é, de forma análoga à fiança, garante dos créditos do subempreiteiro, a interrupção feita contra este prejudica aquele. De igual sorte, nos casos de terceirização e trabalho temporário, em relação ao tomador.

Quando o credor solidário exige do devedor solidário apenas o pagamento de sua cota e não a totalidade da dívida, já então o efeito da interrupção é apenas parcial.

Diferentemente do que ocorre na interrupção, *a suspensão* da prescrição em favor de um dos credores solidários aproveita aos outros *somente quando for indivisível* a prestação (art. 201, do CC). Vale dizer, quando um dos credores solidários reclama a totalidade do crédito, mas a obrigação é divisível, os efeitos *da suspensão* da prescrição, que acaso tenham beneficiado esse credor, não se estendem aos demais credores, ocorrendo o contrário se a prestação é indivisível ou a hipótese for de interrupção.

8.8. Da renúncia à prescrição e decadência

O prazo de decadência fixado por lei é irrenunciável, tanto assim que pode ser conhecido pelo juiz até mesmo de ofício (art. 209, CC). O que não ocorre com o prazo decadencial fixado por convenção das partes (art. 211, CC).

Permanece em vigor o art. 191, do Código Civil, que estabelece as formas expressa e tácita de renúncia. Diante do conhecimento oficial, ou seja, independentemente de requerimento para a pronúncia da prescrição, as formas expressa e tácita de renúncia da prescrição têm mais relevo no plano do direito material, para alegação de sua ocorrência pretérita no processo. Mas nada impede que ela ocorra a partir do processo, quando o juiz não a pronuncia de ofício e a parte não a argui, ou pratica atos incompatíveis com a intenção de considerar prescrita a pretensão.

Relembramos que na Justiça do Trabalho não se aplica o pronunciamento da prescrição de ofício, entendendo-se que, por ser a regra do direito comum incompatível com os princípios que regem as relações de trabalho, depende sempre de comprovação da parte a quem aproveita. O prazo de prescrição, que não pode ser alterado (diminuído ou dilatado) por acordo das partes (art. 191, CC), desde que consumado, admite renúncia pelo favorecido, tanto a expressa, manifestada por meio de ato declaratório, verbal ou escrito, como a tácita, que ocorre quando o devedor pratica ato comissivo (paga ou amortiza, total ou parcialmente, uma dívida trabalhista extinta) incompatível com a prescrição (art. 191, do CC).

Se, ajuizada a ação, o réu pagar a dívida prescrição, não poderá reaver o valor, porque caracterizada estará a renúncia tácita à prescrição já consumada (art. 882, do Código Civil). A obrigação cumprida, apesar de consumado o prazo prescricional, não dá ao devedor o direito de postular indébito: a obrigação já tinha se tornado natural (juridicamente inexigível), mas se pagou porque a sua consciência assim determinou, não pode exigir a devolução do pagamento que importou em renúncia tácita.

De qualquer sorte, se a renúncia à prescrição prejudicar terceiros, perderá a sua eficácia, pelo que no direito pátrio têm os credores do devedor beneficiado, com a prescrição, direito à impugnação da renúncia do devedor à prescrição: na renúncia tácita do devedor, por meio de intervenção no processo para invocar a exceção não oposta pelo seu devedor; na renúncia expressa, por meio da ação pauliana, em virtude do intuito de fraudar credores.

A prescrição pode ser alegada, em qualquer grau de jurisdição pela parte a quem aproveita (art. 193, do CC), ainda que o juiz não venha a pronunciá-la de ofício. Pode ser alegada após a defesa e até mesmo em recurso de segundo grau de jurisdição, mas não em execução (que não é grau de jurisdição e sim outro processo ou, quando menos, outra instância), salvo a prescrição superveniente (ou seja, a da própria execução).

A devolutividade, em profundidade, da matéria recorrida, pode exigir o conhecimento, em grau de recurso ordinário, de prescrição que não foi antes examinada, embora alegada. Por exemplo, se o pedido foi julgado improcedente e a prescrição parcial não foi por essa razão apreciada e a decisão é revertida em segundo grau. Neste caso, será preciso examinar a prescrição parcial quanto às parcelas deferidas.

8.9. Legitimação para a interrupção

Estão legitimados a interromper a prescrição: o titular do direito em vias de prescrição, seu representante legal e terceiro interessado.

Quanto ao representante legal, é evidente que nas hipóteses do art. 3º do CC inexiste interesse, porque não corre prescrição, podendo ele intervir em todos os demais casos em que o representado não possa, pessoalmente, praticar atos de interrupção.

Quanto ao terceiro com legítimo interesse, em regra será o credor do titular do direito em vias de prescrever.

8.10. Prazos gerais de prescrição no Direito do Trabalho

No Direito do Trabalho, o prazo prescricional em meio ao desenvolvimento da relação jurídica de emprego no âmbito urbano é de cinco anos.

Todavia, a partir da terminação do contrato, passa a ter por limite, para trabalhadores urbanos e rurais, o prazo bienal estabelecido no art. 7º, XXIX, da Constituição da República, com a nova redação dada pela EC 28/2000, matéria regulamentada no art. 11, da CLT.

Quanto aos empregados domésticos, em que pese a falta de menção, no parágrafo único do art. 7º, da CF, ao inciso XXIX, é evidente que o regime prescricional é o mesmo dos demais trabalhadores.

Com efeito, nos termos do inciso XXIX, é direito dos trabalhadores urbanos e rurais ação, quanto aos créditos resultantes das relações de trabalho, com prazo prescricional de cinco anos, até o limite de dois anos após a extinção do contrato de trabalho. O que abrange os domésticos.

No tocante aos trabalhadores avulsos, inciso XXXIV do art. 7º da Carta Magna lhes atribuiu igualdade de direitos em relação ao trabalhador com vínculo empregatício permanente.

Logo, a partir de cada trabalho ultimado inicia-se para o avulso a contagem do prazo prescricional de cinco anos para as pretensões decorrentes, com limitação a dois anos contados da data do descredenciamento do trabalhador junto ao OGMO.

Sobre as causas impedientes, suspensivas e interruptivas do cômputo, verifique-se o examinado no item 10, supra.

De qualquer sorte, a interrupção do prazo prescricional, quer mediante causa extraprocessual (notificação, reconhecimento do crédito pelo devedor etc.), quer mediante ajuizamento da ação trabalhista (art. 11, § 3º, da CLT), fica limitada a uma vez (art. 202, *caput*, CC c/c 8º, *caput*, da CLT) e contra os menores de 18 anos não corre prazo prescricional (art. 440, da CLT), que também não corre contra os incapazes que não puderem, de forma transitória ou definitiva, exprimir a sua vontade ou agir.

Nas alterações contratuais impostas pelo empregador, o prazo para reverter a situação em hipóteses de prejuízo é de natureza decadencial, posto que tem por fim desconstituir (ou constituir negativamente) uma modificação na relação jurídica de emprego, com a agravante de que a lei, na hipótese, em vez de considerar anulável o ato, o tem por nulo (arts. 468 e 9º, da CLT).

Quanto à grávida, que tem direito à mudança de função ou rompimento do contrato de trabalho, quando prejudiciais à gestação (arts. 392, § 4º, I e 394, da CLT), tem *direito potestativo à alteração ou à extinção (conforme o caso) da relação jurídica* contratual de trabalho, que somente pode ser exercido durante o prazo decadencial da gravidez.

8.11. Prescrição e arguição de ofício em sede trabalhista

Com a revogação expressa do art. 194, do Cód. Civil, que dispunha que o juiz não poderia suprir, de ofício, a alegação de prescrição, salvo se favorecesse a absolutamente incapaz, no âmbito civil passou a prescrição a ser de conhecimento oficial, independentemente de requerimento da parte a quem aproveite.

Quanto à decadência, não pode o juiz pronunciar de ofício a convencional (art. 210, CC).

Contudo, a Justiça do Trabalho tem entendido pela inaplicabilidade do pronunciamento da prescrição de ofício, entendendo que, por ser a regra do direito comum incompatível com os princípios que regem as relações de trabalho, depende sempre de comprovação da parte a quem aproveita.

A respeito, pensamos que a prescrição de ofício é aplicável nas relações de trabalho, assim como o é nas de consumo, igualmente protetivas. Deverá o juiz, no entanto, ouvir previamente a parte prejudicada, posto que fato impediente, interruptivo ou suspensivo pode verificar-se.

8.12. Prescrição dos danos patrimoniais e regras de transição

No tocante aos danos patrimoniais, o prazo para exercício da pretensão de composição é de 5 (cinco) anos durante o contrato, com limitação a 2 (dois) a partir de sua extinção. Rompido o contrato, o trabalhador passa a ter dois anos para postular as pretensões dos cinco anos pretéritos.

A violação a direito alheio faz surgir a pretensão à reparação (art. 189, do CC), mas a *actio nata* surge para o titular do direito violado a partir da ciência da violação, quer se trate de vencimento de dívida, quer se trate de problemas de saúde ou lesões decorrentes de acidente de trabalho típico ou morte, sendo daí contado o prazo prescricional.

No caso dos acidentes de trabalho, típicos ou provenientes de doenças ocupacionais, a *actio nata* quer quanto aos aspectos patrimoniais, quer quanto aos extrapatrimoniais, tem início a partir da constatação ou ciência dos efeitos, que podem não coincidir com a data do infortúnio.

De igual sorte, danos patrimoniais à honra ou à imagem podem se verificar posteriormente até mesmo ao rompimento do contrato e a ciência da vítima só ocorrer em data posterior à ofensa. É daí que o prazo prescricional é contado.

Quanto aos danos patrimoniais decorrentes de danos extrapatrimoniais (honra, imagem, saúde), duas são as situações: as decorrentes de acidentes do trabalho (vida e integridade física) e as derivados dos demais danos.

Quanto aos acidentes do trabalho, por força do disposto no art. 114, VI, da Constituição Federal, restou superada, pelo STF, a polêmica da competência para julgar as ações de acidentes de trabalho. Ficou estabelecida que é da Justiça do Trabalho:[4] a indenização acidentária, decorrente do seguro previdenciário e assim da responsabilidade objetiva, a cargo do órgão previdenciário (e, substitutivamente, do empregador que a obstar) não exclui a reparação pelas sequelas causadas ao empregado por culpa

4. Em julgamento do Conflito de Competência nº 7204, DJU de 03/08/2005, relatado pelo ministro Carlos Ayres Brito, por unanimidade de votos o STF declarou a competência da Justiça do Trabalho para processar e julgar as ações nas quais os trabalhadores buscam reparação de danos em razão de acidente de trabalho derivado de culpa ou dolo do empregador.

ou dolo do empregador (responsabilidade subjetiva). Muito menos, acrescentamos, a reparação pelas sequelas decorrentes do exercício de atividade de risco ou de circunstâncias de risco (responsabilidade objetiva).

A indenização de seguro acidentário deve ser postulada na Justiça Comum, mas a reparação decorrente do complexo e da exclusão social advindos da perda, deformação ou paralisia de membro, quando decorrentes da relação de emprego, deve ser buscada na Justiça do Trabalho. Assim também os danos patrimoniais decorrentes de das despesas médicas, hospitalares e as decorrentes de tratamento, bem como eventuais lucros cessantes (por exemplo, o valor correspondente à inabilitação).

Embora antes afeta a questão à Justiça Comum, o dano patrimonial ou extrapatrimonial sempre foi decorrente das relações de trabalho, a envolver questão de direito material tipicamente trabalhista. Logo, a prescrição aplicável é a quinquenal, com limitação a dois anos a partir da extinção do contrato.

Todavia, até a modificação da competência a Justiça Comum aplicava a prescrição civil, daí porque, é preciso fazer incidir regra de transição.

Pelo Código Civil de 1916, o prazo prescricional para as ações acidentárias era de 20 anos. Passou a ser de 3 anos a partir do atual Código Civil, cuja vigência teve início em 11 de janeiro de 2003 (art. 206, VI). E de 5 anos no curso do contrato, com limitação a 2 com a extinção do contrato, a partir da Emenda Constitucional nº 45, de 31 de dezembro de 2004.

Assim, à luz da teoria da *actio nata*, quando a pretensão nasce posteriormente à publicação da Emenda Constitucional 45/2004, a qual alterou a competência desta Justiça Especializada para processar esse tipo de ação, postergado para a data da decisão do STF (03/08/2005) que reconheceu a competência da Justiça do Trabalho para o respectivo exame, o prazo prescricional aplicável é aquele previsto no art. 7º, XXIX, da Constituição Federal; se anterior à publicação da EC 45/2004, a prescrição incidente é a civil.

Para os acidentes ocorridos entre 11 de janeiro de 2003 e a Emenda Constitucional nº 45/04, aplica-se a prescrição de 3 anos. E para os acidentes ocorridos a partir de 03/08/2005, a prescrição trabalhista, de 5 anos, com limitação a 2 anos a partir da extinção do contrato.

Quanto aos acidentes ocorridos antes do Código Civil de 2002, que teve vigência a partir de 11 de janeiro de 2003, deve-se observar o disposto no art. 2028, do Código Civil: "Serão os da lei anterior os prazos, quando reduzidos por este Código, e se, na data de sua entrada em vigor, já houver transcorrido mais da metade do tempo estabelecido na lei revogada". Logo, se a prescrição civil no Código de 1916 era de 20 anos, se na data da entrada em vigor do atual Código (11 de janeiro de 2003), se já houver transcorrido mais da metade do tempo estabelecido na lei revogada, aplica-se o prazo antigo; do contrário, aplicável é o prazo do Código de 2002, de 3 (três) anos. No tocante aos efeitos patrimoniais das doenças ocupacionais, verificados mais de dois anos após o rompimento do contrato, o prazo tem início a partir da verificação dos efeitos, mesmo nas hipóteses de contratos já rompidos. São várias as hipóteses em que lesões pulmonares, auditivas ou motoras surgem somente tempos após o rompimento do contrato.

Relativamente aos demais danos patrimoniais decorrentes de danos extrapatrimoniais, não provenientes de acidentes do trabalho, igualmente aplicam-se as regras de transição, mas com cômputo a partir de 31.12.2004, ocasião em que a EC nº 45/2004 atribuiu expressamente o exame dos conflitos que o envolvem à Justiça do Trabalho (art. 114, VI, CF), sem a discussão relacionada aos casos derivados de acidentes de trabalho, só resolvida em 03/08/2005.

8.13. Prescrição e decadência durante o período da pandemia da COVID-19

A Lei nº 14.010/2020, dispõe, em caráter geral, sobre o Regime Jurídico Emergencial e Transitório das relações jurídicas de Direito Privado (RJET) no período da pandemia do coronavírus (Covid-19).

Nos termos do art. 3º, *"Os prazos prescricionais consideram-se impedidos ou suspensos, conforme o caso, a partir da entrada em vigor desta Lei até 30 de outubro de 2020."*

Os prazos não serão interrompidos, porque isso importaria em nova contagem de prazos já iniciados. Ou não é contado (impedimento) ou fica paralisado (suspenso), com aproveitamento do tempo decorrido antes da suspensão quando da retomada do curso do prazo prescricional.

Relativamente às relações de trabalho, a norma precisa ser interpretada segundo a *mens legis*, a *occasio legis* e a *ratio legis* e de forma lógica e sistemática, que supere a sua literalidade.

Com efeito, a Medida Provisória nº 927 data de 22 de março de 2020 e tem por finalidade o enfrentamento do estado de calamidade pública reconhecido pelo Decreto Legislativo nº 6, de 20 de março de 2020, e da emergência de saúde pública de importância internacional decorrente do coronavírus (covid-19), decretada pelo Ministro de Estado da Saúde, em 3 de fevereiro de 2020, nos termos do disposto na Lei nº 13.979, de 6 de fevereiro de 2020 (art. 1º).

Assim, é evidente que para os efeitos trabalhistas o prazo inicial de impedimento e suspensão da prescrição tem início a partir da paralisação das atividades empresariais, nas datas dos vários decretos estaduais e municipais e de suas prorrogações.

Afinal, quem está confinado e com órgãos do judiciário com atividades externas suspensas, não tem como praticar atos.

Outrossim, a data de 30 de outubro de 2020, como previsto na própria lei em comento, não se aplicará enquanto perdurarem as hipóteses específicas de impedimento, suspensão e interrupção dos prazos prescricionais previstas no ordenamento jurídico nacional (§1º).

Aqui também cabe interpretação, posto que houve liberação para a retomada dos prazos judiciais em relação aos tribunais que passaram a adotar funcionamento por meio remoto.

Assim ocorrendo, cessa o impedimento para o exercício de direitos subjetivos ao menos em relação às medidas judiciais nos tribunais que passaram a funcionar remotamente a partir de 15 de maio do corrente ano.

Nada impede, no entanto, que o óbice ao exercício de direitos subjetivos dependa de providências que não possam ser tomadas durante o período de pandemia. Neste caso, o prazo permanecerá com impedimento ou suspensão até o esgotamento da data prevista.

Finalmente, considerando como exceção, em relação ao Código Civil, o disposto no §2º, o legislador emergencial estende aos prazos decadenciais os impedimentos e suspensões.

As normas atinentes à decadência vêm, como já exposto, sofrendo alterações ao longo do tempo e diante dos efeitos do coronavírus o caso é mesmo de excepcionar, para admitir impedimento e suspensão dessa espécie de prazo de direito cujo exercício depende apenas do titular, quando cabível.

BIBLIOGRAFIA

ALVIM, Agostinho. *Da Inexecução das Obrigações e suas Consequências*. Rio de Janeiro: Jurídica e Universitária, 1965.

AMORIM FILHO, Agnelo. Critério Científico para Distinguir a Prescrição da Decadência e para Identificar as Ações Imprescritíveis. *Revista Forense*. 193-30.

APOSTOLIDES, Sara Costa. *Do Dever Pré-Contratual de Informação e da sua Aplicabilidade na Formação do Contrato de Trabalho*. Coimbra: Almedina, 2008.

ASSIS, Rui. *Legislação Laboral*. 1. ed. Coimbra Editora, Coimbra, 2009.

BARROS, Alice Monteiro de. *Curso de Direito do Trabalho*. São Paulo: LTR.

BEHAME, Maria Lucia. *Revista Consultor Jurídico*. Disponível em: <http://conjur.estadao.com.br/static/text/45500.1>. Acesso em: 23 jul. 2007.

BELMONTE, Alexandre Agra. *Instituições Civis no Direito do Trabalho,* 5ª edição, Juspodivm, Salvador, 2020.

BELMONTE, Alexandre Agra. *A Tutela das Liberdades nas Relações de Trabalho*. 1. ed. São Paulo: LTr, 2014.

BELMONTE, Alexandre Agra. *Tutela da Composição dos Danos Morais nas Relações de Trabalho* – Identificação das ofensas morais e critérios objetivos para quantificação. 1. ed. São Paulo: LTr, 2014.

BITTAR, Carlos Alberto, *Responsabilidade Civil:* Teoria e Prática. 1. ed. Rio de Janeiro: Forense Universitária, 1989.

BITTAR, Carlos Alberto. *Curso de Direito Civil*. v. I. Rio de Janeiro: Forense Universitária, Rio de Janeiro, 1994.

BITTAR, Carlos Alberto. *Reparação Civil por Danos Morais*. 3. ed. ed. São Paulo: RT, 1999.

BRAGA NETTO, Felipe Peixoto. *Responsabilidade Civil*. São Paulo: Saraiva, 2008.

CAIRO JUNIOR, José. *O Acidente de Trabalho e a Responsabilidade Civil do Empregador*. 2. ed. São Paulo: LTr, 2005.

CALMON DE PASSOS, J. J. *Comentários ao Código de Processo Civil*. 7. ed. Rio de Janeiro: Forense, 1992.

CARNELUTTI, Francesco. *Il Danno e Il Reato*. Padova: Cedam, 1926.

CARVALHO DE MENDONÇA, M. I. *Doutrina e Prática das Obrigações*. v. II. n. 743. 4. ed. Rio de Janeiro: Forense, 1956.

CAVALIERI FILHO, Sérgio. *Programa de Responsabilidade Civil*. 6. ed. São Paulo: Malheiros, 2005.

CASTRO, Guilherme Couto de. *A Responsabilidade Civil Objetiva no Direito Brasileiro*. 2. ed. Rio de Janeiro: Forense, 1997.

CHAVES, Antonio. *Direitos Conexos*. São Paulo: LTr, 1999.

CHAVES, Antonio. *Tratado de Direito Civil*. v. III. São Paulo: RT, 1985.

COELHO, Fábio Ulhoa. *Curso de Direito Civil*. v. 2. 2. ed. São Paulo: Saraiva, 2004.

COUTINHO, Sayonara Grillo. *Relações Coletivas de Trabalho*: Configurações Institucionais no Brasil Contemporâneo. São Paulo: LTr, 2008.

COVIELLO, L'art. 185 del Codice Penale e la Risarcibilità del Danni Morali in Materia Civile. *Rivista Diritto Civile*. 1932.

DALLEGRAVE NETO, José Affonso. *Responsabilidade Civil no Direito do Trabalho*. São Paulo: LTR.

DELGADO, Mauricio Godinho. *Curso de Direito do Trabalho*. 4. ed. São Paulo: LTr, 2005.

DELGADO, Mauricio Godinho. *Revista LTr*. n. 6. jun. 2006.

DIAS, José de Aguiar. *Da Responsabilidade Civil*. v. I. 9. ed. Rio de Janeiro: Forense, 1994.

DINIZ, Maria Helena. *Curso de Direito Civil Brasileiro*. v. 7: Responsabilidade Civil. São Paulo: Saraiva, 2002.

FAZZIO JUNIOR, Waldo. *Nova Lei de Falência e Recuperação de Empresas*. São Paulo: Atlas, 2005.

FONSECA, Arnoldo Medeiros da. *Caso Fortuito e Teoria da Imprevisão,* 3ª ed, revista e atualizada, Forense, Rio Janeiro, 1958.

FONSECA, Cristina Maria N. Responsabilidade pela perda de uma chance – compatibilidade com o sistema jurídico brasileiro e aplicabilidade nas relações de trabalho. *Revista LTr*. v. 73. n. 10. São Paulo, out. 2008.

GABBA, *Questione di Diritto Civile*. v. II. Torino: Fratelli Rocca, 1898.

GOMES, Orlando. *Introdução ao Direito Civil.* 9. ed. Rio de Janeiro: Forense, 1987.

GOMES, Orlando. *Obrigações*. Rio de Janeiro: Forense, 1986.

GOMES, Orlando; GOTTSCHALK, Elson. *Curso de Direito do Trabalho*. 16. ed. Rio de Janeiro: Forense, 2000.

GONÇALVES, Carlos Roberto. *Responsabilidade Civil.* 6. ed. São Paulo: Saraiva, 1995.

GUIMARÃES, Carlos da Rocha. *Prescrição e Decadência*. 2. ed. Rio de Janeiro: Forense, 1984.

JHERING, Rudolf von. *Actio injuriarum des lésions injurieuses en droit romain (et en droit français).* Paris: Chevalier, 1888.

JHERING, Rudolf von. *L'Esprit du Droit Romain*. v. I. n. 53.

JOSSERAND, Louis. *Cours de Droit Civil Positif Français*. v. II. n. 416. 3. ed. 1939.

JOSSERAND, Louis. *Évolutions et actualités*, Sirey, Paris, 1936; *Revista Forense*, vol.86,. trad. Raul Lima.

LARENZ, Karl. *Tratado de Derecho Civil Alemán* – parte general. Madrid: Editoriales de Derecho Reunidas.

LIMA, Alvino. *Da Culpa ao Risco*. São Paulo: RT, 1938.

LIMONGI França R. *Instituições de Direito Civil.* 3. ed. São Paulo: Saraiva, 1994.

LIMONGI FRANÇA, RUBENS. *Manual de Direito Civil.* v. I. São Paulo: RT, 1966.

LISBOA, Roberto Senise. *Manual de Direito Civil.* v. 2: Obrigações e Responsabilidade Civil. 3. ed. São Paulo: RT, 2004.

LOPES, Miguel Maria de Serpa. *Curso de Direito Civil.* 2. ed. Rio de Janeiro: Freitas Bastos, 1962.SAVIGNY, *Traité de Droit Romain*. v. I.

LOPES, Miguel Maria de Serpa. *Curso de Direito Civil.* v. II. 5. ed. Rio de Janeiro: Livraria Freitas Bastos.

MAGANO, Octavio Bueno. *Lineamentos de infortunística*. Editora Jose Bushatsky, 1976.

MAZEAUD, Henri; MAZEAUD, León. *Responsabilité Civile*. v. I. n. 23. 5. ed. Paris, Editions Monchrestien, 1957.

MEDEIROS NETO, Xisto de. *Dano Moral Coletivo*. 2. ed. São Paulo: LTr, 2007.

MELLO, Celso Antonio Bandeira de. *Curso de Direito Administrativo*. 4. ed. São Paulo: Malheiros, 1993.

MELLO, Oswaldo Aranha Bandeira de. *Conceito de Responsabilidade e Responsabilidade Civil*. São Paulo: RDPubl, 1968. v. 3, item 23.

MELO, Raimundo Simão de. *Ação Civil Pública na Justiça do Trabalho*. São Paulo: LTr, 2002.

MENDONÇA, M. I. Carvalho de. *Doutrina e Prática das Obrigações*. 4. ed. v. II. n. 743. Rio de Janeiro: Forense, 1956.

MONTOYA, Alfredo Melgar. *Derecho del Trabajo*. 24. ed. Madrid: Tecnos, 2003.

MIRANDA, Francisco Cavalcanti Pontes de. *Comentários ao Código de Processo Civil*. t. IV. Rio de Janeiro: Forense, 1974.

MIRANDA, Francisco Cavalcanti Pontes de. *Tratado de Direito Privado*. t. XXVI. 2. ed. Rio de Janeiro: Borsói.

MOREIRA ALVES, José Carlos. *Direito Romano*. v. II. Rio de Janeiro: Forense, 1986.

NASCIMENTO, Amauri Mascaro. *Iniciação ao Direito do Trabalho*. 14. ed. São Paulo: LTR, 1989.

OLIVEIRA, Sebastião Geraldo de. *Indenizações por Acidente do Trabalho e Doenças Ocupacionais*. São Paulo: LTr, 2005.

PEREIRA, Caio Mário da Silva. *Instituições de Direito Civil*. v. III. 7. ed. Rio de Janeiro: Forense, 1986.

PEREIRA, Caio Mário da Silva. *Responsabilidade Civil*. 4. ed. Rio de Janeiro: Forense, 1993.

REALE, Miguel. *O Projeto de Código Civil*. São Paulo: Saraiva, 1986.

REALE, Miguel. *Temas de Direito Civil*: O Dano Moral no Direito Brasileiro. São Paulo: RT, 1992.

RODRIGUES, Américo Plá. *Curso de Direito do Trabalho*. São Paulo: LTr, 1982.

S.A.SAAD, Eduardo Gabriel. *CLT Comentada*. 35. ed. São Paulo: Editora LTr. 2002.

SAVATIER, *Traité de La Responsabilité Civile*. v. II. n. 525. Paris, 1951.

SILVA, José Afonso da. *Curso de Direito Constitucional Positivo*. São Paulo: RT.

SIQUEIRA, José Francisco. *Liberdade Sindical e Representação dos Trabalhadores nos Locais de Trabalho*. São Paulo: LTr, 2000.

SOARES, Jorge Miguel Acosta. *Direito de Imagem e Direito de Arena no Contrato de Trabalho do Atleta Profissional*. São Paulo: LTR, 2008.

SOUZA, Marcelo Papaléo de. *A Nova Lei de Recuperação e Falência e as suas Conseqüências no Direito e no Processo do Trabalho*. 2. ed. São Paulo: LTR, 2007.

SÜSSEKIND, Arnaldo Lopes. *Direito Constitucional do Trabalho*. Rio de Janeiro: Renovar.

TEIXEIRA FILHO, João de Lima. *Instituições de Direito do Trabalho*. v. 1. 20. ed. São Paulo: LTr, 2002.

VENOSA, Silvio de Salvo. *Direito Civil* – Responsabilidade Civil. 3. ed. São Paulo: Atlas, 2003.

WALD, Arnoldo. *Curso de Direito Civil Brasileiro*. v. II. 10. ed. São Paulo: RT, 1992.

WALD, Arnoldo. *Obrigações e Contratos*. 15. ed. São Paulo: Malheiros, 2001.

EDITORA *Jus*PODIVM
www.editorajuspodivm.com.br
RENOVA GRAF
www.renovagraf.com.br